浙江大学“马克思主义理论和中国特色社会主义研究与建设工程”专项项目由中央高校基本科研业务费资助。

马克思主义研究文库

现代化进程中农民发展问题研究

以马克思主义权利观为视角

蔡晓卫 | 著

光明日报出版社

图书在版编目（CIP）数据

现代化进程中农民发展问题研究：以马克思主义权利观为视角 / 蔡晓卫著 . -- 北京：光明日报出版社，2024. 9. -- ISBN 978 - 7 - 5194 - 8315 - 9

Ⅰ. D422. 8

中国国家版本馆 CIP 数据核字第 2024QY1543 号

现代化进程中农民发展问题研究：以马克思主义权利观为视角

XIANDAIHUA JINCHENG ZHONG NONGMIN FAZHAN WENTI YANJIU: YI MAKESI ZHUYI QUANLIGUAN WEI SHIJIAO

著　　者：蔡晓卫

责任编辑：李　倩　　　　责任校对：李壬杰　王秀青

封面设计：中联华文　　　责任印制：曹　净

出版发行：光明日报出版社

地　　址：北京市西城区永安路 106 号，100050

电　　话：010-63169890（咨询），010-63131930（邮购）

传　　真：010-63131930

网　　址：http://book. gmw. cn

E - mail：gmrbcbs@ gmw. cn

法律顾问：北京市兰台律师事务所龚柳方律师

印　　刷：三河市华东印刷有限公司

装　　订：三河市华东印刷有限公司

本书如有破损、缺页、装订错误，请与本社联系调换，电话：010-63131930

开　　本：170mm×240mm

字　　数：260 千字　　　　印　　张：12. 5

版　　次：2025 年 3 月第 1 版　　印　　次：2025 年 3 月第 1 次印刷

书　　号：ISBN 978 - 7 - 5194 - 8315 - 9

定　　价：85. 00 元

前　言

权利，从它诞生之日起，就承载了正义、公平和自由的理念，让每个人享有真正的权利已经成为人类孜孜以求的社会理想。中国农民勤劳勇敢，为中国现代化建设做出了巨大的贡献，他们享有共同分享现代化成果、过上美好生活的权利！《中华人民共和国宪法》（以下简称宪法）第三十三条规定："中华人民共和国公民在法律面前一律平等。"这表明每一位公民不分民族、种族、性别、教育水平、文化程度，在法律地位上人人平等、一律平等，平等地享有法律权利，承担法律义务，没有特殊与例外。

权利是农民发展的基础。现代化是一场深刻而全面的社会变革，体现了人类社会从传统向现代的加速转型过程，在一定程度上，它体现了重塑城乡社会结构，改善人民生活、增进人民福祉的价值内涵。农民发展问题始终是国计民生的根本性问题，直接关系到广大农民的切身利益，也是中国式现代化成败的关键所在，深入研究农民发展问题具有重要的理论价值和实践意义。在中国现代化进程中，农民作为新时代中国特色社会主义现代化建设的重要力量，长期以来为社会主义现代化建设做出了巨大贡献。进入新时代以来，城乡差距呈现逐渐缩小趋势，但农民仍面临诸多发展问题的挑战，这些发展困境不仅表现为农民各类收入的相对不平等，而且体现在政治、经济、文化和社会等领域，与农民权利密切相关。解决现代化进程中的农民发展问题，需要加强法律与制度的顶层设计，不断完善并构建一套系统完备、运行有效的农民发展的权利体系，切实维护农民的平等发展机会，保障其共享发展成果，从而促进社会的和谐与稳定。

本书语境下的"农民发展"，特指在中国式现代化进程中，广大农民在政治、经济、社会及文化等各个领域全面持续取得进步的过程。它不仅关乎农民个体物质生活的全面改善，更着重强调其作为现代化社会主体，各项权利的逐步实现与社会地位的稳步提升。

马克思主义权利观以历史唯物主义为基础，强调权利总是与一定的社会需要和利益相联系，为我们认识和解决农民发展问题提供了科学的理论视角。马克思主义所阐述的权利是人类真正平等的权利。在马克思主义看来，权利并非抽象的存在，而是具体的、历史的产物，权利的实现离不开社会各成员的共同努力。从类型上，这种权利分为应有权利和法定权利，而唯有将应有权利转化为法定权利，赋予其法定的形式，才能使应有权利得到实现的可能，从而确保人的利益和需要的现实化；在具体内容上，马克思主义认为权利包含生存权、自由权、平等权、民主权、劳动权和财产权等内容，这些权利的具体实现有赖于由个人联合结成的集体与社会的共同努力，并受限于个人能力的大小、社会经济与文化发展水平的制约。马克思主义高度肯定农民在国家中的重要地位和作用，特别阐述了农民的平等权利、民主权利、土地财产权等各项权利。这些理论为解决现代化进程中农民发展问题的研究奠定了坚实的理论基础，并为推动农民全面发展指明了方向。马克思主义明确指出，消除城乡差别和工农差别是共产党的历史使命。研究农民发展问题，应着重从权利保障的角度出发，探索如何通过权利的实现推动农民的全面发展，并进一步为推动农民农村共同富裕、建设现代农业强国提供理论支持和实践路径。

中国共产党始终坚持农民在社会主义建设和改革中的核心地位，并逐渐形成了一套具有中国特色的理论和策略框架。以马克思主义权利观为指导，中国共产党创造性地提出了一系列具有中国特色的维护和保障农民发展的权利创新思想，为制定和完善与农民权利息息相关的法律制度提供了坚实的理论基础。

新中国成立以来，国家高度重视农民发展问题，制定、修改并颁布了一系列关于农民发展问题的相关法律法规，初步形成了农民在政治、经济、文化、社会和生态等领域权利保障的法律框架。然而，我们必须清醒地认识到，关于农民发展的权利现实状况与法律规定之间还存在着一定程度的差距，尚未完全衔接，因此，进一步构建和完善农民权利的法律体系，确保农民权益得到充分保障，是解决农民发展问题的重要环节。

党的二十大报告指出："全面建设社会主义现代化国家，最艰巨最繁重的任务仍然在农村。"权利是农民在乡村振兴中发挥主体作用的内生动力和条件，权利的保障和实现是推动农民全面发展的重要前提。新时代解决农民发展问题，要着眼于确认、保障和实现农民权利。现阶段，在推进乡村建设的发展中，我们面临的各种挑战无一例外都与农民权利问题紧密相关，农民在土地权益、民主参与、教育机会和市民化等方面上仍存在权利缺位，并呈现出明显的阶段性特征，其原因涉及制度、社会和文化观念及农民个体等多重因素。因此，要以马克思主义权利内容为框架，强调新型农民职业身份的法律地位，通过科学的法律理念来构建符合中国国情的农民发展的权利体系，并突出其权利实现的优先性与可行性。同时，要根据农民发展问题的权利主次与缓急，分类别、分阶段予以保护和落实，寻求有效的宏观对策和法律治理路径，推动农民权利的实现，促进其全面发展。

农民发展问题面临诸多挑战，其发展水平受国家政治、经济、文化等多方面因素的深刻影响，更与农民权利的保障密切相关，而农民权利的实现是解决这些挑战的关键。实现农民权利的根本意义在于，它不仅是缩小城乡差距、推动农村共同富裕的前提基础，也是推进乡村振兴战略和实现“第二个百年奋斗目标”的重要保证。权利的实现以其权利法定化为逻辑起点，完备的法律制度是前提条件，及时有效的法律救济是必要保障。① 所以，正是基于农民权利实现的重要性，本书以马克思主义权利观为视角，将农民权利的实现作为研究切入点，立足“三农”发展的现实情境，系统分析农民发展中涉及的权利问题，探讨农民发展的权利理论基础、权利体系的构建及其实现路径。研究内容包括五个部分。

第一部分，理论基础——马克思主义权利观。本部分阐释马克思主义权利观及其当代价值，为本研究奠定理论基础。阐述了马克思主义权利观的基本内涵，包括权利的本质、类型和实现方式等，分析马克思主义在农民平等、民主、土地财产等政治、经济方面的权利问题，为后续研究和解决农民权利问题奠定坚实的理论支持。

第二部分，农民权利思想的发展。本部分阐释中国共产党关于具有中国特色的农民权利思想的历史变迁。中国共产党坚持以马克思主义权利观为理论基础，始终把不同时期农民利益和需要放在社会主义现代化建设的首要地位，把城乡融合发展作为实现中华民族伟大复兴的重要目标。中国共产党关

---

① 白呈明. 农民财产权利实现问题研究［M］. 北京：中国社会科学出版社，2022：3.

于农民权利的思想不仅丰富和创新了马克思主义权利观，也为保障和实现农民发展的权利问题奠定了基础，是指导和制定农民权利法律制度的重要依据。

第三部分，农民权利法律规定的演变和审视。本部分详述新中国成立后农民权利的法律制度变迁。国家就农民、农业和农村工作出台和颁布了一系列法律法规，初步形成了保护农民权利的法律体系框架。本部分系统梳理了我国农民在政治、经济、文化和社会等各个领域权利的法律制度规定的变迁，同时指出了现行法律中存在的短板，进而为探索实现农民权利的有效路径和对策提供参考。

第四部分，农民发展的权利体系构建。本部分探讨构建农民发展的权利体系的理论和实践路径。新型农民应作为现代社会的独立职业群体，享有等同于市民的社会地位。针对农民实际权益与法律规定之间存在的差距，本研究强调建立关于农民发展的权利体系的必要性，以推动农民“应有权利”的“法定化”。从农民发展的权利保护的紧迫性、阶段性特征出发，本研究提出借助科学的法律理念建立以农民的生存和发展为核心的权利体系，即包含农民权利价值、权利保障与权利运行三个功能模块，通过这一公正体系，并结合动态的权益救济机制，更好地促进农民权利的实现。

第五部分，农民发展问题中的权利实现路径。本部分聚焦新时代背景下，探索权利实现的对策。主张从以GDP为中心向“以人民为中心”促进社会均衡发展的方向转变，强调向实现城乡融合发展的战略转变。提出应当立足全局视角，采用多维度的分析方法，充分尊重农民在城乡融合发展中的主体地位及首创精神。同时，本研究指出，农民权利观念的形成、权利体系的构建及其实现机制的建立是一个渐进过程，需要在建立科学合理的农民发展的权利体系框架下，借鉴马克思主义权利实现理论，既要注重宏观层面的对策设计，也要关注操作层面和法律治理层面的路径变革，稳步推动农民权利的实现，最终让亿万农民平等地参与现代化进程、分享现代化成果，实现城乡共同繁荣。

目　录
CONTENTS

第一章　绪　论 ………………………………………………………… 1

第一节　选题背景及意义 ………………………………………………… 1

第二节　基本概念 ………………………………………………………… 5

第三节　研究综述与基本思路 …………………………………………… 14

第四节　理论基础——马克思主义权利观 ……………………………… 26

第二章　中国共产党对农民权利问题的探索与追求 ………………… 45

第一节　社会主义革命和建设时期：农民权利思想的探索与确立 ……… 45

第二节　改革开放和社会主义现代化建设新时期：农民权利思想的拓展与深化 …………………………………………………………………… 50

第三节　中国特色社会主义新时代：农民权利思想的创新与发展 ……… 65

第四节　社会主义农民权利思想与理论的历史经验 …………………… 77

第三章　农民权利法律规定的演变和审视 …………………………… 89

第一节　农民政治权利法律规定的演变和审视 ………………………… 89

第二节　农民经济权利法律规定的演变和审视 ………………………… 99

第三节　农民社会权利法律规定的演变和审视 ……………………… 108

第四章　农民发展的权利体系构建 …………………………………… 123
第一节　构建农民发展的权利体系的价值 ………………………… 123
第二节　构建农民发展的权利体系的法律理念 …………………… 125
第三节　农民发展的权利体系的制度创新 ………………………… 130

第五章　农民发展问题中的权利实现路径 ………………………… 143
第一节　权利实现的宏观审视 ……………………………………… 144
第二节　权利实现的具体路径 ……………………………………… 153

结　语 ………………………………………………………………… 167
参考文献 ……………………………………………………………… 170
后　记 ………………………………………………………………… 186

第一章

绪　论

全面建设中国式现代化强国，最艰巨最繁重的任务仍然在农村，权利是发挥农民在乡村振兴中主体作用的内生动力和条件。解决现代化进程中农民发展问题，要着眼于确认、保障和实现农民与市民享有平等的权利。

第一节　选题背景及意义

中国的农民一直以勤劳勇敢、吃苦耐劳、无私奉献著称，默默地为我国社会主义革命和建设作出了巨大的贡献。改革开放以来，在国家向社会主义现代化强国迈进的过程中，农民更是为经济社会的发展、全面建成小康社会付出艰辛的努力，他们有共享改革发展成果、过上幸福生活的权利！一个法治国家，公平正义体现了法律的基本价值和精神，而公平与正义在法律制度上的具体化，主要就是对权利的规定，权利是法律的逻辑起点与实践归宿，而关注权利问题，关注权利的实现问题，必须关注的是社会所有群体的权利，如果一个社会能够有效尊重和保障全体人民的利益和需求，就能够促进社会的和谐与稳定，维护社会公共秩序。而解决这个问题的关键在于通过公平的制度安排，通过权利资源的合理有效分配，实现法律公平正义的价值理念。

当前我国工业化、城镇化取得巨大进展，但农业农村现代化进程却相对滞后，城乡发展存在一定差距。共同富裕是中国特色社会主义的本质要求，是以中国式现代化全面推进中华民族伟大复兴的重要表现，也是一个长期的历史过程。党的二十大报告提出："坚持农业农村优先发展，坚持城乡融合发展，畅通城乡要素流动。加快建设农业强国，扎实推动乡村产业、人才、文化、生态、组织振兴。""三农"问题是实现第二个百年奋斗目标的关键，党中央将“三农”工作重心历史性地转向全面推进乡村振兴，推进农业农村优先发展，其核心问题的实质就是帮助农民过上美好生活，在政治、经济、社会、文化等方面享有与其他社会成员同等的权益。解决“三农”问题需要深刻遵循乡村发展规律，与新时代城乡关系变化特征相结合。当前中国进入了高质量发展时期，从新农村建设、美丽乡村建设、乡村振兴战略到建立健全城乡融合发展，人民日益增长的美好生活需要和不平衡不充分的发展之间的矛盾，在我国的乡村地区表现较为突出，农业转移人口的再社会化与再就业，农村人口老龄化加快等问题，在一些地区的政治、经济、文化和社会层面仍不同程度存在。党的二十大报告明确提出：“我们坚持把实现人民对美好生活的向往作为现代化建设的出发点和落脚点，着力维护和促进社会公平正义，着力促进全体人民共同富裕，坚决防止两极分化。”面对农民发展这个长期艰巨的历史任务，应从全局的高度，理性地来正确认识当前新型城镇化下的农民权利问题。在马克思主义权利观视域下，以推进农民发展为目标，关注国内外众多学者关于农民权利问题的研究，认识和评价社会主义进程中中国共产党关于农民权利思想的作用，审视我国有关农民权利的法律规定的演变规律，结合新时代农民的切身利益和需要，强调新型农民的职业性，以科学的法律理念构建农民发展的权利体系；根据农民发展的权利保护的紧迫性、阶段性特征，注重宏观战略与微观操作的有机结合，最终为解决“三农”问题以及全面推进乡村振兴建设、城乡融合发展提供理论和实践参考，这既体现了马克思主义所说的“直接为农民做很多的事情”，让农民平等有效地拥有法律资源，使农民的尊严与权利得到重视的精神，同时这也正是本书体现的价值所在。因此，进一步深化农民发展问题的研究具有重大的现实意义，主要表现在以下几个方面：

第一，有利于确保粮食数量和质量安全。习近平总书记指出：“中国人的饭碗任何时候都要牢牢端在自己手上。我们的饭碗应该主要装中国粮。”① 作为一个有着 14 亿多人口的大国来说，任何时候都不能放松对粮食安全的警惕性，粮食问题不仅是经济问题，也是政治问题。要实现经济协调发展、社会和谐公平与国家安全稳定，掌握粮食安全的主动权是关键，只有粮食生产能

① 中共中央宣传部．习近平总书记系列重要讲话读本［M］．北京：学习出版社，2014：68.

力、数量和质量上去了，才能牢牢端稳中国人的饭碗。但是现在种植粮食生产效益非常低，而种粮生产成本非常高，如何提高农民种粮的积极性，让农民种粮有利可图，仅靠单纯的补贴和赏罚是远远不够的，关键还在于政府要研究并联系农村的实际情况，缩小工业和农业的收入差距、粮食作物和经济作物的效益差距，稳定生产资料价格，提高种粮农民补贴、农粮收益和农民收入。让农民多得利，需要政府出台更多的利农强农等种粮优惠政策，全面落实粮食安全党政同责，鼓励发展专业大户、家庭农场、农民合作社，健全种粮农民收益保障机制和利益补偿机制，而只有当农民的生存权、收入权等各项权利得到确认和保障，才会激发其种粮的积极性和创造性。这不仅有助于解决国家的种地种粮问题，还能全方位夯实粮食安全根基，确保中国人的饭碗牢牢端在自己手上。

第二，有利于推动农民的自由全面发展。权利是社会个体生存和发展的前提和基础。马克思主义所追求社会发展的最终目的是实现人的自由全面发展，而社会由众多的个人组成，因此人类的终极目标体现为追求个人的自由全面发展。物质富足、精神富有是社会主义现代化的根本要求，农民的自由全面发展，不仅要显著增强广大农民共同富裕的获得感，更关键的在于推进农民的思想政治教育，促进农民在思想道德素质、科学文化水平和法治意识等方面的提高。农民的全面发展又转化为农民的物质和精神力量，鼓舞着新时代富裕起来的农民投身加快农业农村现代化、全面推进乡村振兴的伟大事业中，为物质富裕和精神富裕以及自身自由全面发展提供更多的实现路径。

第三，有利于全面推进城乡融合发展的进程。党的十八大以来，全党以解决好农业、农村、农民问题作为工作重中之重，启动实施乡村振兴战略，推动农业农村取得了历史性成就，实现了历史性变革。习近平总书记在中央农村工作会议上指出："脱贫攻坚取得胜利后，要全面推进乡村振兴，这是'三农'工作重心的历史性转移。"① 从党的十六大提出"统筹城乡经济社会发展"，到党的十八大提出"推动城乡发展一体化"，党的十八届三中全会提出"健全城乡发展一体化体制机制"；党的十九大报告提出"建立健全城乡融合发展体制机制和政策体系"；再到"全面推进乡村振兴、加快农业农村现代

① 中共中央宣传部．习近平新时代中国特色社会主义思想学习问答［M］．北京：学习出版社，2021：264.

化”，乡村振兴战略成为全面推动城乡融合发展实践的战略支撑。党的二十大报告就“着力推进城乡融合和区域协调发展”再次作出一系列重要部署，体现了我国经济社会发展战略的进一步深化，也表明解决“三农”问题必须放在城乡融合发展的大背景下来考虑。而破解“三农”领域最突出的城乡之间不平衡和东中西部农村之间差距问题，在于城乡规划、基础设施、公共服务的一体化，城乡要素和公共资源的一体化，城乡居民权利的平等化。近年来，国家在土地制度、就业和户籍制度、投资体制等方面进行了多方面的改革，只有在确保生态环境良性循环发展的前提下，通过工业反哺发展农业现代化，以城镇发展带动和推进乡村建设，提升“三农”承载力，推动新型工业化、信息化、城镇化、农业现代化同步发展，不断缩小工农、城乡、区域发展的差距，① 加快形成工农互促、城乡互补、全面融合、共同繁荣的新型工农城乡关系，才能提高农民的生存和生活质量，增加农民的收入，从而保障和实现农民与市民享有平等的基本权利。因此，解决农民发展问题既是全面推进乡村振兴的前提和保障，同时又对全面推进乡村振兴起着促进和推动作用，而在步入全面建设社会主义现代化国家的新发展阶段，伴随乡村振兴战略的全面实施，我国城乡融合进程将得到更加快速发展。

第四，有利于建立和营造稳定和谐的社会环境。经过全党全国人民的不断努力，国家取得了脱贫攻坚战的伟大胜利，全面消除了农村绝对贫困人口，但是相对贫困人口和地区依然存在，一些特殊的贫困人口和地区还存在返贫的危机和风险，巩固和拓展脱贫攻坚成果显得至关重要。当前我国农村社会处于深刻变化和调整时期，出现了很多新情况、新问题，我国有6亿多农村常住人口和2亿多农民工，习近平总书记指出：“纵览历朝历代，农业兴旺、农民安定，则国家统一、社会稳定；农业凋敝、农民不稳，则国家分裂、社会动荡。”② 乡村振兴和城乡融合是一个长期的、艰巨的、复杂的发展过程，只有以法治推进以人为核心的新型城镇化，加快农业转移人口市民化，让农民公平地共同参与现代化进程，保障和实现农民各项权利和利益，维护社会公平和公正，实现幼有所育、学有所教、劳有所得、病有所医、老有所养、

① 蔡晓卫．“三农”承载力研究——以浙江嘉兴为例［J］．嘉兴学院学报，2014，26（1）：73-80.

② 习近平．坚持把解决好“三农”问题作为全党工作重中之重　举全党全社会之力推动乡村振兴［J］．求是，2022（7）：1.

住有所居、弱有所扶，促进农民共富，才能有效增强农民对党和政府的信任感，从而促进社会的和谐与稳定。

第五，有利于建设更高水平的法治中国。实现农民的发展权利，不仅是为了保障农民的基本权益，更是为了建设更高水平的法治中国。党的二十大报告指出："社会主义法治国家建设深入推进，全面依法治国总体格局基本形成，中国特色社会主义法治体系建设加快推进，司法体制改革取得重大进展，社会公平正义保障更为坚实，法治中国建设开创新局面。"确立和保护农民发展的权利，不仅是为了保障农民的基本权益，更是基于法治原则的需要，是建设更高水平的法治中国，推动中国式现代化进程的必然选择。马克思主义法治观认为，法律不仅是对现实社会关系的反映，更是调整社会秩序、保障公民权利、维护社会公正的必要手段。因此，法治的核心理念不仅仅体现在法律的制定和执行效率上，更在于法律是否能够真正保障和实现公民权利，确保每个公民在法律面前一律平等，权利平等不仅是这一理念的直接体现，还关系到国家法治建设的健康运行。一个社会的稳定性与其最大的群体——农民的权益是否得到充分保障密切相关。健全和完善的法治体系，能为农民权益提供坚实保障，也为农业发展和农村公共服务治理创造良好条件，而保障农民权利不仅能够有效消除城乡差异、化解社会矛盾、促进社会稳定，更能为法治建设和发展奠定更广泛的群众基础和良好的社会环境，进一步推动法治中国建设迈向新的高度。

第二节 基本概念

一、农民

农民是本书的核心概念。研究农民发展问题，首先必须厘清农民的内涵。农民在历史上就是一种职业。农民一词最早见于《穀梁传·成公元年》："古者有四民。有士民，有农民，有工民，有商民。"而在《辞海》里农民的定义为："直接从事农业生产的劳动者。"随着社会和政策的发展，农民的定义和定位在不断发展。关于"农民"的概念，一般从职业和户籍两个角度进行定义，职业角度的"农民"是指直接从事农业生产职业的人员，但在当代中国，由于城乡二元结构制度的影响，绝大多数学者从户籍角度定义，即指被政府确认为具有农村户籍、以农业劳动为主体的农村人口群体。① 也就是说，农民（peasantry）是一种身份，体现的是一种社会等级、一种生存状态、一种文化乃至一种心理状态。其与国外的职业农民（farmer）有很大的区别，借鉴美国人类学家沃尔夫的经典定义，“传统农民”的主要追求在于维持生计，是身份有别于市民的群体；而“职业农民”则充分地进入市场，将农业作为产业，并利用一切可能使报酬最大化，由此西方学术界也一直以“peasantry”（传统农民）而不是以“farmer”（职业农民）称呼我国农民。因而身份的限制使得农民在计划经济时期，被“农业户口”和由此衍生的一系列政策牢牢固定在有限的土地上；改革开放之后，农民走向了城市成为农民工②，随着2014年颁布的《关于进一步推进户籍制度改革的意见》中取消了农业户口和非农业户口之后，已有1.3亿农业转移人口在城镇落户，成为“新市民”，而且根据《“十四五”新型城镇化实施方案》的要求，要逐步破除人口流动的藩篱，力争到2025年年底，除极少数超大、特大城市外，在全国范围内建立以经常居住地登记户口制度，也就是要实现人口居住在哪里、户口登记就在哪里。但同时我们也要看到，如果只是户口登记的改变而缺乏相应的教育、就业、社会保障等基本公共服务的制度安排、配套措施和具体方式，既不能保障农民与城镇居民享有同等权利、履行同等义务，也无法保障进城落户农民的农村土地承包权、宅基地使用权、集体收益分配权，那么，其权利的享受与“城镇居民”相比还是不够充分，也不完整，农民在土地、财产收入、自身发展和市民化等方面还是难以真正拥有和城市公民平等的机会，难以依法享受到同等的公民待遇。因而按照张英洪的观点：实际上，农民主要分为三个群体。一是传统职业农民，他们属于传统意义的农业户籍人口，生活在农村，从事农业生产，但因为城乡二元户籍制度使中国农民具有职业农民和户籍身份农民二重性。二是进城务工经商的农民工（农业转移人口），他们仍然保留农业户籍身份，包括了随迁家属，以及失地农民。三是新型职业农民，他们中包含了各类没有农业户籍的城镇返乡创业人员，是从事农业生产经营管理的新

---

① 刘云升，任广浩．农民权利及其法律保障问题研究［M］．北京：中国社会科学出版社，2004：2-3.

② 党的十八大报告中以“农业转移人口”替代了“农民工”，并指出其应共享城市化利益。

型职业农民。①

对于农民，国家相关政策或立法并没有明确其概念的内涵与外延，但对于以上提到的新型职业农民，党的十六届五中全会上就首次出现了“培养造就有文化、懂技术、会经营的新型农民”的提法，2012年中央一号文件中再次强化，提出“大力培育新型职业农民”，之后一些学者开始提出新型职业农民的概念，认为新型职业农民的内涵有广义和狭义之分。广义上是指农业从业人员，是一种职业。狭义上是指在农业领域中，具有较高科技文化素质、掌握专业农业生产技能、具备现代意识和经营管理能力，从事一定农业生产、经营管理或服务工作且能够承担风险的专业人员。② 随后，在2013年12月举行的中央农村工作会议上，提出了“让农民成为体面的职业，以吸引年轻人务农、培育职业农民为重点，建立专门政策机制，构建职业农民队伍”。2015年2月，中共中央、国务院印发的《关于加大改革创新力度加快农业现代化建设的若干意见》中，进一步强调了要“积极发展农业职业教育，加大力度培养新型职业农民”。这些政策的推出，标志着农民职业化进程得到了持续深入的发展。到了2017年1月农业部颁布的《“十三五”全国新型职业农民培育发展规划》中正式从职业角度提出了新型职业农民的概念，即“新型职业农民是以农业为职业、具有相应的专业技能、收入主要来自农业生产经营并达到相当水平的现代农业从业者”。2017年“两会”期间，习近平总书记在参加四川代表团审议时指出，要就地培养更多爱农业、懂技术、善经营的新型职业农民，赋予了新型职业农民新的内涵特征。2021年，中共中央、国务院印发的《关于加快推进乡村人才振兴的意见》中又提出了“培养高素质农民队伍”，引领和带动乡村人才振兴。2021年6月施行的《中华人民共和国乡村振兴促进法》则以立法形式提出要“培养有文化、懂技术、善经营、会管理的高素质农民和农村实用人才、创新创业带头人”。截至2021年年底，全国新型职业农民超过2000多万人，新型职业农民正逐渐成为现代农业建设的先导力量。这里的职业农民或者高素质农民，不仅仅是对传统农民的升级，更是给农民这一古老职业注入了新的时代特色，在很大程度上就是指广义上

① 张英洪．权利兴农——走好乡村振兴关键一步［M］．北京：东方出版社，2022：350.
② 韩娜，杨宏．我国新型职业农民培育问题研究综述［J］．辽宁经济，2012（11）：94-96.

有文化、懂技术、会经营的职业农民，而且也应该是无关户籍、无关身份，同时既要培养本土人才，也要引导城市人才下乡发展。

当前我国社会正在从身份社会向契约社会过渡，契约时代的每个社会成员应当有平等的基本权利，人们具体权利的差别实际上只是职业的差别，农民所从事的农业生产只是表明他们与其他行业在行为内容上存在差异，而不表明从业者社会地位和身份的不同。农村居民既可以从事农业生产，也可以从事其他行业的工作。党的十八大以来，随着城镇化的深入发展和高速增长，“三农”工作重心转向了全面推进乡村振兴，坚持农业农村优先发展，并且《“十四五”推进农业农村现代化规划》提出要着力推动农业全面升级、农村全面进步、农民全面发展，这充分体现了坚持以人民为中心的发展思想理念。目前农村人口近 8 亿，还有 5 亿多常住人口生活在农村，如何破解“三农”问题，促进城乡融合发展，推动农村经济发展将始终围绕两个问题展开：一是城镇化后农业人口的减少，二是农民权利的确认和实现。当农民成为一种职业时，既是农业人口减少，彻底打破城乡二元结构壁垒，真正促进城乡人才双向流动和农民权利实现的结果，同时又为最终解决这两个问题准备了条件。因此本书在界定农民的内涵时是把农民视为一种职业，是一种职业表述，而非一种较市民而言更低的身份概念；农民应不再是一个由户口、户籍决定的“身份”，而应该是一个由工作性质和劳动方式决定的“职业”。农民这一称呼仅仅具有职业身份甄别的意义，农民应该只是现代契约型社会中纯粹的职业农民，它是农业产业化乃至现代化过程中出现的一种新的职业类型，农民与其他行业的从业者具有同等化的发展机会、公共服务，其社会身份和城市居民完全一样，享有平等的社会地位，在政治、经济、文化等方面具有平等的权利。换句话说，农民应被看作是农业生产中的专业从业者，其地位与城市职业者平等，只有如此，农民才能在农业生产规模化、集约化的发展中寻求机会，改变传统贫困，才会有更多的人加入职业农民队伍中；而农村也应该成为农民生活、生产与工作的地区，应该是人口密度较低，民居环境优美清洁，拥有良好的生活品质，经济可持续发展，与自然生态和谐相处的新农村。

农民是新时代中国特色社会主义乡村振兴建设的重要主体，新型职业农民（高素质农民）更是我国全面振兴乡村，缩小城乡差距，实现中华民族伟大复兴的重要力量，职业农民的提出对研究现代化进程中农民发展问题具有重要意义。

二、权利

马克思认为权利不是上天赋予，不是从来就有、与生俱来，只有在社会实践中依靠人们努力斗争方能实现，他认为权利总是与一定的社会需要和利益密切联系，由一定的物质生活条件决定，权利有应然意义上的习惯权利（应有权利）和实然意义上的法定权利（现有权利）之分。

权利是一个内容极为广泛的概念，给它下个完整的定义一直都是一件困难的事，康德如此说过："问一位法学家'什么是权利'就像问一位逻辑学家一个众所周知的问题'什么是真理'同样使他感到为难。"① 在近代西方思想史上，格劳秀斯把权利看作"道德资格"，霍布斯、斯宾诺莎等认为权利就是自由，康德、黑格尔亦用自由来解说权利，但以意志为重，耶林强调权利背后的利益，霍布斯则把权利看作法律赋予的某种力量或能力等。② 国内学者关于权利学说大致有资格说、主张说、自由说、利益说、法力说、可能说、规范说和选择说 8 种，③ 如夏勇教授认为权利包括利益、主张、资格、权能和自由五大要素；④ 郭道晖教授认为所谓权利，就是人们为满足一定的需要，获求一定的利益而采取一定行为的资格和可能性；⑤ 张文显提出："法律权利是规定或隐含在法律规范中，实现于法律关系中的，主体以相对自由的作为或不作为的方式获得利益的一种手段。"⑥ 而公丕祥认为定义不过是对客观事物某一方面属性的概念反映，给权利下定义存在着局限性，他认为权利的定义中并不必然具有合法性问题，存在着一个不以法律为唯一根据或先决条件的权利，因为权利有应有权利和现有权利之分，揭示应有权利在权利体系中的重要地位，努力把握现有权利对实现应有权利的价值，是考察权利现象无法回

---

① 康德．法的形而上学原理——权利的科学［M］．沈叔平，译．北京：商务印书馆，1991：39.

② 夏勇．人权概念起源——权利的历史哲学［M］．北京：中国政法大学出版社，2001：43-46.

③ 范进学．权利概念论［J］．中国法学，2003（2）：13-20.

④ 夏勇．人权概念起源——权利的历史哲学［M］．北京：中国政法大学出版社，2001：46-48.

⑤ 郭道晖．法的时代呼唤［M］．北京：中国法制出版社，1998：61.

⑥ 张文显．法理学（第五版）［M］．北京：高等教育出版社，2018：130-131.

避的重大问题。① 万斌更是指出，由于存在不同的利益和价值取向，人权概念很难取得完全一致的意见，但是他从人权的适用范围和主体承担者的角度出发，认为可以在三种意义上使用人权概念，其中提到的公民权可以理解为本书所说的权利。② 但是实际上完美的权利的定义很难给出，因为权利在不同的时间、不同的学科、不同的话语体系等中会有不同的含义，不同的表达。在本书中，我们认为权利至少可以作如下表述：权利是以法律存在为基础的，以自由自觉的活动方式获得正当利益并借助于法律化得以实现的要求。第一，权利不仅仅局限于法律权利，权利还存在于社会的诸多领域中，如习惯、宗教、道德等，相应划分为习惯权利（应有权利）、宗教权利、道德权利等，这些权利的存在和实现尤以法律的方式为最佳。第二，权利最主要关注的就是主体自身的利益。一项权利得以成立，无非是关乎于利益，这种利益既可以是物质层面的，也可以是精神层面的，或者两者兼有；既可能是个人的，也可能是社会的。第三，权利是一种自由自觉的活动。权利主体可以以自己的意志自由地去主张或放弃权利，不受外力的干涉和胁迫。第四，权利主体是该社会中的相对弱者，因为在一个社会中，强者可以靠自己的强力得到利益，而弱者自己没有或者缺乏力量保护自己哪怕是合理的利益，只能依靠社会的强力来帮助实现。③

从权利实现的角度来看，其实现的过程需要符合正当性和合法性，追求的目的和结果是受法律保护的某种利益，为现实的真实的且为权利主体真正所享有。在这里，还应提到的是权利与人权的关系。权利与人权既有联系又有区别，二者都以利益为基础，同时人权又只是权利的一种，马克思曾经说过："权利的最一般的形式即人权。"④ 从道德层面上讲，人权属于应有权利的范围，是作为人应有的权利，但是在现代社会，人权就是公民权，即作为公民应该具有的一切权利，⑤ 两者更多是混合使用的，正如本书中探讨的是一般意义上的权利，如生存权、自由权、劳动权和民主权等。因此，在这个意

---

① 公丕祥．权利现象的逻辑［M］．济南：山东人民出版社，2002：3.
② 万斌．万斌文集（第四卷 政治哲学）［M］．杭州：杭州出版社，2003：243-244.
③ 何志鹏．权利基本理论：反思与构建［M］．北京：北京大学出版社，2012：26.
④ 中共中央马克思恩格斯列宁斯大林著作编译局．马克思恩格斯全集（第三卷）［M］．北京：人民出版社，1960：228.
⑤ 万斌．万斌文集（第四卷 政治哲学）［M］．杭州：杭州出版社，2003：243-244.

义上，人权等同于权利，两者同义。本书在提到权利与人权时，就是基于这个层面的意思使用的，即二者是可以互换的。那么，从事农业的农民也是一个公民，既享有公民权利，同时也享有在从事农业生产时的权利，即农民权利。因此，农民的问题要解决的是实现从农民权利向公民权利转化，最终实现权利平等，达到共同富裕。

三、平等权利

平等是社会主义法律的基本属性，也是我国社会主义核心价值观的重要内容。恩格斯在《反杜林论》中指出："一切人，或至少是一个国家的一切公民，或一个社会的一切成员，都应当有平等的政治地位和社会地位。"① 在现代社会，平等观念指的是每一个公民不分民族、种族、性别、教育水平、文化程度，在社会、政治、经济和文化等社会生活的各个领域具有同等待遇，也就是马克思认为的"平等是人在实践领域中对自身的意识，也就是人意识到别人是和自己平等的人，人把别人当作和自己平等的人来对待"，② 其体现的平等是全体社会成员之间的平等，是一种不断实现实质平等的观念，"平等应当不仅是表面的，不仅在国家的领域中实行，它还应当是实际的，还应当在社会的、经济的领域中实行。"③ 可见平等包含了政治、社会、经济等各领域，而且这种现代平等观念指的是权利方面的平等，"平等的内容须待阐明。——限于权利等等"④，亦即"国家和社会中的平等权利"⑤。那么，我国现行《中华人民共和国宪法》（简称宪法）第三十三条规定："中华人民共和国公民在法律面前一律平等。"这里表明的是所有公民在法律地位上人人平等、一律平等，平等地享有法律权利，承担法律义务，尤其要保障弱势群体

① 中共中央马克思恩格斯列宁斯大林著作编译局. 马克思恩格斯选集（第三卷）［M］. 北京：人民出版社，1995：444.

② 中共中央马克思恩格斯列宁斯大林著作编译局. 马克思恩格斯全集（第二卷）［M］. 北京：人民出版社，1957：48.

③ 中共中央马克思恩格斯列宁斯大林著作编译局. 马克思恩格斯选集（第三卷）［M］. 北京：人民出版社，1995：448.

④ 中共中央马克思恩格斯列宁斯大林著作编译局. 马克思恩格斯全集（第二十六卷）［M］. 北京：人民出版社，2014：359.

⑤ 中共中央马克思恩格斯列宁斯大林著作编译局. 马克思恩格斯选集（第三卷）［M］. 北京：人民出版社，1995：444.

的平等权利。就平等权而言，其性质应该是一种由法律确认和保护的利益，为现实的真实的且为权利主体真正所享有，如果没有通过法律将其确认和落实，缺乏健全的保障公民权利的制度和机制，那么平等权只能是空中楼阁。因此，平等权是一项基本权利，同时也是一项宪法原则。首先，平等权是公民的一项基本权利。平等权所体现的是通过权利义务平等、民族平等、男女平等、选举权和被选举权平等的基本权利来体现其作为一种基本权利的具体内容，体现的是社会、政治、经济和文化的平等，任何人都没有特殊与例外，都不享有违法而不受追究的特权，也不允许存在任何歧视。其次，平等权作为一项基本原则贯穿于整个宪法。平等权是一种概括性的权利，不同于其他基本权利，其平等原则涵盖了宪法规定的基本权利的每个方面，“实际上并不和其他的基本权利居于同等的地位，而是高于其他的基本权利，为其他的基本权利的实现和保障提供目标和价值取向”。① 只有对平等原则进行践行与坚守，才能使平等性成为客观的社会实际。“三农”问题是建成社会主义现代化强国、实现第二个百年奋斗目标、以中国式现代化全面推进中华民族伟大复兴的难题。维护和促进社会公平正义，促进全体人民共同富裕，问题的实质是尊重和保障农民的主体性，从“身份农民”向“职业农民”转变，帮助农民实现其权利。经过40多年的改革开放，我们完成了脱贫攻坚、全面建成小康社会的历史任务，实现了第一个百年奋斗目标，农民自由全面发展的空间不断扩大，但是也应看到，现行体制机制中仍存在一些有损社会平等的弊端，一些政策制度在一定程度上也制约着农民的全面发展。

习近平总书记指出：“做好党和国家各项工作，必须把实现好、维护好、发展好最广大人民根本利益作为一切工作的出发点和落脚点，更加自觉地使改革发展成果更多更公平惠及全体人民。”② 这一论述正是社会主义核心价值观的重要价值追求，即“平等”是以人民为中心的“平等”，是惠及最大多数人民的“平等”。现代法治的核心是尊重和保障公民的基本权利和自由，在全面依法治国基本方略指导下，充分尊重、保障和实现农民的公民权利，大力加强国家对农民基本权利的供给，推进供给侧结构性改革，处理好市场化改革的迅猛发展与公民权利供给的滞后之间的矛盾，最大限度地保证农民平

① 张德瑞．中国农民权利法律保护问题研究［M］．南昌：江西人民出版社，2009：41.
② 习近平．习近平谈治国理政（第四卷）［M］．北京：外文出版社，2022：134.

等地享有生存权、财产权、教育权等各种权利，让广大农民平等参与现代化进程、共同分享现代化成果是维护农民自由尊严的必然结果。① 因此，本书中的农民权利体现在以下三点。首先，机会平等。用合理的制度安排保证无论何种情况之下农民都享有同等的参与和发展的机会，打破一切不合理的限制和障碍，建立公平的环境，保持充分公平的竞争，同时没有任何的身份歧视。其次，规则平等。用公正的规则体系确保农民的平等权利和机会不受侵犯。最后，分配平等。以合理的分配制度保证社会分配的平等，增强财富分配公平性，缩小财富分配差距，让农民享有平等的财富积累机制。

四、农民权利实现

本书强调权利的确认和保护，是为了农民现实利益的最终实现，正是在这一过程中，充分展示了权利的社会价值及意义。依据马克思主义权利观，权利分为应有权利和法定权利，而一国的人权状况主要看法定权利的实现。只有人的法定权利有效实现，人权才会进入现实状态，当权利主体实际获得了法律所确认和保护的利益的时候，才是应有权利和法定权利存在的根本价值。随着工业化、城镇化和农业现代化加快推进，以推进人的城镇化带动新型工农城乡关系的构建，巩固和拓展脱贫攻坚成果，关键是实现农民与其他社会职业群体权利之间的平等。而促进农民农村共同富裕，当务之急是厘清当今社会主体权利的确认、保护和实现的主次、缓急之分，明确加强农民权利的供给、保护和实现必须是优先的、重点的，因此本书的农民权利实现是指权利的可能性向现实性的转化，从农民的应有权利着手，以人的尊严与价值为基点，围绕权利的关键点——农民利益，以符合农民权利的正当性要求作为宗旨，将法定权利的实现作为突破口，阐明农民权利实现的意义、目标和路径，确认农民的应有权利并使之法律化、制度化，即从应有权利到法定权利，最终实现权利。

① 张英洪，权利兴农——走好乡村振兴关键一步［M］. 北京：东方出版社，2022：15-16.

第三节 研究综述与基本思路

本研究拟解决的主要问题：第一，农民、农民权利和权利实现的内涵；第二，阐述理论基础——马克思主义权利观；第三，运用马克思主义权利观构建农民发展的权利体系；第四，提出农民发展中权利实现的宏观思考和实现路径。

一、国内研究综述

（一）农民的基本内涵研究

农民的基本内涵是本书的核心概念。国内学术界的看法呈现出较为复杂的格局。国内学界对"农民"的认识主要集中在两个角度，即职业角度和户籍角度，更多的是对农民范畴以"户籍身份说"来界定并研究，认为在当代中国，农民是一个身份群体而非职业群体。从户籍角度，刘云升等从1954年宪法和1982年宪法的规定中得出农民一词都是从身份角度进行界定和使用的，讨论农民的权利问题，只能从"身份"认识农民。他们指出农民的社会属性与户口相连，认为农民就是"户口"登记在农村并为农业户口的农村人，而且认为这里的农民还包括了外出进城打工的农民工。① 张德瑞提出对"农民"这一群体的界定仍以户籍为标准，农民指被政府确认为具有农村户籍、以农业劳动者为主体的农村人口群体。② 王佳慧则进一步提出农民不包括极少数生活已经"城镇化"但户口尚未变更，还是农业户口的"农民"，理由是某些城镇化较为成功的发达地区的"城镇居民"虽是农村户口，但他们生活水平与同地区城市居民相近，在思想意识上对自己的城镇生活有共同认识，对其所生活的城镇环境有归属感、认同感，享有相对完整和充分的权利，与传统意义上的农民有着根本区别，因此提出不将他们列入研究范围。③ 从中可以看出，张德瑞和王佳慧都持有相似的观点，但对"农民"群体的划分边界

---

① 刘云升，任广浩．农民权利及其法律保障问题研究［M］．北京：中国社会科学出版社，2004：2-3.

② 张德瑞．中国农民权利法律保护问题研究［M］．南昌：江西人民出版社，2009：7.

③ 王佳慧．当代中国农民权利保护的法理［D］．长春：吉林大学，2007：13.

有所不同。从职业角度，陆学艺等更倾向于将农民视为农业劳动者①；郑杭生则强调农民是一种社会身份，它与城市居民相对称，农民可以被认为具有追求利益者（在非农产业与就业上）与维持生计者（在农业生产上）的双重身份；② 赵万一指出为体现农民权利平等性的要求，必须对农民的概念及其特征、农民的身份地位进行重新解读和价值重构，用职业概念取代身份概念，即农民所从事的农、林、牧、副、渔业只是表明其与工业、商业、服务业在行为内容上存在差异，而并不表明从业者在社会地位和身份对待上有什么不同。当然，他也提出并不是否定农民这一概念本身所包含的特定身份指向，而是认为农民的这一身份不应作为歧视对待的理由，指出在构建农民的权利体系及相关配套制度时，应当以保护“事农行为”为出发点，在职业待遇方面强调对不同职业者一视同仁。③

还有一些学者从农民成员构成的角度出发。林晓鸣认为农业人口包括农民、乡村社会管理者、乡镇企业工人、个体工商户、私营企业主等④；而李培林等则认为，农民涵盖无业者、纯务农者、以农为主兼业者、以非农为主兼业者、打工者、农村个体工商户、农村企业主和农村干部八个阶层⑤；张英洪提出，当代中国农民包括三大群体，即传统职业农民、进城务工经商的农民工和新型职业农民。⑥ 同时，隋筱童认为发挥“农民主体”地位，需要重构“农民主体”新内涵，鉴于农村社会结构呈现多元化、复杂化的演变趋势，由户籍制度划分的农民，大致可分为传统的农业劳动者和兼业农民、利用资本技术等参与农业生产的新型农民、农民工，以及居住在农村，但不以农业收入为主要收入来源的个体经营者等不同的四类群体⑦。朱光磊等认为精准把握农村社会成员构成，是合理制订乡村振兴规划、推进中国社会治理结构转型

---

① 陆学艺，张厚义．农民的分化、问题及其对策［J］．农业经济问题，1990（1）：16-21.
② 郑杭生．农民市民化——当代中国社会学的重要研究主题［J］．甘肃社会科学，2005（4）：4-8.
③ 赵万一．中国农民权利的制度重构及其实现途径［J］．中国法学，2012（3）：5-17.
④ 林晓鸣．建国后农民阶级队伍演变及其发展趋势分析［J］．社会主义研究，1990（1）：38-42.
⑤ 李培林，等．当代中国阶级阶层变动（1978—2018）［M］．北京：社会科学文献出版社，2018：96.
⑥ 张英洪．权利兴农——走好乡村振兴关键一步［M］．北京：东方出版社，2022：350.
⑦ 隋筱童．乡村振兴战略下“农民主体”内涵重构［J］．山东社会科学，2019（8）：97-102.

的基础，他从职业、地域和户籍，即农业劳动者、农村人口和农村户籍人口三个角度，分析各类“农民”各自的状况及其相互关系。① 刘同君则从权利的主体属性的角度出发，提出农民是具备农村户口、从事农业生产经营、享有集体所有制的土地权益，且兼具个体属性与群体属性的一种类权利主体。②

综上所述，在界定农民内涵时应该把农民与居住地、户籍等相脱钩，而把它当作一个由工作性质和劳动方式决定的“职业”。目前农民权利的享受程度与“城镇居民”相比还不够充分也不完整，农民包括了留守农民、失地农民、农民工。

（二）农民问题研究

农民问题始终是解决发展不平衡不充分、缩小城乡区域发展差距、实现人的全面发展和全体人民共同富裕的根本问题。在国内，不同的历史时期和发展阶段，由于农民问题的特点各不相同，不同的学者从不同的学科得出的认识和判断也不一样。以下是对各种观点的简述：

一是认为解决农民问题的关键是提高农民收入。这是被一切成功的农业所证明的规律，中国也不例外。党国英指出，提高农民收入要靠农业的专业化，而专业化水平的提高必须有广大、统一、自由的市场，强调必须使农民以较低的成本进入市场。③

二是认为当前农民问题的重点是解决农民就业问题。以温铁军为代表的学者认为，20 世纪的农民问题主要是土地问题，而 21 世纪的农民问题主要是就业问题。农村过剩劳动力处于隐性失业状态，如此庞大的就业压力的客观存在严重影响国家的稳定发展。因此，推进城市化的进程，将农业剩余劳动力，逐步转移到二、三产业和城镇中去，将农民转变为市民，这是中国现代化建设要解决的大问题。④

三是认为农民问题的根本是权利问题。以张英洪为代表的学者认为解决农民问题的根源在于尊重、保障和实现农民的基本权利和自由，而解决农民

---

① 朱光磊，裴新伟．中国农民规模问题的不同判断、认知误区与治理优化［J］．北京师范大学学报（社会科学版），2021（6）：127-138.

② 刘同君．论农民权利倾斜性保护的价值目标［J］．法学，2022（2）：21-33.

③ 党国英．中国农村的根本问题［J］．华中师范大学学报（人文社会科学版），2004（6）：37-38.

④ 温铁军．三农问题与世纪反思［M］．北京：生活·读书·新知三联书店，2005：70.

权利问题的关键在于解决作为身份农民的平等权利问题、作为职业农民的民主权利和财产权利问题以及农民作为农村居民的自治权利问题，这是最终解决农民问题的主要标志。①

还有学者如郭书田等提出，从根本上解决农民问题，需要继续加大改变二元结构的力度，解决土地、资金、劳动力三大资源问题，实现城乡居民各项公共服务和政治权利均等化。②

权利是每个人的内在需要，城乡融合发展不仅仅是要缩小经济收入差距，增加农民收入，提高农民的社会地位，增强农民的就业和发展能力；更重要的是让农民享有所有公民应有的权利和机会。因此，研究农民发展问题无论是从经济层面上考虑，还是从政治和社会方面出发，都是体现在权利上，体现在让农民享受到应有的经济权利、政治权利和社会权利等各类权利上。只有充分尊重和实现农民权利，尊重和保证农民在农村和农业发展中的主体地位，才能推进城乡融合发展和现代化建设新局面，才能同步跟上新型工业化、信息化、城镇化的发展，真正实现城乡融合发展。

（三）农民权利体系研究

农民权利体系的研究一直是学界关注的焦点，众多学者均对此进行了深入探讨并尝试从不同的角度界定农民权利体系的内容。

较为代表性的如张英洪提出的研究农民权利的分析框架。即作为职业农民的财产权利和作为身份农民的平等权利，他认为解决农民权利问题，应该使农民在职业上获得完整的财产权利，在身份上获得平等的公民权利，进而在获得平等权利的基础上，实现完全的公民权利，③ 这种观点很大程度上强调了农民在权利上的双重身份。王佳慧将农民权利保护的内容界定为三个层次，即人权层面上应受到平等对待和尊重的权利，农民作为公民应享有的基本权利（主要包括两个大方面，政治权利和经济、社会、文化权利），以及考虑到农民作为弱势群体在特殊条件下亟待特殊保护的权利。④ 赵万一从农民权利生

① 张英洪．给农民以宪法关怀［M］．北京：中央编译出版社，2010：3-4.

② 郭书田．在工业化城镇化中保护好农民的利益——学习 2010 年中央一号文件之二［J］．南方农村，2010，26（3）：4-6.

③ 周作翰，张英洪．保障农民权益：农村改革发展的重大原则［J］．湖南文理学院学报（社会科学版），2009，34（1）：29-33.

④ 王佳慧．当代中国农民权利保护的特殊性及其内容建构［J］．北方法学，2009，3（4）：125-134.

成的原因及作用范围出发，将农民的基本权利分为生存型权利、保障型权利和发展型权利三种类型，[①] 这一分类不仅界定了农民权利的基本范围，而且强调了权利之间的层次性和相互关联性。牛玉兵等则认为构筑从村民自治到社会自治的权利、维护与空间利益相关的财产权利、构建以空间利益共享为核心的其他实体权利以及完善与空间利益保障相关的程序性权利是农民权利体系制度创新的重要内容，[②] 他们认为，农民的权利不仅仅是静态的法律规定，更是一个动态的、与空间和利益紧密相关的过程。更多的学者依据我国宪法认为农民作为公民，其权利应当包含政治、经济和社会三大类，[③] 这种观点很大程度上基于我国宪法，为农民权利提供了坚实的法律基础。尽管这些对农民权利或农民权利保护内容的研究都对农民权利的确认和保护起到了巨大的推动作用，但我们不能忽视一个事实那就是，由于群体差异等因素，一个国家权利的实现是不平等的，是循序渐进的，权利实现的"差（权利主体逐步扩大）序（权利种类逐步实现）格局"是受经济发展规律制约的，这是任何社会难以超越的。[④] 农民在权利资源分配中常常受到轻视，因此，我们更应该关注如何结合马克思权利内容和现代中国农民权利的现状，坚持用科学合理的法律理念来构建农民权利体系，确保农民权利得以实现，从而真正体现农民的尊严和价值。

（四）农民权利保护研究

对于权利问题的探讨，中国的学者倾向于对各种权利的实现可能性的研究，西方则更多从哲学的角度探讨具体权利的问题。改革开放以来，中国农村的建设和发展在很大程度上都是围绕着农民问题的变化和发展而逐步展开的，农民不能平等享受并自由行使本应属于自己的权利，农民权利缺失甚至受到侵害的这些现象与政策、国家的二元结构和城乡之间的不平等资源分配有关。为了探究这些问题，众多学者开始广泛关注农民权利的保护和实现问题。李长健对中国农民问题的核心问题的探讨更多侧重农民的利益问题，他认为农民利益需要宪法、经济法、行政法等诸多法律部门的共同保护，特别

---

① 赵万一．中国农民权利的制度重构及其实现途径［J］．中国法学，2012（2）：5-17.

② 牛玉兵，杨力．农民权利体系的逻辑构造与制度创新——以城镇化空间转型为视角［J］．学习与探索，2014（2）：71-78.

③ 胡美灵．当代中国农民权利的嬗变［M］．北京：知识产权出版社，2008：15.

④ 郝铁川．权利实现的差序格局［J］．中国社会科学，2002（5）：112-124，205-206.

需要经济法律制度提供支撑，并为保护农民权益提出了一整套的经济法制度体系的构想。① 王佳慧则认为长期以来国家在资源配置上的不平等的外在表现，导致了市民与农民不同的生存境遇，以及城乡二元社会结构下对农民的制度歧视，更重要的是，作者从法哲学的层面上，运用权利理论对农民的权利状况、原因和农民权利的保护进行权利理论上的分析和论证。② 与王佳慧的研究不同，张英洪更多是结合农民问题的实际，他提出当前农民的主要问题是存在着土地权利与平等权利两个基本方面的缺失，而要解决这些问题，必须将农民权利与宪法联系起来，“给农民以宪法关怀”，要通过加大土地制度的改革力度和加快推进城乡一体化，使农民在财产上获得土地权利，在身份上获得平等的公民权利。③ 张德瑞从平等权的视角出发来研究农民权利的法律保护，他从立法和司法制度两个方面对农民权利的法律保护进行了探讨。④ 赵万一的研究则侧重于制度层面上的农民权利问题，认为要从根本上改变农民地位，需要从制度层面上保证农民的主体性，不断培养农民的权利意识，废除不合理的政策规定，还需建立公私协力保护的机制，充分发挥非政府组织的保护功能等，最终保障农民各项权利的实现。⑤

纵观以上研究，大多数学者或从政策上或从法律制度上，或从理论上或从实践上，探讨和提出了保护农民权利的对策，他们的共同目标是确保农民权利不仅被承认，还要得到真正的保护和实现。我们认为权利的确认和保护，是为了农民现实利益的最终实现，“要认真对待权利，就应关心应有权利，注重法定权利，着眼于现实权利，使权利内化为实现人的价值与尊严的普遍性力量”。⑥ 也就是说，权利的确认和保护的最终目的在于权利的实现，权利只有转化为现实、真实的利益，才对人类有实际的、真正的作用和价值，才是完美无瑕的，否则权利只能是一句空话，因此本书更关注的不仅是如何赋予和保护农民权利，而且是如何实现农民权利。

---

① 李长健．论农民权益的经济法保护——以利益与利益机制为视角［J］．中国法学，2005（3）：120-134.

② 王佳慧．当代中国农民权利保护的法理［D］．长春：吉林大学，2007：7-9.

③ 张英洪．给农民以宪法关怀［M］．北京：中央编译出版社，2010：8-10.

④ 张德瑞．中国农民平等权法律保护问题研究［M］．南昌：江西人民出版社，2009：12.

⑤ 赵万一．中国农民权利的制度重构及其实现途径［J］．中国法学，2012（3）：5-17.

⑥ 程燎原，王人博．权利及其救济［M］．山东：山东人民出版社，1998：314.

（五）马克思主义权利观研究

我国有关马克思主义权利观的研究始于20世纪80—90年代，近年来对马克思主义权利观的关注度有一定的减少，但其在理论探索和实践中的价值仍然显著。学者们从哲学、法学、政治学等不同学科视角展开深入探讨，主要代表观点大致分为以下几个方面。

第一，万斌从政治哲学的角度分析了人权理论中个体与共性、共同性和阶级性的关系，个人人权与集体人权、国内人权与国际人权的关系，目标与手段、理想与现实的关系，他主张马克思主义人权观是科学的人权观。① 夏勇从应然和实然、手段和目的、抽象与具体的角度认为人权的实现不是靠西方资本主义法制，而是靠共产主义制度，人权的抽象与具体是辩证统一的，抽象的人权原则总是在一定的物质生活条件下产生并随着“人类本性的不断改变”而发展。② 他强调马克思主义的人权思想应着眼于人类的解放。

第二，公丕祥从应然和实然的角度来论述马克思主义权利思想，认为权利的实现要受到法律、物质和文化以及享用者的条件制约。③ 鲍宗豪等对马克思主义权利思想的理论框架作了较为全面和系统的梳理，涉及该思想的逻辑起点、经济与文化基础、基本内容、理论发展以及实现权利的途径与方式等多个方面。④

第三，韩冬雪从权利的起源、内涵、条件三个方面分析资产阶级权利观的局限性，并与马克思主义权利观进行对比，指出马克思主义权利观所体现的权利的最终目的是“实现人类整体的解放和彻底的精神自由”。⑤

第四，程立显从法学的角度提出：在马克思看来，权利概念相对于义务具有优先性，他强调对于大多数工人和劳动者而言，认清自己的权利，“要求人权和公民权”是首要的根本的责任，这样才有可能达到权利义务的公正和谐状态。⑥

---

① 万斌．万斌文集（第四卷 政治哲学）[M]．杭州：杭州出版社，2003：249-254.

② 夏勇．人权概念起源——权利的历史哲学 [M]．北京：中国政法大学出版社，2001：203-217.

③ 公丕祥．论权利的实现 [J]．江苏社会科学，1991（2）：55-59，64.

④ 鲍宗豪，金潮翔，李进．权利论 [M]．上海：上海三联书店，1993：10-16.

⑤ 韩冬雪．论马克思主义的权利观 [J]．吉林大学社会科学学报，2001（1）：77-82.

⑥ 程立显．“权利时代”的权利话语探析 [J]．首都师范大学学报（社会科学版），2007（6）：58-64.

第五，田家官从平等的含义、权利平等、机会平等、结果平等四个方面对马克思主义的平等观进行了深入分析，认为马克思主义所强调的平等不仅涉及政治、社会和经济等各领域的权利，还包括机会和分配机制的公正性，不允许有任何特权和任何歧视。①

以上的这些研究较为系统地阐述了马克思主义权利观的主要精髓和原理，也结合了我国的权利发展现状，为我们提供了丰富的关于马克思主义权利观的理论资源，尤其对当前如何更好保障农民在政治、社会和经济诸方面的平等权利、构建农民权利体系具有重要意义。当然，马克思主义权利观需要不断发展、不断创新，与中国的农民权利现实与时俱进，要不断挖掘和发挥它的时代作用，这也是本研究要努力的方向。

二、国外研究综述

众多国外学者通过不同视角和方法探讨“农民权利”，为我们提供了丰富的理论和实践分析。

对于农民的定义，国际学术界主要存在三种观点：形式主义传统，视农民为历史上的个体农业生产者，包括古典时代农民城邦的公民、中世纪的农奴、村社社员与独立农民和当代的农场主，但不包括非农业社会的农民；实体主义传统，认为农民是不发达社会、宗法式社会或农业社会中的居民，既包括农业生产者也包括非农业生产者；马克思主义传统，则从阶级层面解释农民，将其视为特定生产关系下的一个阶级，即中世纪的农民阶级。②

恰亚诺夫于20世纪20年代初提出“社会农学”理论，这一理论的提出标志着农民问题已经作为独立理论体系的研究起点，它涵盖小农家庭经济运行机制、农村社会学、政治、文化、土地等多个方面。③ 随后，第二次世界大战（以下简称“二战”）尤其20世纪60年代以来，西方各国“农民学”研究兴起，这些研究体现在经济学、社会学、政治学、文化人类学等领域，广泛涉及农民经济、农村社会分层、农民民主、农民文化和农民史等问题。

改革开放以来，一些国内外学者更多从政治学视角研究中国农民的政治

① 田家官．马克思主义平等观的现实意义［J］．马克思主义研究，2011（2）：141-148.

② 秦晖，金雁．田园诗与狂想曲：关中模式与前近代社会的再认识［M］．北京：语文出版社，2010：12-13.

③ 恰亚诺夫．恰亚诺夫选集［M］．荷兰：海牙出版社，1967：26.

权利问题，如探讨村民自治权问题等，J. Bruce Jacobs 研究了中国农村村民自治的选举过程；① 而 Shi Tianjian 则关注了农民的政治参与权问题；② 还有的学者针对中国农民工进行了大量的实证研究，如 Lu Zhigang 等探讨了城乡迁移对工资决定机制的影响，间接反映了中国农民工在城市就业市场中面临的不平等待遇问题，强调了制度性歧视如何影响农民工的经济权利和社会地位，为理解农民权利的复杂性提供了实证基础。③ Wu Xiaogang 等对中国农村到城镇户口状况流动性的决定因素进行了探讨；④ Liang Zai 等则对中国移民子女教育问题进行了研究。⑤ 这些研究不仅加深了对中国农民权利问题的了解，展示了农民权利研究的丰富成果。而与中国农民权利的实际状况相结合，建立具有中国特色的农民权利理论体系，是本研究的重要任务。

三、国内外研究简要述评

国内外学者从多角度对农民权利问题进行了深入研究，为我们展示了一系列理论分析和实证研究成果，不仅具有重要的参考价值，也体现了该领域研究的复杂性。国外学者对中国农民权利的研究多倾向于政治学视角，主要关注村民自治、政治参与权等问题，认为农民权利的保障是实现政治民主和社会公平的重要途径。国内对农民权利保障问题的研究起步较晚，但近年来随着乡村振兴战略的实施和农民问题的凸显，相关研究逐渐兴起，研究范围和内容也不断拓展，国内学者更多从政策和法律制度、理论和实践等方面探讨和提出了保护农民权利的对策，其共同目标是确保农民权利得到确认和实现。

尽管国内外学者进行了大量研究，但关于我国农民权利保障问题的研究仍存在一些亟待深入探索的领域：

---

① BRUCE J. Elections in China [J]. The Australian Journal of Chinese Affairs, 1991, 25 (17): 1-99.

② SHI T. Political Participation in Beijing [M]. Cambridge: Harvard University Press, 1997.

③ LU Z, SONG S. Rural—Urban Migration and Wage Determination: The Case of Tianjin, China [J]. China Economic Review, 2006 (17): 337-345.

④ WU X, TREINMAN DJ. The Household Registration System and Social Stratification in China: 1995-1996 [J]. Demography, 2004, 41 (2): 363-384.

⑤ LIANG Z, CHEN Y P. The Educational Consequences of Migration for Children in China [J]. Social Science Research, 2007, 36 (1): 28-47.

1. 研究视角单一。现有研究大多从农民的身份而非职业角度来探讨农民问题，缺乏对农民作为职业群体的特性和需求的足够重视，也缺少将农民视为与其他社会群体平等的社会成员、享有同等社会地位和发展机会的视角。对于如何从职业角度构建真正体现其现实需求和利益的农民权利体系，目前已有研究尚显不足。

2. 理论视角缺乏创新。大多数研究局限于法学和社会学的学科范畴内，未能深入探讨农民权利问题的理论基础，特别是缺乏马克思主义权利观等理论视角的系统化应用，未能充分发挥多学科交叉研究的潜力，尤其是在理论创新和方法论的应用上。

3. 实践路径研究不足。尽管有关农民权利保护的研究已取得一定进展，但关于如何确保农民权利得到真正实现的深入分析相对匮乏，特别是对权利如何转化为农民实质性利益的具体机制探讨不够充分。因此，本研究试图将研究从法学和社会学领域拓展至马克思主义理论学科，通过对研究对象的界定、理论视角的深化以及研究内容的创新，全面涵盖理论探讨、体系建构以及权利实现等多个层面，深化对农民权利问题的研究，尝试提供一个全面而系统的理解框架，展现对实际问题解决的学术贡献和实践价值。

四、基本思路

本研究试图从职业的角度界定农民的内涵，按照理论的建构—提出问题—解决问题的基本研究思路。首先是问题的理论建构，通过对相关文献的整理分析，深入挖掘马克思主义权利观和马克思主义关于农民权利问题思想，为当代中国的农民问题、农民权利问题的解决和实现汲取理论力量。其次，运用马克思主义的相关研究方法，对新中国成立以来中国共产党关于农民权利思想的历史演变和法律规定进行梳理和评述。再次，在理论建构基础上，以马克思主义权利观为指导，通过科学合理的法律理念构建农民权利体系，剖析农民权利体系构建的重要意义，架构起研究农民权利实现的分析工具系统。最后，进行现实观照，有针对性地提出问题的解决之道，提出农民权利实现的宏观思考和实现路径。(见图 1.1)

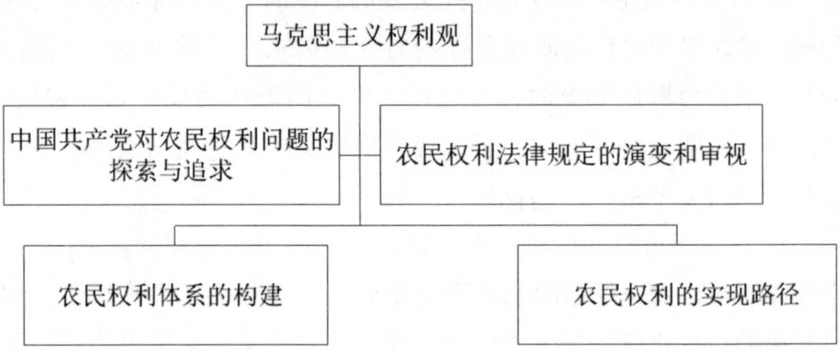

图 1.1　基本思路

五、研究方法

本书采用马克思主义法学、社会学、政治学等学科相结合的方式，通过以下方法来研究。

第一，文献分析法。马克思主义没有专门论述权利方面的著作，其权利形成的思想轨迹分成三个重要阶段，归纳提炼其主要思想只能通过仔细研读《马克思恩格斯选集》《马克思恩格斯全集》和《马克思恩格斯文集》等著作，从而把握其思想真谛。本书研究关于马克思主义权利观的引用和论证都是以其经典著作为蓝本，这为当代中国农民权利问题的解决和实现奠定了坚实的理论基础。同时通过阅读和总结新中国成立以来中国共产党关于农民权利思想和法律规定的文献，在突破现有相关文献研究农民权利问题的基础上，进行进一步的创新研究。

第二，历史分析法。中国农民在不同历史时期必然表现出不同的阶段性特征，运用历史分析方法研究农民权利，主要通过考察新中国成立以来农民权利思想和法律规定的发展情况，把握农民权利的发展规律。对农民权利进行历史分析，就是要把农民权利与一定的历史背景结合考察，以更好解决当代农民权利实现问题。

第三，理论思考与实践相结合法。伟大的理论总是在实践中发挥着巨大的作用，但是理论还需要在实践中得到不断论证、检验和发展，本书结合马克思主义权利观和马克思关于农民权利问题思想及其中国化的成果，体现成果及其理论的一脉相承性，同时将马克思主义权利观与中国农民的实际情况结合，以科学的法律理念来建构农民权利体系，并为农民权利的实现提出宏观思考和路径对策。

六、创新点

第一，研究对象界定的创新。本书突破现有研究从农民身份角度来研究农民问题，而是以职业来界定农民，从职业的角度来认识农民权利问题，提出农民应与其他社会群体一样，其社会身份和城市居民完全一样，农民与其他行业从业者享有发展机会、公共服务等的同等化，具有平等的社会地位。只有以农民的职业角色来定位并构建农民权利体系，才能真正体现权利的平等，也只有在职业角度的前提下来研究农民权利问题，才能真正解决农民权利的实现问题。

第二，理论视角的创新。尽管许多学者对农民权利的保护等问题作出了有益的探索和研究，但大多研究关注农民权利问题，仍限于法学和社会学领域，缺乏研究的理论基础，没有很好地将马克思主义权利观和农民权利问题结合起来进行系统化的研究，没有对我国农民问题的现状进行深刻分析和审视，更没有很好地对中国农民问题和权利发展脉络问题进行系统的梳理和研究。本书从中国农民的现状出发，选择以马克思主义权利观作为理论依据，深刻分析中国农民权利问题的理论成果，结合我国农民权利特点，深刻剖析马克思主义权利观对合理构建当前我国农民权利体系的重要指导意义，并为农民权利的实现提供坚实的理论支撑。

第三，研究内容的创新。权利的确认和保护的最终目的在于权利的实现，对农民权利体系研究的目的是农民现实利益的最终实现，权利只有转化为现实、真实的利益，才对农民、对“三农”问题有实际的、真正的作用和价值，否则解决“三农”问题等于一句空话，因此，本书研究的是如何使农民权利得到真正实现，最终使农民的尊严与价值得到真正体现。这也正是本书的研究价值所在和创新。

本研究是在诸多学者关于农民问题的研究基础上展开的，由于本人专业方向和学识水平等条件所限，无论是对马克思恩格斯经典原著的研读、对资料的收集，还是科学表述和引用马克思主义权利观，以及如何将马克思主义权利观与农民发展的现实权利问题相结合，并有效探索其实践路径，都有待进一步深入研究。

第四节　理论基础——马克思主义权利观

“马克思的权利学说是人类文明社会权利观念变迁历史的科学总结，是建立在历史唯物主义法哲学的理论基础之上的。”① 马克思主义权利观是本书的主要理论来源，其基本观念对中国农民发展的权利研究具有重要的理论意义和实践价值。国内学者对马克思主义权利观的研究较为丰富，本书通过对马克思主义权利观的相关内容构成以及实现的方式等深入阐述和剖析，挖掘其理论精髓和原理，以期更好地为农民发展的权利实现问题的研究提供理论依据。(见图 1.2)

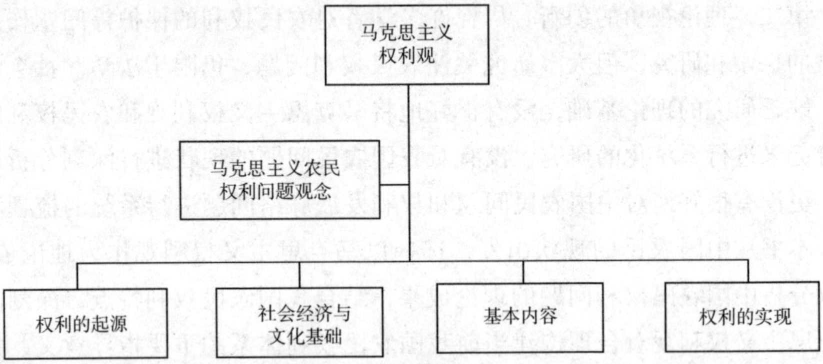

图 1.2　理论基础

一、马克思主义对权利内涵的解读

马克思主义诞生之后，对权利的起源、内涵等进行了科学的阐述。这些论述对于建立和完善农民权利理论和实践具有重要的指导意义。

(一) 权利的起源

资产阶级权利观认为权利是天赋的、抽象的，权利可以超越特定的阶级关系和社会经济结构的制约，他们只重视权利而忽视义务，因此资产阶级几乎享有一切的权利，不需要履行任何义务，而几乎把一切义务推给了工人阶

① 公丕祥. 权利现象的价值分析——马克思权利思想述论 [J]. 南京社会科学，1991 (2)：63-69.

级，马克思主义权利观正是在批判资产阶级的权利理论基础上来阐述权利。①在权利的起源上，马克思主义认为人的权利由社会的物质文化条件决定，从来都是具体的、历史的，而不可能是天赋的、抽象的权利。在原始社会，人类对自然界与自身的认识能力极其低下，人们不可能形成有关自然界和自身的丰富的理性知识，根本不知道权利是什么。对此，恩格斯指出："在氏族制度内部，还没有权利和义务的分别；参与公共事务，实行血族复仇或为此接受赎罪，究竟是权利还是义务这种问题，对印第安人来说是不存在的；在印第安人看来，这种问题正如吃饭、睡觉、打猎究竟是权利还是义务的问题一样荒谬。同样，部落和氏族分为不同的阶级也是不可能的。"② 也正如马克思所说的，在氏族社会的阶段，还没有法律上的权利，也就是说，在没有统治和阶级存在的地方是不存在权利问题的，也不存在什么天赋人权。那么，权利是什么时候来到世上的呢？

第一，在人类进入文明时代以后，随着商品经济的发展和生产力的提高，个体的利益需求日趋扩大，对权利产生了巨大的影响和作用。"如果说在野蛮人中间，像我们已经看到的那样，不大能够区别权利和义务，那么文明时代却使这两者之间的区别和对立连最愚蠢的人都能看得出来，因为它几乎把一切权利赋予一个阶级，另方面却几乎把一切义务推给另一个阶级。"③ 也就是说，当社会发展到一定阶段时，权利与国家和法律一起产生，它不是什么天赋的，不是自然产生的，也不是人的理性中所固有的，而是随着社会的发展产生了贫富分化，产生了私有制，出现了阶级；为了保证私有制不受侵犯，有产阶级利用国家机器通过法律把私有制转化为剥削阶级的权利，而把义务推给被剥削阶级。

第二，马克思从处于一定的相互对立社会关系中的人的角度来研究权利问题。在马克思看来，关于权利的产生，它必须从现实出发，在人们的相互关系中，才能产生权利，离开人与人的社会关系，就谈不上权利关系，这个

---

① 斯特龙伯格．西方现代思想史［M］．刘北成，赵国新，译．北京：中央编译出版社，2005：396-401.

② 中共中央马克思恩格斯列宁斯大林著作编译局．马克思恩格斯选集（第四卷）［M］．北京：人民出版社，1995：159.

③ 中共中央马克思恩格斯列宁斯大林著作编译局．马克思恩格斯选集（第四卷）［M］．北京：人民出版社，1995：178.

“人”在其现实性上是一切社会关系的总和，“它的前提是人，但不是处在某种虚幻的离群索居和固定不变状态中的人，而是处在现实的、可以通过经验观察到的、在一定条件下进行的发展过程中的人”。①

第三，马克思提出，在现实生活中，社会主体权利的产生和存在，一般随着社会经济和文化的产生而产生，随着社会经济和文化的消灭而消灭。因为权利归根结底由社会的经济和文化所制约和决定，“权利决不能超出社会的经济结构以及由经济结构制约的社会的文化发展”。②

（二）权利的内涵

马克思主义权利观中关于权利的论述非常丰富且富有内涵。它将权利视为社会的产物，是生产关系在制度上、政治上和法律上的反映。它通过国家的力量，历史地、不断地产生、发展和变化着。自权利产生以来，即服务于某个特定阶级的利益，是统治阶级意志的体现。尽管资产阶级学者对权利作过多种解释，诸如自由说、意志说、利益说、折中说和法律上的力量说等，但他们孤立地从权利主体方面，或者把它同社会的物质生活条件脱离，只能是一叶障目，无法自圆其说。③ 资产阶级人权从其本质来看，实际上就是资产阶级的阶级特权，“平等地剥削劳动力，是资本的首要的人权”。④ 在马克思看来，这并不是建立在物质条件基础之上的权利观，而是颠倒了的权利观。他从权利的产生基础、权利与义务的关系以及实现的条件方面进行了深刻的论述，揭示了资产阶级人权的虚伪性，彻底划清了同资产阶级权利观的界限。

第一，权利的社会性。马克思主义认为，人权不是天生的，而是社会的产物。在马克思的观点中，权利是在消除私有制和阶级统治的基础上，实现人人平等的权利，这与资产阶级所宣扬的超阶级的、抽象的权利截然不同。“工人阶级的解放斗争不是要争取阶级特权和垄断权，而是要争取平等的权利

---

① 中共中央马克思恩格斯列宁斯大林著作编译局．马克思恩格斯选集（第一卷）［M］．北京：人民出版社，1995：73.

② 中共中央马克思恩格斯列宁斯大林著作编译局．马克思恩格斯选集（第三卷）［M］．北京：人民出版社，1995：305.

③ 张光博．坚持马克思主义法律观［M］．长春：吉林人民出版社，2005：509.

④ 中共中央马克思恩格斯列宁斯大林著作编译局．马克思恩格斯文集（第五卷）［M］．北京：人民出版社，2009：338.

和义务，并消灭任何阶级统治”。[①] 马克思鲜明地提出要把消灭阶级统治与争取平等的权利和义务联系起来，从而揭示了工人阶级解放斗争的实质。

第二，权利与义务的统一性。马克思深知，人权不是绝对并不受任何限制，所谓的权利平等不仅仅就权利这一个侧面而言，它还包括义务，权利与义务具有内在统一性，二者相辅相成，“没有无义务的权利，也没有无权利的义务”。[②] 权利与义务互为条件，任何主体在享受权利的时候，必须积极履行其相应的义务，当然在履行义务的时候，主体亦享有相应的权利，享有权利是履行义务的前提。权利与义务脱离时，平等也就不复存在了。在一切剥削类型的社会里，由于利益上的根本对立，剥削阶级拥有权利，劳动人民履行义务，从根本上来说，权利从来都是按照财产来进行分配，就算是权利发展到顶级状态的资产阶级人权，在法律上承认“人人平等”，承认权利与义务的一致性，但这仍然仅仅是形式上的东西，仍然是资产阶级享有权利，无产阶级履行义务，其首要目的就是巩固资本主义制度，资产阶级极力地去实现和维护资产阶级的私有财产权，而且不是把无产者的服从统治放在义务中，而是放在权利的形式之中，达到欺骗劳动人民主动接受统治，掩盖资产阶级的统治实质。

第三，权利实现的真实性。“一个人有责任不仅为自己本人，而且为每一个履行自己义务的人要求人权和公民权。”[③] 马克思主义将权利的追求和实现视为社会主义社会的内在要求和最终目标，它提出必须通过无产阶级革命来消灭资本主义生产资料私有制，从而建立起能够维护人的尊严和价值的社会制度。也就是说，马克思主义认为社会主义社会权利和实现具有真实性，是让人民真正享受权利和自由，而不是形式上。当然，社会主义社会作为共产主义社会的低级阶段，由于受到社会的经济和文化制约和决定，广大人民群众所享受的权利不可能是完备的，而是具有一定的局限性，它只能随着经济社会文化的发展而逐步提高完善，“真正的自由和真正的平等只有在共产主义

---

① 中共中央马克思恩格斯列宁斯大林著作编译局．马克思恩格斯选集（第二卷）[M]．北京：人民出版社，1995：609.

② 中共中央马克思恩格斯列宁斯大林著作编译局．马克思恩格斯选集（第二卷）[M]．北京：人民出版社，1995：610.

③ 中共中央马克思恩格斯列宁斯大林著作编译局．马克思恩格斯全集（第二十一卷）[M]．北京：人民出版社，2003：17.

制度下才可能实现”。[①] 即在共产主义社会，才能达到权利与义务的统一。

（三）权利的形态类型

马克思把权利分成应然意义上的应有权利（习惯权利）和实然意义上的现有权利（法定权利）。

马克思认为，应有权利与现有权利并不存在对立关系，而是相互联系的统一体，应有权利先于现有权利（法定权利）而存在，而权利的制度化和法治化又是保障权利得以实现的重要环节。应有权利从本质上讲，就是人作为人应该享有的那些权利，亦即维护人的生存、延续人的发展必须具备的权利，以及体现在人与人之间尊严和权利上的平等，具体包含了生存权、自由权、人身权、劳动权、财产权以及平等权等。从肯定和实现人的价值的意义出发，马克思充分论证了应有权利即习惯权利的存在的合理意义，认为应有权利的产生是基于人的生存和发展的利益和需要，它体现了人类普遍的正义理念和价值观念的内在属性。“取决于他本身的需要和他本身的能力，从自身出发并且为了自身。”[②] 而现有权利是始终与一定的法律相联系而存在的统治阶级意志的体现，它通过法律对应有权利进行确认和规定，使其成为人的现有权利，现有权利是应有权利的制度化和规范化形态，只有将应有权利转化为现有权利，才能使应有权利拥有实现的可能，从而确保人的价值和利益的现实化，当然，这是从应然意义上讲的。而从实然意义上，在阶级社会里，法律始终体现了统治阶级的阶级意志和利益，马克思发现贫民阶级的应有权利具有合法性，却没有上升为由法律规定和确认的权利，没有成为合法合理的应有权利，“贫民的习惯法则是同实在法的习惯相抵触的法”，[③] 本来贵族的应有权利是不具有合法性的，“贵族的习惯法按其内容来说是同普通法律的形式相对立的。它们不能具有法律的形式，因为它们是无视法律的形态。这些习惯法按其内容来说是同法律的形式即通用性和必然性的形式相矛盾的，这也就证

① 中共中央马克思恩格斯列宁斯大林著作编译局．马克思恩格斯全集（第一卷）［M］．北京：人民出版社，1956：582.

② 中共中央马克思恩格斯列宁斯大林著作编译局．马克思恩格斯全集（第三十一卷）［M］．北京：人民出版社，1998：351.

③ 中共中央马克思恩格斯列宁斯大林著作编译局．马克思恩格斯全集（第一卷）［M］．北京：人民出版社，1995：250.

明，它们是习惯的不法行为”。① 但贵族的习惯权利却被法律承认了其合理性，“法律不但承认他们的合理权利，甚至经常承认他们的不合理的非分要求”。② 因此，马克思提出要为穷人要求一切国家的穷人的应有权利，而不是地方性的应有权利，同时还要将这种应有权利上升为现有权利，让其成为合理的应有权利。总之，应有权利是现有权利的渊源，现有权利是应有权利的法律化，两者相辅相成。但是从应有权利到现有权利再到实有权利还是有一段距离的，因为并不是所有的应有权利都能得到法律的确认和保障，权利实现是一个长期、复杂的过程。

二、马克思主义权利观的主要内容

权利具有十分丰富且复杂的内容。马克思主义权利观经历了一个从新理性批判主义权利观到历史唯物主义权利观的曲折发展历程。

马克思始终坚持运用利益分析的方法来认识权利理论。“人们为之奋斗的一切，都同他们的利益有关。”③ 在他看来，权利总是与一定的社会需要和利益紧密相连，需要和利益是推动社会主体有意识的自觉活动的直接动力。社会主体的需要是多样化的，“一种内在联系把各种不同的需要量联结成一个自然的体系”。④ 在这个体系中的不同需要“本质上是由不同阶级的互相关系和它们各自的经济地位决定的”，⑤ 即由一定社会的物质生活条件决定。在一定的条件作用下，那些能满足社会主体强烈愿望的需要上升为一定利益，“利益也意味着社会主体对一定的客观需要的认识以及在此基础上进行的具有一定意志、追求一定目的的活动”。⑥ 一方面，社会主体通过行使权利来满足自己

---

① 中共中央马克思恩格斯列宁斯大林著作编译局．马克思恩格斯全集（第一卷）[M]．北京：人民出版社，1995：249.

② 中共中央马克思恩格斯列宁斯大林著作编译局．马克思恩格斯全集（第一卷）[M]．北京：人民出版社，1995：250.

③ 中共中央马克思恩格斯列宁斯大林著作编译局．马克思恩格斯全集（第一卷）[M]．北京：人民出版社，1995：187.

④ 中共中央马克思恩格斯列宁斯大林著作编译局．马克思恩格斯文集（第五卷）[M]．北京：人民出版社，2009：412.

⑤ 中共中央马克思恩格斯列宁斯大林著作编译局．马克思恩格斯选集（第二卷）[M]．北京：人民出版社，1995：434.

⑥ 公丕祥．权利现象的逻辑 [M]．济南：山东人民出版社，2002：275-276.

的需要和利益，权利从这个意义上来讲是一定利益的法治化；另一方面，当一部分的利益被规定为法定权利时，又成为保障其利益实现的重要手段。利益是第一性的，对权利的形成具有决定性的制约作用；权利是第二性的，对利益的实现具有重要的保障作用，权利的形成和发展归根到底受制于一定的社会物质生活条件。法律以及权利的创立实质上是统治阶级通过国家的立法机构，按照一定的程序把统治阶级利益的要求上升为法律和权利。马克思认为，在阶级社会中，国家是统治阶级实现统治阶级共同利益的形式，国家不可能真正代表整个社会的普遍利益，而只是代表统治阶级的阶级利益。"因为国家是统治阶级的各个人借以实现其共同利益的形式。"① 因此在统治阶级操纵下，国家不可能真正切实地反映和代表整个社会的普遍利益，无产阶级人权不可能得到保障，马克思为此提出了把国家"迄今所夺去的一切力量，归还给社会机体"。② 强调随着无产阶级的不断壮大和觉悟的提高，"他们再不愿载负着一直压在他们肩上的整个社会大厦的重担，他们会要求更公平地分配社会的负担和权利"。③ 即通过无产阶级真正的革命来推翻旧的国家制度，取而代之以真正代表人民利益的新的国家制度——共产主义制度，无产阶级的人权才将得到保障和发展。马克思主义权利观主要由以下内容构成。

（一）生存权

生存权是人的首先的和基本的权利。"人的生活十有八九都纯粹是为生存而挣扎。"④ 所谓生存权，即社会承认并保障每个成员的生命安全、人身自由、人格尊严以及获得维持生命、过正常社会生活所不可缺少的基本的物质的和精神的生活条件和行为能力。⑤ 马克思说："我们首先应当确定一切人类生存的第一个前提，也就是一切历史的第一个前提，这个前提是：人们为了

---

① 中共中央马克思恩格斯列宁斯大林著作编译局．马克思恩格斯选集（第一卷）［M］．北京：人民出版社，1995：132.

② 中共中央马克思恩格斯列宁斯大林著作编译局．马克思恩格斯选集（第三卷）［M］．北京：人民出版社，1995：57.

③ 中共中央马克思恩格斯列宁斯大林著作编译局．马克思恩格斯全集（第二卷）［M］．北京：人民出版社，1957：605.

④ 中共中央马克思恩格斯列宁斯大林著作编译局．马克思恩格斯文集（第五卷）［M］．北京：人民出版社，2009：752.

⑤ 陈志尚．马克思的人权观在中国［J］．北京大学学报（哲学社会科学版），2012，49（6）：5-15.

能够‘创造历史’，必须能够生活。但是为了生活，首先就需要吃喝住穿以及其他一些东西。”① 马克思在此处指出了生存权的重要性，提出了生存权不仅应符合人们的物质利益，而且还应满足人们的精神需要。马克思通过对资本主义私有制条件下工人阶级社会状况的调查与研究，发现资本主义法律虽然确定一切人都有生存权，但资本家掌握了所有生产资料的所有权，而工人却不占有生产资料，只能出卖劳动力，其在劳动中创造的劳动财富被资本家大部分剥夺，导致了工人的生存权实际上完全被资本家控制和剥夺，因此工人要摆脱贫困、获得生存权，唯一的出路就是必须消灭资本主义私有制。

同时，在《共产党宣言》的诸多论述中我们也可以看到，马克思认为生存权不只是个人的权利，对国家和民族来说，还是集体权利，要充分享有生存权，国家必须独立拥有主权。也就是说，只有包括以国家、民族为单位的集体生存权都得到了尊重和保障，作为个人的生存权才能得到普遍尊重和保障。

（二）劳动权

劳动权是人类生存的保证。没有劳动权，人的生存就无法保障，其他权利也就无从谈起。马克思指出：“劳动首先是人和自然之间的过程，是人以自身的活动来中介、调整和控制人和自然之间的物质变换的过程。”② 同时，他又解释了劳动过程，它“既是人类生活的物质生存条件的生产过程，又是一个在历史上特殊的、历史的和经济的生产关系中进行的过程，是生产和再生产着这些生产关系本身，因而生产和再生产着这个过程的承担者、他们的物质生存条件和他们的互相关系即他们的一定的经济的社会形式的过程”。③ 也就是说，一方面劳动满足了人的物质生活需要，另一方面人类的有意识、有目的的活动又调整和控制了人和自然之间的物质变化过程，由此逐步形成了各种各样的相互关系，人类显示出了自身超越自然的主体地位。然而，作为“人类生活第一需要”的劳动，在资本主义私有制条件下，雇佣劳动变成了异

① 中共中央马克思恩格斯列宁斯大林著作编译局．马克思恩格斯选集（第一卷）[M]．北京：人民出版社，1995：78.

② 中共中央马克思恩格斯列宁斯大林著作编译局．马克思恩格斯选集（第二卷）[M]．北京：人民出版社，1995：177.

③ 中共中央马克思恩格斯列宁斯大林著作编译局．马克思恩格斯文集（第七卷）[M]．北京：人民出版社，2009：927.

化劳动，这种异化劳动导致了工人时常面临失业的威胁、丧失了对劳动成果享用的权利，导致生产关系的矛盾对立。马克思详细地剖析了异化劳动的表现：

首先，异化劳动表现为工人同他的劳动产品之间的异化。工人对自己的劳动产品的关系就是对一个异己的对象的关系，“工人在他的产品中的外化，不仅意味着他的劳动成为对象，成为外部的存在，而且意味着他的劳动作为一种与他相异的东西不依赖于他而在他之外存在”。① 这使得工人自己的活动成为一种异己的、不属于自己的活动，使得工人自己成为自己对象的奴隶，归他的东西却越来越少。

其次，异化劳动表现为劳动本身的异化。劳动本来是用来满足劳动者的需要，而异化劳动的结果导致劳动变成了纯粹的谋生的手段，使工人对自己的劳动完全丧失了支配权。“他在自己的劳动中不是肯定自己，而是否定自己，不是感到幸福，而是感到不幸，不是自由地发挥自己的体力和智力，而是使自己的肉体受折磨、精神遭摧残。”② 工人在劳动中完全是被迫的强制的，根本不是自愿的。

最后，异化劳动导致人的类本质同人自身的异化。人的类特性恰恰就是自由的有意识的活动，③ 对于这种自由的有意识的活动，马克思把它概括为劳动，而异化劳动把这种劳动仅仅看成是为了适应和维持人的肉体需要，自然界和人的社会生活与异化的人都相脱离了，人失去了作为人的根据，人就不是人了。马克思由此得出异化劳动最终导致了人与人的异化，这就导致了雇佣劳动关系——资本家和工人之间剥削和被剥削、压迫和被压迫的关系，因此工人也就根本谈不上有什么劳动权。

那么如何消灭异化呢？马克思认为，生产资料私有制是产生异化的根本原因，只有通过无产阶级革命，消灭私有制，消灭雇佣劳动关系、资本及其

---

① 中共中央马克思恩格斯列宁斯大林著作编译局．马克思恩格斯选集（第一卷）［M］．北京：人民出版社，1995：41.

② 中共中央马克思恩格斯列宁斯大林著作编译局．马克思恩格斯文集（第一卷）［M］．北京：人民出版社，2009：159.

③ 中共中央马克思恩格斯列宁斯大林著作编译局．马克思恩格斯选集（第一卷）［M］．北京：人民出版社，1995：46.

相互间的关系,① 让工人掌握生产资料，工人才能真正获得劳动权，而且“生产者只有在占有生产资料之后才能获得自由”②，人类才能彻底扬弃异化。

马克思进一步提出了“真正自由的劳动”的概念，这种劳动是体现人真正充分享有劳动权的劳动，是劳动者实现其主体地位，真正超越自然的劳动，这种劳动表现为：“（1）劳动具有社会性；（2）这种劳动具有科学性，同时又是一般的劳动，这种劳动不是作为用一定方式刻板训练出来的自然力的人的紧张活动，而是作为一个主体的人的紧张活动，这个主体不是以单纯自然的，自然形成的形式出现在生产过程中，而是作为支配一切自然力的活动出现在生产过程中。”③ 也就是说，只有在共产主义社会，人的劳动成为“生活的第一需要”，每个人才真正具有劳动主体地位，每个人才真正充分享有劳动权，每个人才能自由全面发展。

（三）财产权

马克思认为财产权具有历史性和阶级性，拥有财产具有非常重要的意义，不同的历史时期具有不同的价值和意义，归根结底由社会的生产方式决定。何谓财产权？财产权是每个公民任意地享用和处理自己的财产、自己的收入即自己的劳动和勤奋所得的果实的权利。在这里，马克思引用了法国宪法的规定，他认为，“这一权利是自私自利的权利”,④“私有财产的关系潜在地包含着作为劳动的私有财产的关系和作为资本的私有财产的关系”。⑤ 私有制的面貌“依这些私人是劳动者还是非劳动者而有所不同”。⑥ 而“只有在劳动者是自己使用的劳动条件的自由私有者，农民是自己耕种的土地的自由私有者，手工业者是自己运用自如的工具的自由私有者的地方，它才得到充分发展，

① 中共中央马克思恩格斯列宁斯大林著作编译局．马克思恩格斯文集（第二卷）［M］．北京：人民出版社，2009：113.

② 中共中央马克思恩格斯列宁斯大林著作编译局．马克思恩格斯文集（第三卷）［M］．北京：人民出版社，2009：568.

③ 中共中央马克思恩格斯列宁斯大林著作编译局．马克思恩格斯文集（第八卷）［M］．北京：人民出版社，2009：174.

④ 中共中央马克思恩格斯列宁斯大林著作编译局．马克思恩格斯文集（第一卷）［M］．北京：人民出版社，2009：41.

⑤ 中共中央马克思恩格斯列宁斯大林著作编译局．马克思恩格斯文集（第一卷）［M］．北京：人民出版社，2009：172.

⑥ 中共中央马克思恩格斯列宁斯大林著作编译局．马克思恩格斯文集（第五卷）［M］．北京：人民出版社，2009：872.

才显示出它的全部力量，才获得适当的典型的形式”。[①] 他把劳动者享有独立的财产看成他们自由全面发展的物质基础和前提条件，把“作为资本的私有财产”看作人的自由全面的发展和实现的一种损害和障碍。马克思通过对私有财产的批判揭示了资本主义制度财产私有制的剥削本性，因此废除私有制是要废除那些不合理的剥削制度，而不是一切形式的私有财产；剥夺的不是独立的劳动者，而是资本家。

（四）自由权

自由是社会主体的权利。何谓自由？马克思同样引用了法国宪法规定：“自由是可以做和可以从事任何不损害他人的事情的权利。”“自由是做任何不损害他人的事情的权利。”[②] 在马克思看来，“自由确实是人的本质”，“各种自由向来就是存在的，不过有时表现为特殊的特权，有时表现为普遍的权利而已”。[③] 马克思从劳动实践出发论述了自由权，认为劳动实践是人类获得自由权的物质前提，人在劳动实践中实现自由权，而且随着劳动实践和范围的扩大，人类在自然、社会方面的自由权也越来越宽广。在马克思看来：“自由不仅包括我靠什么生活，而且也包括我怎样生活，不仅包括我做自由的事，而且也包括我自由地做这些事。”[④] 他认为自由权包括两种：一种是对生存自由权的追求，主要是为了维持人的基本生存和生活需要，体现在物质生产领域内；另一种是对发展自由权的追求，是人类在更高层次上人的全面发展，即发展人类本身能力的自由，体现在如社会公共事务、科学、文化、道德、艺术等各领域。[⑤] 当然，阶级地位直接影响着自由权的有无和是否能真实享有，工人虽然有选择是否出卖劳动力的自由，但在资本主义私有制下，为了维持生存，工人别无选择，只能依靠出卖自己的劳动力来维持生计，“在自由

① 中共中央马克思恩格斯列宁斯大林著作编译局．马克思恩格斯文集（第五卷）［M］．北京：人民出版社，2009：872.

② 中共中央马克思恩格斯列宁斯大林著作编译局．马克思恩格斯文集（第一卷）［M］．北京：人民出版社，2009：40.

③ 中共中央马克思恩格斯列宁斯大林著作编译局．马克思恩格斯全集（第一卷）［M］．北京：人民出版社，1995：167.

④ 中共中央马克思恩格斯列宁斯大林著作编译局．马克思恩格斯全集（第一卷）［M］．北京：人民出版社，1995：181.

⑤ 鲍宗豪，金潮翔，李进．权利论［M］．上海：上海三联书店，1993：264-266.

竞争中自由的并不是个人，而是资本”。[①] 因此，要充分享有自由权，必须废除私有制，充分发展社会生产力，而生存自由权向发展自由权的演进与提升，也最终将是人的自由发展的必然进程。

(五) 民主权

马克思曾对民主如此阐述：“民主制是一切形式的国家制度的已经解开的谜。”[②]他认为民主是一切国家制度的实质，民主制的前提基础是具体的、现实的人，是人民大众，它要以个体的自然民主的发展状况为基础。在民主政治的形式下，国家的法律是由人民制定，并服务于人民，他深刻地指出：“正如同不是宗教创造人，而是人创造宗教一样，不是国家制度创造人民，而是人民创造国家制度”。“在民主制中，不是人为法律而存在，而是法律为人而存在；在这里法律是人的存在，而在其他国家形式中，人是法定的存在。民主制的基本特点就是这样。”[③] 民主权作为马克思主义权利观的基本内容，其真谛是维护社会主体的权利并促进其实现的重要手段和保障，马克思主义所追求的民主权是人民当家作主的权利，强调由人民自己制定国家的制度，由人民掌握主权并亲自参与国家管理，民主就是人民当权，它与资产阶级民主之间存在根本的对立。

在马克思眼中，真正民主的实质在于通过法律机制维护人民权利并保证其得以实现，关键在于通过人民代表制度使人民参与立法，全面参与国家管理。民主权从实体的角度看，如果国家政权掌握在少数人手中，任何的真实民主都是空话，只有无产阶级取得政权后，才能为劳动人民争取各种以法律形式规定的权利，使人民真正成为社会的主人，享受当家作主的权利。因此，争取民主权利是无产阶级的奋斗目标。从程序的角度看，真正的民主应该是实体与程序内在结合的机体，一方面要以法律和制度的形式来赋予无产阶级国家权力，明确其行使权力应当遵循的程序和步骤；另一方面还要以法律和制度来确认和保障人民实际地、充分地行使各种民主权利，否则纵使宪法和

---

① 中共中央马克思恩格斯列宁斯大林著作编译局．马克思恩格斯文集（第八卷）[M]．北京：人民出版社，2009：179.

② 中共中央马克思恩格斯列宁斯大林著作编译局．马克思恩格斯全集（第三卷）[M]．北京：人民出版社，2002：39.

③ 中共中央马克思恩格斯列宁斯大林著作编译局．马克思恩格斯全集（第三卷）[M]．北京：人民出版社，2002：40.

法律中对民主权利有最充分的规定，没有完备的程序保障，人民民主和权利的实现也只能是纸上谈兵。所以，在民主政治条件下，人民为了更好地享受自己的民主权利并使其得以实现，只有主动积极地参与政治生活的过程和环节，为真实的、具体的民主、自由而斗争，马克思郑重地指出："在民主制中，任何一个环节都不具有与它本身的意义不同的意义。每一个环节实际上都只是整体人民的环节。"① 从这一点上看，人民如果不参与政治过程的具体环节，就不可能实现其民主权利。

（六）平等权

马克思认为，平等是一定社会经济关系的反映和权利要求，它既不是抽象的、超人类的，也不是绝对的。

何谓平等？"平等是法律对一切人一视同仁，不论是予以保护还是予以惩罚。"② 平等权是一定社会历史发展的产物，马克思从来没有离开阶级来侈谈平等权，他指出资产阶级为适应建立资本主义社会制度的需要，把平等宣布为其政治法律的原则，但这不是"事实上的平等"，只是"形式上的平等"，资产阶级的平等要求是为资产阶级私利服务的，其首要的人权就是平等地剥削劳动力，用形式上的平等掩盖事实上的不平等，即它只是崇尚用"同一尺度"来计量，"平等就在于以同一尺度——劳动——来计量。但是，一个人在体力或智力上胜过另一个人，因此在同一时间内提供较多的劳动，或者能够劳动较长的时间；而劳动，要当作尺度来用，就必须按照它的时间或强度来确定，不然它就不成其为尺度了"。③ 这就是说，按劳分配作为一种平等权利，是把劳动尺度作为同一标准用在事实上各不相同、各不相等的劳动者身上，它只体现的是一种形式上的"平等"，因为它所谓的"平等"是把本来不同等的个人却以同一尺度来对待，即"用同一尺度去对待天赋本来就有差异的个人"，因此这种平等权就是不平等的权利，"这种平等的权利，对不同等的劳动来说是不平等的权利。它不承认任何阶级差别，因为每个人都像其

---

① 中共中央马克思恩格斯列宁斯大林著作编译局．马克思恩格斯全集（第三卷）［M］．北京：人民出版社，2002：39.

② 中共中央马克思恩格斯列宁斯大林著作编译局．马克思恩格斯文集（第一卷）［M］．北京：人民出版社，2009：42.

③ 中共中央马克思恩格斯列宁斯大林著作编译局．马克思恩格斯选集（第三卷）［M］．北京：人民出版社，1995：304.

他人一样只是劳动者；但是它默认，劳动者的不同等的个人天赋，从而不同等的工作能力，是天然特权。所以就它的内容来讲，它像一切权利一样是不平等的权利”。①

马克思所追求的“事实上的平等”，是一种真正的平等，他是把社会主体的智力、体力以及个人不同的家庭情况等因素综合起来加以考虑，在社会主义社会，按劳分配这一平等权利是对资本特权的否定，它不具有对抗的性质，因为无产阶级的平等权为无产阶级的利益服务，其实质内容就是消灭阶级，就是消灭私有制，消灭剥削阶级和一切阶级差别。在社会主义条件下，“平等应当不仅是表面的，不仅在国家的领域中实行，它还应当是实际的，还应当在社会的、经济的领域中实行。”② 当然这种事实上的平等只有在共产主义社会的高级阶段才能真正实现，而在共产主义初级阶段的社会主义社会，尚无法完全做到。

总而言之，马克思提出的事实上的平等权只有在实行“各尽所能，按需分配”的共产主义社会里才能实现。

三、马克思主义的权利实现论

马克思主义阐述了权利实现的手段和条件，只有将权利的可能性向现实性转化，权利主体的尊严和价值才能得到体现。

马克思主义认为，权利不是天赋，也非与生俱来，而是在社会发展过程中通过人们的努力才能实现，在斗争中取得的权利，又转化为精神力量，激励着人们不断改变现实、创造世界，不断推动着人类自身权利的发展，从而为人类争取更高更多权利和实现提供美好的愿景。马克思认为，人是社会的人、现实的人，人类应该获得彻底的解放，即人类应该获得全面自由的发展，获得受到保障的共同的利益和要求，要使人类获得彻底的解放，靠资本主义私有制、资本主义法制不仅不可行，而且行不通，共产主义的目的在于解决资本主义无法解决的矛盾，实现人类真正的生存权、自由权和平等权等权利，实现权利与义务的真正统一。因此必须通过无产阶级革命的途径，摧毁旧的

① 中共中央马克思恩格斯列宁斯大林著作编译局．马克思恩格斯选集（第三卷）[M]．北京：人民出版社，1995：305.

② 中共中央马克思恩格斯列宁斯大林著作编译局．马克思恩格斯选集（第三卷）[M]．北京：人民出版社，1995：448.

剥削制度，使无产阶级上升为统治阶级，才能使人的尊严和价值得到体现。

马克思还着重强调了个人的自由离不开集体和社会，权利主体对权利的追求和实现依赖于由个人联合结成的集体与社会，有赖于个人、社会和集体的协作，“只有在共同体中，个人才能获得全面发展其才能的手段，也就是说，只有在共同体中才可能有个人自由”。①

当然权利的实现和实现程度还受限于个人的能力，个人能力的差异也会在某种程度上制约主体权利的获得和实现，同时权利的实现和实现程度也会受到社会经济与文化发展水平的制约，因为权利不能超越出社会经济和文化发展，经济和文化的发展对权利实现的制约在任何一个国家都难以超越。

四、马克思主义的农民权利观念

农民作为社会主体，同样是权利的享有者。农民的权利问题一直为马克思主义所关注和重视，它构成了马克思主义权利理论的重要组成部分。马克思主义虽然没有明确论述农民权利的思想观点，但是人们在革命的实践中逐渐认识到农民问题的重要性，详细地阐述了关于农民的问题，提出尊重和保护农民的权利与利益的思想和观念，这对新时代农民发展的权利问题的研究具有重要的指导意义。

（一）肯定农民的重要作用，论述了工农联盟的重要思想

马克思和恩格斯针对主要资本主义国家和东方国家农民的状况，从 19 世纪中期开始先后发表了重要的文献和著作，对农民问题作了科学的分析。

第一，充分肯定了农民在无产阶级革命中的重要作用。鉴于当时法国等农业大国农民数量远超工人的情况，马克思指出无产阶级“为了夺取政权，这个政党应当首先从城市走向农村，应当成为农村中的一股力量”。② 而成为农民中的一员，把农民争取过来成为支持无产阶级的重要革命力量，“除非预先把人口中的广大群众——这里就是农民——争取过来，否则就不可能取得

① 中共中央马克思恩格斯列宁斯大林著作编译局．马克思恩格斯选集（第一卷）[M]．北京：人民出版社，1995：119.

② 中共中央马克思恩格斯列宁斯大林著作编译局．马克思恩格斯选集（第四卷）[M]．北京：人民出版社，1995：485.

持久的胜利”。①

第二，充分肯定了工农联盟在无产阶级革命实践中的重要地位。马克思指出，工人阶级和农民阶级所承受的残酷剥削，都是来自资产阶级，“只有资本的瓦解，才能使农民地位提高”，所以工农具有共同利益，要消除和解决在经济上的贫困和社会地位的低下，农民就必须与城市工人阶级联合结成同盟，建立反对资本主义的无产阶级政府，才能真正保障自己的利益。“农民就把负有推翻资产阶级制度使命的城市无产阶级看作自己的天然同盟者和领导者。”② 同时马克思指出，无产阶级革命取得胜利的关键在于不仅要集结本阶级的力量，而且要善于联合农民群众，建立工农联盟。

第三，充分巩固了工农联盟。无产阶级掌握政权后，其最高宗旨就是维护和巩固工农联盟。而工农联盟的实质在于无产阶级如何充分了解、分析并保护农民的利益，根据农民阶级不同阶层的需求与利益，思考如何联合农民并提出解决方案。马克思提出了各种保护广大农民利益的方针政策，设想去转变农民政治态度，引导他们参加革命，他指出，“当我们掌握了国家政权的时候，我们决不会考虑用暴力去剥夺小农（不论有无报偿，都是一样），像我们将不得不如此对待大土地占有者那样”。③ 对农民要避免采取暴力措施，要按照自愿原则，遵循农民意愿，通过示范并对农民提供社会帮助，马克思还强调，“无产阶级要想有任何胜利的可能性，至少应当善于变通，直接为农民做很多的事情，就像法国资产阶级在进行革命时为当时法国农民所做的那样”。④

（二）主张土地国有化，提出了农民合作经济的理论

马克思提出，无产阶级在取得革命胜利后，必须积极改善农民的贫穷状况，不能采取对农民不利的措施；必须解决农民的土地问题，彻底消灭封建土地所有制，争取土地民主制。他提出了无产阶级民主革命的土地纲领，“把

---

① 中共中央马克思恩格斯列宁斯大林著作编译局．马克思恩格斯选集（第四卷）［M］．北京：人民出版社，1995：522.

② 中共中央马克思恩格斯列宁斯大林著作编译局．马克思恩格斯文集（第二卷）［M］．北京：人民出版社，2009：570.

③ 中共中央马克思恩格斯列宁斯大林著作编译局．马克思恩格斯选集（第四卷）［M］．北京：人民出版社，1995：498.

④ 中共中央马克思恩格斯列宁斯大林著作编译局．马克思恩格斯选集（第三卷）［M］．北京：人民出版社，1995：287.

土地交给联合起来的农业劳动者，就等于使整个社会只听从一个生产者阶级摆布”。① 马克思主张通过合作社实现私有制向公有制过渡，通过夺取政权把小农的私人占有变为合作社的集体占有，实行土地国有化，而恩格斯也指出，不能脱离农民，尤其是小农，必须引导小农走合作化的道路，变小农经济为大规模社会化生产，这是他们唯一得救的途径。在组织小农生产合作社的过程中，“首先是把他们的私人生产和私人占有变为合作社的生产和占有，不是采用暴力，而是通过示范和为此提供社会帮助”。② 即对小农应该采取自愿和示范的办法，不能违背小农的意志而强行干预；无产阶级还应从农民的利益出发，为农民提供集体劳动所必需的一切生产资料、社会资金和劳动条件等扶持和帮助，“因为这种物质牺牲可能使花在整个社会改造上的费用节省十分之九。因此，在这个意义上来说，我们可以很慷慨地对待农民”③；要调动农民的积极性，使其逐步过渡到走合作化道路，“我们则坚决站在小农方面；我们将竭力设法使他们的命运较为过得去一些，如果他们下了决心，就使他们易于过渡到合作社，如果他们还不能下这个决心，那就甚至给他们一些时间，让他们在自己的小块土地上考虑考虑这个问题”④。同时，恩格斯还建议中农和大农亦联合为合作社，无产阶级政党必须把这些合作社逐渐变成全国大生产合作社的组成部分，让他们拥有同等权利和义务，而对于完全靠剥削的腐朽的反动阶级——大土地所有者，恩格斯指出：“我们将把这样归还给社会的大地产，在社会监督下，转交给现在就已经耕种着这些土地并将组织成合作社的农业工人使用”。⑤ 而农民看到了合作的大规模农场的优越性，他们才会自觉地走上农业合作化的道路。⑥

① 中共中央马克思恩格斯列宁斯大林著作编译局．马克思恩格斯选集（第三卷）［M］．北京：人民出版社，1995：129.

② 中共中央马克思恩格斯列宁斯大林著作编译局．马克思恩格斯选集（第四卷）［M］．北京：人民出版社，1995：498.

③ 中共中央马克思恩格斯列宁斯大林著作编译局．马克思恩格斯文集（第四卷）［M］．北京：人民出版社，2009：527.

④ 中共中央马克思恩格斯列宁斯大林著作编译局．马克思恩格斯选集（第四卷）［M］．北京：人民出版社，1995：500.

⑤ 中共中央马克思恩格斯列宁斯大林著作编译局．马克思恩格斯文集（第四卷）［M］．北京：人民出版社，2009：529.

⑥ 孙连成．马克思恩格斯关于农民问题理论的形成和发展［J］．马克思主义研究，1983（2）：123-141.

(三) 重申解放农民，提出建立民主政权建设的理论

马克思、恩格斯始终关注人民政权、人民民主问题，在他们看来，废除封建专制制度的统治，建立民主共和国是农民阶级获得政治权利和人身自由的关键，他们虽然没有提社会主义民主，但主张通过无产阶级的社会革命解放和打破农民的枷锁，建立新型无产阶级国家政权和工农民主政权。他们极大地肯定了巴黎公社的民主原则及其维护劳动群众经济和政治利益的措施，并高度称赞巴黎公社国家政权的作用，指出“公社给共和国奠定了真正民主制度的基础”,[①] 巴黎公社“所采取的各项具体措施，只能显示出走向属于人民、由人民掌权的政府的趋势”[②]，而只有这种政权形式才能维护农民的自由、民主和平等的政治权利。这些关于保障农民民主权利的理论思想大大推动了社会主义国家的工农民主政权建设。

(四) 提出消灭城乡差别和工农差别，阐述了城乡融合的理论

马克思、恩格斯基于人类社会发展的立场，提出消除城乡差别和工农差别是共产党的历史使命。明确未来社会要“把农业和工业结合起来，促使城乡对立逐步消灭”,[③] 达到“城乡融合”。“城乡关系一改变，整个社会也跟着改变。”[④] 他们认为消灭这种对立成为工业生产和农业生产的实际要求，因为“城市和乡村的分离，立即使农村居民陷于数千年的愚昧状况，使城市居民受到各自的专门手艺的奴役。它破坏了农村居民的精神发展的基础和城市居民的肉体发展的基础”。[⑤] 而只有通过废除资本主义生产方式，才能“使人口尽可能地平均分布于全国，只有使工业生产和农业生产发生紧密的联系，并适应这一要求使交通工具也扩充起来……才能使农村人口从他们数千年来几乎

① 中共中央马克思恩格斯列宁斯大林著作编译局．马克思恩格斯选集（第三卷）[M]. 北京：人民出版社，1995：58.

② 中共中央马克思恩格斯列宁斯大林著作编译局．马克思恩格斯选集（第三卷）[M]. 北京：人民出版社，1995：64.

③ 中共中央马克思恩格斯列宁斯大林著作编译局．马克思恩格斯选集（第一卷）[M]. 北京：人民出版社，1995：294.

④ 中共中央马克思恩格斯列宁斯大林著作编译局．马克思恩格斯选集（第一卷）[M]. 北京：人民出版社，1995：157.

⑤ 中共中央马克思恩格斯列宁斯大林著作编译局．马克思恩格斯选集（第三卷）[M]. 北京：人民出版社，1995：642.

一成不变地在其中受煎熬的那种与世隔绝的和愚昧无知的状态中挣脱出来”。① 同时，农民作为劳动生产和政治力量的重要源泉，毫无疑问，无产阶级应该积极地去争取，只有提高他们在国家政治、经济生活中的地位，无产阶级才能最终消灭工农差别并实现城乡融合。

马克思和恩格斯在创立马克思主义的同时，也形成了马克思主义权利观，它对于新时代解决“三农”问题的社会实践具有重要的指导作用。马克思和恩格斯从理论层面充分肯定了农民的重要作用，深刻论述并强调了无产阶级需要善待农民，主张有效保障农民土地权益，联合农民形成工农联盟，从而完成消灭城乡差异和工农差别、实现城乡融合的目标。学习研究马克思主义权利观，需要我们以科学态度去理解并运用，正如习近平总书记说：“马克思主义立场、观点、方法是做好工作的看家本领，是指导我们认识世界、改造世界的强大思想武器。”② 当然，“马克思的整个世界观不是教义，而是方法，它提供的不是现成的教条，而是进一步研究的出发点和供这种研究使用的方法”。③ 因此，自觉将马克思主义权利观作为中国农民发展的权利问题研究的理论基础，以马克思主义农民权利问题的观念作为农民权利的分析框架，并“随时随地都要以当时的历史条件为转移”④。

当前，人民日益增长的美好生活需要和不平衡不充分的发展之间的矛盾，在我国的乡村地区表现尤为突出，城乡区域发展和城乡居民收入差距仍然较大，这都给我们提出了新的问题和挑战，如何用科学的态度学习、践行马克思主义，以农民权利的实现作为研究切入点，全面系统地研究农民发展问题，科学合理地构建农民权利体系，提出有效保护并全面实现农民权利的路径，为解决农民发展问题提供理论支撑，是本书重点研究和解决的内容。

---

① 中共中央马克思恩格斯列宁斯大林著作编译局．马克思恩格斯选集（第三卷）[M]．北京：人民出版社，1995：215.

② 习近平．努力成为对党和人民忠诚可靠、堪当时代重任的栋梁之材[J]．求是，2023(13)：4-16.

③ 中共中央马克思恩格斯列宁斯大林著作编译局．马克思恩格斯全集（第三十九卷）[M]．北京：人民出版社，1972：417.

④ 中共中央马克思恩格斯列宁斯大林著作编译局．马克思恩格斯文集（第三卷）[M]．北京：人民出版社，2009：5.

第二章

中国共产党对农民权利问题的探索与追求

农民权利思想是马克思主义权利观的重要内容之一。马克思主义对社会主义实践中的农民权利问题也作了初步论述，中国共产党以马克思主义权利理论和农民权利观念为理论基础，结合中国农民问题和农村改革，形成了具有中国特色的保护农民权利一系列新的思想理论，并随着中国特色社会主义事业的改革建设不断丰富和发展，这些成为指导和制定农民权利法律制度的重要依据，也为保障和实现新时代农民权利奠定了坚实的基础。认识和评价中国共产党的农民权利思想对农民发展的权利研究具有重要理论意义。

第一节　社会主义革命和建设时期：农民权利思想的探索与确立

新中国成立后，以毛泽东同志为核心的党的第一代中央领导集体进一步认识到了农民问题的重要性，毛泽东指出要争取和依靠农民。“我国是农业国，有五亿多的人口住在农村。过去打仗主要是依靠农民。现在我国城市资产阶级很快地服从社会主义改造，也是因为农民组织起来了，农业合作化了。因此，党在农民中的工作非常重要。”① 他深刻剖析了农民在社会主义建设中的重要地位和作用，着力发展农民在经济、政治和文化方面的权利，不断满足农民的实际需求，为解决“三农”问题留下了丰富的思想财产。

第一，社会主义国家政权的巩固离不开农民的支持。以工人阶级为领导的，以工农联盟为基础的人民民主专政的社会主义国家政权的稳定，需要发

① 中共中央文献研究室．毛泽东文集（第七卷）[M]．北京：人民出版社，1999：131.

动广大农民的积极性，只有有了五亿农民的支持，无产阶级专政才能巩固起来，国家才能稳定。“我国有五亿多农业人口，农民的情况如何，对于我国经济的发展和政权的巩固，关系极大。”① 简言之，社会主义的建设必须依靠和联合广大农民这个同盟军共同前进。第二，建立城乡互助的关系，促进工业和农业共同发展。新中国成立之初，农民生活还相当贫困，如果农业搞上去了，农民的生活就能自给了，农民的许多问题也同时可以得到解决，五亿农民安居乐业了，农民才会支持工业；农业发展了，可以推动工业的发展，可以为工业提供更多的资金；而工业发展了，又会相应地推动农业的发展，并对农业提出新的要求，只有工业和农业同时并举、城乡互助，才能使两者得到相适应的发展。

一、强调保证农民的物质利益权

毛泽东深刻地认识到农业和农民的重要性，指出农业关系到五亿农村人口的吃饭等各种问题，“农业搞好了，农民能自给，五亿人口就稳定了”。②他强调，解决农民问题的关键在于切实保证农民的物质利益权，而土地权益实际上是农民的重要物质利益，是尊重农民的生存权利和民主权利的基础。

第一，解决农民的土地和收入问题。毛泽东指出，在新中国要完成工业化，必须废除封建剥削的土地所有制，工人阶级、城市小资产阶级和民族资产阶级以及各民主党派人民团体首先都应当积极地帮助农民进行土地改革，实行土地所有制，依法保护农民的土地所有权和其他生产资料所有权，准确处理好工农两个阶级、农民阶级内部、工人和农民同知识分子之间的矛盾，发动农民巩固无产阶级政权。毛泽东还提出要增加农民的收入，以此充分调动农民的生产积极性，“我们要尽可能使农民能够在正常年景下，从增加生产中逐年增加个人收入”。③

第二，解决农民的基本生存问题。毛泽东深刻认识到只有保证人民吃饭，才能继续生产，因此他从兼顾国家和农民的利益出发，制定了正确的粮食政策，大力发展以粮食为主的农业，他要求粮食的收购价逐年增长，对缺粮区

---

① 中共中央文献研究室．毛泽东文集（第七卷）［M］．北京：人民出版社，1999：219.
② 中共中央文献研究室．毛泽东文集（第七卷）［M］．北京：人民出版社，1999：199.
③ 中共中央文献研究室．毛泽东文集（第七卷）［M］．北京：人民出版社，1999：221.

的农民供应粮食要实行适当补贴，适当降低农业税，实行合理的农业税收政策；为了维护农民的利益，他提出在工业品供应方面，应该体现薄利多销，在必要时为了稳定物价，还可以适当降价；为保证粮食、肉类等农产品的供应，毛泽东反复强调全党一定要重视农业，必须把农业放在国民经济发展的首位，采取措施促进农业和工业相适应发展，避免因忽略农业的发展而导致农业不能给城市供应粮食的现象发生。

第三，实行合作社，实现共同富裕。① 毛泽东充分认识到广大农民的生活经过土地革命后虽然有了改观，但许多农民仍然有困难，并不富裕，他提出"农民的基本出路是社会主义，由互助合作到大合作（不一定叫集体农庄）"②，通过采取"自愿互利、典型示范和国家帮助"的原则将农民联合起来，通过合作社引导个体农民走集体化的社会主义道路，坚持土地和生产资料为区域内农民集体所有、使用，提高合作社的增产规模，合理调节农业税制，减轻农民负担，通过按劳分配解决合作社的积累和农民的收入之间的矛盾。对于共同富裕，毛泽东指出，中国共产党要"领导农民走社会主义道路，使农民群众共同富裕起来，穷的要富裕，所有农民都要富裕，并且富裕的程度要大大地超过现在的富裕农民"。③ 他还进一步阐述了共同富裕的重要性，"在农村中消灭富农经济制度和个体经济制度，使全体农村人民共同富裕起来。我们认为只有这样，工人和农民的联盟才能获得巩固"。④ 这些措施大力激发了农民的生产劳动积极性，推动了农业生产力的不断发展，为农民生活消费水平的提高和物质利益权的实现奠定了一定的基础。

二、强调赋予农民民主管理权

在新中国成立之前，农民没有任何政治权利可言。毛泽东深刻体会到在社会主义建设的新时期，实行民主政治的重要性，他提出提高农民的政治地位，积极调动农民参与政权建设，赋予和保障农民民主权利。毛泽东特别重

---

① 钱守云．中国共产党保障农民利益思想研究［M］．北京：中国社会科学出版社，2012：99-104.

② 中共中央文献研究室．毛泽东文集（第六卷）［M］．北京：人民出版社，1999：295.

③ 中共中央文献研究室．建国以来重要文献选编（第七册）［M］．北京：中央文献出版社，1992：308.

④ 中共中央文献研究室．毛泽东文集（第六卷）［M］．北京：人民出版社，1999：437.

视广大群众的民主管理权，提出要吸收广大群众直接地参加生产管理，参加国家机关的工作，参加国家社会生活的一切部门，提出只有保证劳动者享有管理国家、管理军队、管理各种企业、管理文化教育等各种权利，才能保证劳动者的工作权、休息权和受教育权等权利。他指出只要“我们充分地发扬了民主，就能把党内、党外广大群众的积极性调动起来”①。这里提到的广大群众包括了农民，而且主要包括农民群众。1953 年《中华人民共和国全国人民代表大会及地方各级人民代表大会选举法》第三条规定，“乡、镇、市辖区和不设区的市人民代表大会之代表，由选民直接选举之”，此外，由毛泽东参加制定的 1954 年宪法第二条规定，“中华人民共和国的一切权力属于人民”。从根本法的角度规定了中国农民享有参与国家和社会经济事务的广泛民主权利，有效地保障了农民充分行使民主管理权，让农民成为主宰国家、社会和自己命运的主人。

三、强调重视农民的文化教育权

在革命战争年代，中国共产党就比较重视农民的文化教育权。新中国成立前夕，毛泽东在《论人民民主专政》中提出了“严重的问题是教育农民”的警示。新中国成立后，毛泽东高度重视农民的文化教育权，他提出“新中国教育的发展方针是普及与提高的正确结合，即在普及的基础上提高，在提高的指导下普及。普及当然以工农兵为主要对象”。② 一方面，他重视提高农民的政治思想素质和政治觉悟。他针对长期留在农民的头脑里的旧制度和旧思想的残余，特别强调向农民宣传社会主义、集体主义和爱国主义理念，提高农民的政治觉悟和爱国主义理念，向农民宣传自力更生、艰苦奋斗的光荣传统，鼓励农民积极投入社会主义建设之中，提出加强工农联盟和城乡互助教育，使他们懂得兼顾国家、集体和个人利益的重要意义。另一方面，他提出在农村中开展扫除文盲和农民业余文化教育运动，兴办各级各类农村学校，提高农民的科技文化知识素质。针对农民“大多数不识字，没有现代的文化技术，能用锄头、木犁，不能用拖拉机”③ 的状况，他深刻体会到“搞农业

① 中共中央文献研究室．毛泽东文集（第八卷）[M]．北京：人民出版社，1999：311.
② 中共中央文献研究室．建国以来重要文献选编（第一册）[M]．北京：中央文献出版社，1992：88.
③ 中共中央文献研究室．毛泽东文集（第七卷）[M]．北京：人民出版社，1999：79.

不学技术不行了”。他针对国家文盲多的现象，提出社会主义的建设不能等到消灭了文盲以后才开始进行，“这个严重的问题必须在农业合作化的过程中加以解决，也只有在农业合作化的过程中才能解决”①。因此，毛泽东提出要根据农民的需要，在农村普及小学五年教育，在此基础上，把学习农业科学技术同扫盲活动结合起来，激发农民学习的自觉性和积极性。为了让农民学文化、学技术，在农村兴办各级各类农村学校、农业技术夜校、农业中学和农业科学技术站等，大力开展多种形式的教育活动，许多农民通过学习逐步摘掉了文盲的帽子，农民的文化水平有了显著提高。

四、强调维护农民的医疗权

毛泽东一贯坚持把医疗卫生工作的重点放在农村，以保障农民的医疗水平。他高度重视农村医疗卫生机构的建设和农民医疗卫生条件的改善问题，为指导和加强对农村医务人员的培养，提出在农村培训不脱产的卫生员的设想。他还支持广大农村创办合作医疗制度，鼓励农民群众自己组织起来同疾病作斗争。1965 年 6 月 26 日，毛泽东指示：“把医疗卫生工作的重点放到农村去”②，“培养一大批‘农村也养得起’的医生，由他们来为农民看病服务”。③在各级党委领导下，各地的城市医疗机构选调了大批医务人员到农村进行巡回医疗，“赤脚医生”卫生保障制度逐步建立起来，随着农村“赤脚医生”的不断壮大，1968 年，毛泽东批示推广长阳县乐园公社的合作医疗经验。至此，有中国特色的农村合作医疗制度迅速推广开来，大大缓解了广大农民看病难、就医难的问题，也为农村卫生防疫工作打下了坚实基础。

在毛泽东的领导下，广大农民完成了土地改革的历史任务，农民的各项权利逐步得到确立。在这一过程中，中国农业的生产方式得以初步社会化，促进了农业的现代化进程，增强了农村社会的生产能力，基本满足了农民的发展需求，并在发展模式上进行了深入探索，为中国农村的发展史撰写了壮丽的一页。

---

① 中共中央文献研究室．毛泽东文集（第六卷）［M］．北京：人民出版社，1999：455.

② 江泽民．江泽民文选（第一卷）［M］．北京：人民出版社，2006：600.

③ 黄玉迎．一支特殊的医疗队［N］．北京日报，2022-06-16（10）.

第二节 改革开放和社会主义现代化建设新时期：农民权利思想的拓展与深化

改革开放以来，中国共产党探索农民权利问题的思想和实践是在毛泽东关于农民问题的基础上形成和展开的，在中国特色社会主义建设实践中得到逐步丰富和发展，体现了中国共产党人对实现农民权益的高度重视和持续努力。

一、赋予农民经营自主权，激发农村改革活力

党的十一届三中全会明确了农村改革的方向，为加快发展农业生产，逐步实现农业现代化，“必须首先调动我国几亿农民的社会主义积极性，必须在经济上充分关心他们的物质利益，在政治上切实保障他们的民主权利”。① 中国农村改革就此拉开了序幕。党的十一届三中全会以后，以邓小平同志为核心的党的第二代中央领导集体进一步认识到农民问题的重要性，提出中国的改革要从解决农民问题入手。邓小平深刻认识到，农民问题的本质和关键就是农民的利益问题，农民应该得到和享有一切合法权利，也就是说农民应该享有经济、政治和文化等权利。他继承和发展了马克思主义和毛泽东关于农民权利的思想和理论，对农民、农业和农村问题进行了多方面、多角度的分析和阐述，提出了一系列新的理论观点，从而推动了我国对农村改革的顺利进行。他指出，第一，中国特色的社会主义建设的基本问题很大程度上是农民问题。他说，中国是个农业大国，农村有80%的人口，这80%的人口稳定了，中国社会才会稳定；如果农村这80%的人口的生活问题解决了，他们的生活好起来了，农村社会稳定了，整个社会才会安定，因此要从中国的实际出发，首先解决农村问题。第二，农民没有积极性，国家就发展不起来。农民是社会主义建设的主力军，发挥和调动农民积极性是解决“三农”问题的关键，要把农民作为农村建设和改革的主体，始终坚持把农民的利益作为党

① 中共中央文献研究室．三中全会以来重要文献选读（上册）[M]．北京：人民出版社，1982：7.

的各项方针政策的出发点和最终归宿，“凡是于人民有利的事情，无不尽力提倡与实行。”① 他说：“农村改革的内容总的说就是搞责任制，抛弃吃大锅饭的办法，调动农民的积极性。”② 因此，他提倡要给予农民各项权利，“放权让利”，解决农村各类政策和现实问题，推行多种经营，积极发展农村劳动生产力，由此农村面貌发生了巨大变化。

（一）给予农民民主自治权

邓小平非常重视中国农村基层民主事业的发展，保护农民享有的民主权利。1982年宪法规定了村民委员会是基层群众性自治组织，确认了村民委员会的法律地位。1987年11月颁布的《中华人民共和国村民委员会组织法（试行）》（以下简称《村民委员会组织法（试行）》）详细规定村民委员会的组成、职责、选举和工作程序，规定在农村实行村民自治，由村民自我管理、自我教育、自我服务，由村民群众依法办理群众自己的事情，让农村村民实行自治，维护村民的合法权益，为农村的基层民主与农民的民主权利得到真正保障提供了法律依据。他说：“把权力下放给基层和人民，在农村就是下放给农民，这就是最大的民主。我们讲社会主义民主，这就是一个重要内容。”③ 村民自治制度是农民公民权的具体体现，因而是最广泛的社会主义民主实践，为培养广大农民的民主意识和权利意识奠定了坚实的基础。

（二）规定农民承包经营权

在农村改革中，邓小平坚持家庭承包经营制是长期的发展方向的思想，他一再强调家庭联产承包责任制的必要性和可能性，充分确立了农民的承包经营权，即农村土地承包人对其依法承包的土地享有占有、使用、收益和一定处分的权利，农民是农业生产经营中的法律主体，农民可以获得土地、耕畜以及农具等生产资料的自主经营权和一定的财产权。家庭承包经营的实行，一方面让农民有了经营权和生产管理权，能够使劳动者和生产资料直接结合起来，提高了劳动生产率；另一方面农民可以自由支配自己的生产资料，自由支配家庭的劳动力，大大推动了农产品的交易和农村剩余劳动力的转移。总之，邓小平同志支持实行的家庭承包经营制是我国农村改革的重大创举，

① 邓小平．邓小平文选（第一卷）[M]．北京：人民出版社，1994：80.
② 邓小平．邓小平文选（第三卷）[M]．北京：人民出版社，1993：117.
③ 邓小平．邓小平文选（第三卷）[M]．北京：人民出版社，1993：252.

它赋予了农民一定的身份自由权和财产权，让农民看到了劳动的回报，大大地把农民生产的积极性调动起来，推进了农村经济的发展。

（三）赋予农民生产自主权

邓小平认为，只有把生产经营自主权下放给农民，给农民更多的自主权，调动农民的积极性，使农民得到实惠，农村改革才会见效，国家才能发展起来。党的十一届三中全会后，国家通过一系列渐进式的制度和政策创新，确立了集体所有、家庭联产承包经营的土地制度，改革了统购统销制度和农业税现金制度，提高了农副产品的价格，扩大了生产者的经营自主权，恢复了农民商品交换的自主权，让农民自己进入流通领域交换商品，同时实施因地制宜、多种经营的方针，鼓励农民积极搞多种经营，进行科学种田。这些措施使养殖业、林业和果业等副业得到了全面发展，农民收入大幅增长，极大地促进了农民向非农产业的转移，推动了农业经济的发展，同时也为工业的发展奠定了基础。正如他所言："这些年来搞改革的一条经验，就是首先调动农民的积极性，把生产经营的自主权力下放给农民。"①

（四）重视农民就业权

随着农村改革和承包责任制的推进，农村生产力获得了极大的解放，经营农业的农民大大减少，随之，农村剩余劳动力就业难的问题逐渐显露出来。针对这个现象，邓小平提出要搞多种经营，他充分肯定了乡镇企业的发展以及由此产生的社会效应，提出农村要发展新型的乡镇企业，让这些企业容纳和解决大量的农民就业，同时发展新兴的小城镇和新兴的中小企业，让城镇和企业转移并吸纳大量的农业劳动力。这样一来，一方面大大拓宽了农民的收入来源并提高了农民的收入水平，另一方面又高效解决了农村剩余劳动力的就业、生存问题。由于乡镇企业的高度参与，农民经济实力也显著提高，农村经济结构也发生了质的变化和飞跃，过去单一的、以农业特别是种植业为主的农村经济结构格局，已发生了极为深刻的变化。② 他说："一搞改革和开放，一搞承包责任制，经营农业的人就减少了。剩下的人怎么办？十年的经验证明，只要调动基层和农民的积极性，发展多种经营，发展新型的乡镇

---

① 邓小平．邓小平文选（第三卷）［M］．北京：人民出版社，1993：180.

② 侯水平．邓小平理论史（第二卷）［M］．成都：四川人民出版社，2006：76.

企业，这个问题就能解决。乡镇企业容纳了百分之五十的农村剩余劳动力。”① 与此同时，乡镇企业和小城镇的发展又推动了农村工业化和城市化的进程。

二、完善农民权益保障机制，促进农村稳定发展

党的十三届四中全会后，面对农业、农村和农民经济工作出现的新问题，以江泽民为核心的党的第三代中央领导集体，深刻认识到“三农”问题尤其是农民问题既是一个经济问题，更是一个重大的政治问题，“三农”问题始终是我国革命、建设、改革的根本问题。江泽民提出开展农村工作，制定和实行任何农村政策都必须考虑是否有利于解放和发展农村生产力，是否有利于调动农民的积极性，以及是否有利于维护农民的物质利益和民主权利，他创造性地继承和发展了马克思主义、毛泽东思想和邓小平关于农民权利的理论，首次把农业、农村、农民三个问题结合起来进行了论述②，及时提出了在新形势下解决好农民问题以及与之相关的农业和农村问题的一系列理论，为我国“三农”问题找到了一条正确的现实解决路径。他提出，第一，要把“三农”放在整个经济工作的首位，统筹城乡发展。他说，党和国家全局性的、根本性的关键问题就是“三农”问题，尤其是农民问题，几十年的实践告诉我们“没有农村的稳定和全面进步，就不可能有整个社会的稳定和全面进步；没有农民的小康，就不可能有全国人民的小康；没有农业的现代化，就不可能有整个国民经济的现代化”③。农业和农村的问题必须靠城乡市场统一来解决。正是基于此，江泽民提出了全面繁荣农村经济，加快城镇化进程，统筹城乡经济社会发展，努力实现城乡经济社会一体化发展的目标。第二，解决整个国家农业和农村经济的根本问题是调动农民的积极性。江泽民说：“建国以来的历史经验证明，什么时候农民有积极性，农业就快速发展；什么时候挫伤了农民的积极性，农业就停滞甚至萎缩。”④ 因此，他深刻地认识到任何时候只有一切以农民利益为本，充分发挥农民的积极性、主动性和创造性，才能

---

① 邓小平．邓小平文选（第三卷）［M］．北京：人民出版社，1993：252.

② 罗任权．论江泽民同志的“三农”思想［J］．经济体制改革，2001（5）：20-23.

③ 中共中央文献研究室．十三大以来重要文献选编（下）［M］．北京：人民出版社，1993：1758.

④ 江泽民．江泽民文选（第二卷）［M］．北京：人民出版社，2006：209.

进一步推动农业的顺利发展，才能不断促进农民问题的解决。如果不顾农民的利益和需要，势必会影响国民经济全局的稳定，影响工农联盟的巩固和社会主义现代化建设的胜利。

（一）扩大农民自治权

江泽民认为，保证农民行使民主权利，让农民自我管理、自我教育、自我服务，是社会主义民主在农村最广泛的实践。1998 年 9 月，他在安徽考察工作，时值农村改革 20 周年，他提出必须在坚持党的领导和坚持依法办事的原则下，在农村基层实行民主选举、决策、管理和监督，以立法来扩大和完善农村基层民主，依法完善三个制度：一是要依法健全村民委员会直接选举制度，让农民群众自己选举自己满意的人来管理村务；二是健全村民议事制度，村里的大事，尤其是与家家户户切身利益密切相关的事情，都要由村民大会或村民选出的代表讨论决定；三是实行村务公开制度，凡是群众关注的问题，都要定期向村民公开，接受群众监督。[①] 农民群众通过依法行使自己当家作主的民主权利，依法管理自己的事务，充分发挥了农民的积极性，推动了农民自治权的建设，为建设和完善我国社会主义民主政治提供了借鉴经验。

（二）完善农民土地承包经营权

农民经济利益的实现与家庭承包经营制的稳定和完善有着密切的关系。江泽民将家庭承包经营称作"有中国特色社会主义的农业"，他提出，深化农村改革，必须稳定以家庭承包经营为基础的双层经营机制，土地承包关系一定要稳定，"承包期再延长三十年不变。而且三十年以后也没有必要再变"。[②] 他指出要通过立法赋予农民长期而有保障的土地使用权，规定农民承包户土地使用权在坚持承包经营制度的前提下可以依法、自愿、有偿地转让和流转。随后的《中华人民共和国土地管理法》（以下简称《土地管理法》）和《中华人民共和国农村土地承包法》（以下简称《农村土地承包法》）等法律都从法律上赋予了农民长期稳定的承包经营权，确立了农民在土地流转中的主体地位，完善了家庭承包经营制。依法保护农民的土地承包经营权，保障农民的经济利益，这是调动广大农民积极性的核心，其实质也就是尊重农民的政治、经济权利，可以让具备条件的农民安心地离开土地，加快农村剩余劳

① 江泽民．江泽民文选（第二卷）[M]．北京：人民出版社，2006：213.

② 江泽民．江泽民文选（第二卷）[M]．北京：人民出版社，2006：213.

动力的转移，推进农村城镇化进程，为农业发展和农村稳定提供基本的制度保障。

（三）重视农民的物质利益权

物质利益权是农民最为关心的一件大事，其核心就是要增加农民的收入。针对农民收入增长越来越缓慢的问题，江泽民认为必须引起高度重视，提出增加农民收入是一个带有全局性的问题，直接关系到农村实现小康。第一，提高农业效益，增加农民收入的根本途径是进行农业和农村经济结构的战略性调整。这包括积极拓宽农民增收领域，加大对农业的支持和保护力度。第二，通过大力发展乡镇企业来解决农村富余劳动力的就业问题，从而增加农民收入，这样才能支持农业现代化，保证农村社会长治久安。第三，针对农民负担过重导致的农民收入减少，引起农民强烈不满的现象，江泽民提出必须花大力气解决，不断出台相关政策和通知，完善减轻农民负担的规定，加快农村税费改革，采取相应的配套措施。第四，巩固扶贫成果、防止返贫。江泽民认为扶贫开发工作，“不仅是一个经济问题，而且是关系国家长治久安的政治问题，是治国安邦的一件大事”；① 不仅具有重大的经济和社会意义，而且具有重大的政治意义。针对全国农村贫困人口的温饱问题已经基本解决，他提出要继续搞好东西部地区的扶贫协作，加强扶贫开发的组织落实工作。在他的领导下，在全国范围内开展了有计划、大规模的扶贫开发落实工作，大大提高了党在人民群众中的威信，这也为解决农村贫困人群的温饱问题，改善贫困人群的收入状况，改变贫困地区的落后面貌，提高农村贫困人口的生活质量，推进经济社会的协调发展和社会稳定奠定了坚实的基础。

（四）重视农民的思想文化教育权

江泽民一贯高度重视农民的文化教育权。他曾指出：“要重视农村教育工作，重点是扎扎实实地普及九年制义务教育，扫除青壮年文盲，同时大力发展农村职业技术教育和农村成人教育。农村中小学要在学生学好文化基础知识的同时，紧密联系农村生产、生活实际，在适当阶段引进职业教育内容，把学文化和学技术结合起来。努力提高广大农民的文化科学知识水平，充分

① 中共中央文献研究室．江泽民论有中国特色社会主义（专题摘编）［M］．北京：中央文献出版社，2002：138.

调动广大农业科技人员的积极性，促进我国农业科技事业的持续发展。”① 同时，他深刻认识到要实现中国农业和农村跨世纪发展的宏伟目标，最重要的是科技兴农，努力提高广大农村经济社会发展的科技含量，要依靠科技进步和提高农民科学文化素质来振兴农业。他说，农民科学文化素质的提高，不是一朝一夕能养成的，要从长计议，要紧密结合农村改革开放和农民文化教育现状，从基础抓起，从普及基本知识入手，探索多种多样的教育形式。他指出：“要紧密结合农村改革开放和现代化建设的实际，通过多种形式，组织广大农民和农村基层干部学习先进实用的种植、养殖和农产品加工等实用技术，商品生产、市场营销、经营管理以及卫生保健、计划生育、环境保护和法律等方面的基本知识，使他们牢固树立崇尚科学、破除迷信的思想观念，增加识别各种违反科学的歪理邪说的能力。”② 他还指出，在新的时期，教育与提升农民素质的任务仍然非常艰巨。“农村的思想文化阵地，先进的正确的思想和优良社会风尚不去占领，落后的错误的思想和不良社会风气就必然会去占领。”“要重视对农民特别是青年农民进行爱国主义、集体主义、社会主义思想教育。”③ 江泽民的这些思想和措施对农民思想文化教育权的完善和发展，对当代新型农民的培养起到巨大的推动作用。

（五）保证农民的医疗健康权

江泽民高度重视和关心广大农民的健康。农村卫生工作对于深化农村改革，推进农村经济社会全面协调发展，具有十分重要的意义。虽然当时国家卫生状况呈现很大的转变，农村的医疗卫生条件得到较大的改善，农村人口的健康水平也有了显著提高，但农村缺医少药，农民因贫困而看不起病，因病致贫和因病返贫的现象屡见不鲜，疾病已成为农民脱贫致富的重要制约因素，而且城乡之间以及不同地区之间医疗卫生条件和水平差距也不断扩大。针对农村医疗卫生工作基础薄弱和农民看病难的状况，江泽民明确了以农村为重点的卫生工作方针，提出进一步满足广大农民基本医疗需求，加大对农村卫生工作必要的人力、物力、财力投入，建立和完善以大病统筹为主的新型农村合作医疗制度和贫困救助制度，解决农民因病致贫、因病返贫问题。

---

① 中共中央文献研究室．十四大以来重要文献选编（上）［M］．北京：人民出版社，1996：430.

② 江泽民．论科学技术［M］．北京：中央文献出版社，2001：170.

③ 江泽民．江泽民文选（第一卷）［M］．北京：人民出版社，2006：276.

他指出，要“做好农村卫生工作，保护和增进农民健康，是各级党委和政府义不容辞的责任……加强农村卫生工作，关键是发展和完善农村合作医疗制度”。① 这些充分体现了江泽民对农民医疗健康权的高度重视，而且为农民社会医疗保障权的建立和完善奠定了基础。

三、深化农民权益保障体系，推动农业现代化与农民增收并进

党的十六大以来，我国农业和农村发展已经站在了一个新的历史起点上，农业和农村发展面临重要的历史机遇。同时，农业基础薄弱、农村发展滞后、农民增收困难，城乡发展差距过大的局面依然是当时面临的重大问题。以胡锦涛同志为总书记的党中央，面对我国新时期、新阶段农民工作出现的新情况、新问题，坚持马克思主义权利观，继承和发展了马克思主义、毛泽东、邓小平和江泽民关于农民权利的相关思想和理论，不断赋予马克思主义农民权利思想以新的理论内涵和时代内容。胡锦涛深刻认识到农民问题依然是“三农”的核心问题，而“三农”问题的关键是依法保护和解决农民问题。他指出，第一，要把解决好“三农”问题作为全党工作的重中之重。农业始终是国民经济的薄弱环节，农民收入增长缓慢，农民生活水平明显低于城镇居民，只有农民小康了，才会有全国人民的小康，只有农村实现了现代化，才会有国家的现代化，因此要全面推进社会主义现代化建设，确保国家长治久安，最繁重、最艰巨的任务仍然在农村，必须始终把解决好“三农”问题作为全党工作的重中之重。第二，推动统筹城乡发展。我国总体上已到了以工促农、以城带乡的发展阶段，但城乡分隔的二元结构体制尚未从根本上改变，城乡差距依然悬殊。只有采取以工补农、以城助乡的方式，妥善处理工农城乡关系，统筹城乡经济社会发展，采取“多予少取放活”方针，促进农村经济和农业现代化的发展，增加农民收入，实现农民的政治、经济、社会和文化权利与市民的平等，才是解决“三农”问题的根本途径。第三，尊重农民的主体地位。在稳步推进社会主义新农村建设中，坚持以人为本，发挥农民的主体作用，着力解决农民生产生活中最迫切的实际问题，切实让农民得到实惠，提升农民的综合素质，培养有文化、懂技术、会经营的新型农民。

---

① 江泽民．江泽民文选（第一卷）［M］．北京：人民出版社，2006：601.

（一）保障农民的政治权利

切实保障农民政治权利是实现统筹城乡发展的重要一环。发展村民自治是夯实农民政治权利基础的关键举措，确保农民平等选举权则是保障农民政治权利的核心内容。胡锦涛高度重视农民的政治权利。首先，提出发展村民自治权。自治权是广大农民群众实行自我管理、自我教育、自我服务的一项基本社会政治制度。增强农民的自治意识，扩大农村基层民主是发展农村民主政治的需要，这对于规范村务管理，保证村民自治在阳光下运行，保障农民的权利不受侵害具有不可替代的作用。胡锦涛强调要发展农村基层民主，加强基层政权建设，扩大村民自治范围，保障农民享有更多、更切实的民主权。胡锦涛说："必须继续扩大农村基层民主，确保广大农民群众依法行使当家作主的权利，充分调动和发挥广大农民群众的积极性、主动性、创造性。"① 他指出，要加强和改善党对农村基层民主选举的领导，健全村党组织领导的村民自治机制，增强农民群众的民主意识，确保广大农民群众依法享有更多、更切实的民主权利，保证农村基层民主发展法治化、规范化和程序化，推动农村基层民主有序发展；要落实和健全农村民主选举、民主决策、民主管理、民主监督等各项制度，确保广大农民群众能真正享有法律赋予的各项权利；要健全村务公开、政务公开和党务公开制度，强化村务管理的监督制约机制，确保农民的知情权、监督权和参与权，重大问题要让农民群众知道，重大事务要经农民群众讨论，坚持尊重农民意愿；要开展普法教育，增强农民法治观念，形成政府主导、社区协同、农民群众自主参与相结合的农民权益保护机制。其次，确保农民平等选举权。选举权是公民的基本权利，宪法规定了公民普遍的、平等的选举权，在选举全国人大代表时，从 1953 年第一部《中华人民共和国选举法》（以下简称《选举法》）规定的，农村每一代表所代表的人口数是城市每一代表所代表的人口数的 8 倍，到 1995 年我国进行第三次修改选举法时，农村选民的选举权被统一规定为城市选民的 1/4，再到胡锦涛在十七大报告中强调：扩大人民民主，建议逐步实行城乡按相同人口比例选举人大代表，以及党的十七届三中全会公布的《中共中央关于推进农村改革发展若干重大问题的决定》提出："逐步实行城乡按相同人口比

① 中共中央文献研究室．十六大以来重要文献选编（下）［M］．北京：中央文献出版社，2008：284.

例选举人大代表，扩大农民在县乡人大代表中的比例，密切人大代表同农民的联系。”① 以及此后在2010年修改的选举法中规定，每一个代表所代表的城乡人口数相同，实行城乡按相同人口比例的选举，深刻体现了“城乡平权”原则。这些规定对于保障农民当家做主、促进社会和谐具有十分重要的意义。

（二）保障农民的经济权利

有效保障农民的经济权利，才能促进农村经济的繁荣发展。胡锦涛强调要以土地承包经营权为核心，构建多维度保障体系。

1. 赋予农民长久的土地承包经营权

土地承包经营权是用益物权，具有占有、使用、收益权能。家庭联产承包制的实行是把土地的所有权和承包经营权分开，所有权归集体，承包经营权归农户，随着土地承包期的延长，农民获得的土地承包经营权的权能也逐步扩大。胡锦涛在十七大报告中指出：“坚持农村基本经营制度，稳定和完善土地承包关系，按照依法自愿有偿原则，健全土地承包经营权流转市场，有条件的地方可以发展多种形式的适度规模经营。”② 党的十七届三中全会更是明确要求：“赋予农民更加充分而有保障的土地承包经营权，现有土地承包关系要保持稳定并长久不变。”“完善土地承包经营权权能，依法保障农民对承包土地的占有、使用、收益等权利。”③ 这些规定对强化农民土地承包经营权的物权保护，依法保障农民对承包地占有、使用、收益、流转及承包经营权抵押、担保权能，进一步完善农民的土地承包经营权，为真正给予农民长效的财产权利保护奠定了基础，也为农业健康发展提供了基本经营制度保证。

2. 保护农民土地增值收益权

随着我国土地管理制度和政策体系的逐步健全，尽管农民土地权利保护意识不断增强，但由于我国现行的土地征收补偿机制不完善、补偿明显偏低，农民仍然无法有效保护自己的土地财产权利，无法公平合理地享有土地增值收益。因此胡锦涛在党的十七届三中全会上提出，要“严格界定公益性和经

---

① 中共中央文献研究室．十七大以来重要文献选编（上）［M］．北京：中央文献出版社，2009：678.

② 胡锦涛．高举中国特色社会主义伟大旗帜　为夺取全面建设小康社会新胜利而奋斗——在中国共产党第十七次全国代表大会上的报告［M］．北京：人民出版社，2007：23.

③ 中共中央文献研究室．十七大以来重要文献选编（上）［M］．北京：中央文献出版社，2009：674.

营性建设用地，逐步缩小征地范围，完善征地补偿机制”，“按照同地同价原则及时足额给农村集体组织和农民合理补偿，解决好被征地农民的就业、住房、社会保障”①，“允许农民依法通过多种方式参与开发经营并保障农民合法权益”，② “改革征地制度，提高农民在土地增值收益中的分配比例”③，完善征地补偿机制，提高补偿标准，规范征地程序，保障农民公平享有土地增值收益，其实质就是要保护农民土地财产权，确保给予农民的补偿措施落实到位，让广大农民共享改革发展成果，这对于加快改变农村落后的面貌、顺利推进城镇化进程和缓解社会矛盾冲突等方面具有重要作用。

3. 重视农民财产收入权

农民财产权的核心之一是农民收入问题。农民收入水平低、收入增长慢，城乡居民收入差距大，不仅不利于农业农村发展和农民生活水平提高，而且制约整个国民经济增长，这“不仅是重大的经济问题，也是重大的政治问题”④。因此，为尽快改变城乡居民收入差距不断扩大的局面并遏制住这种趋势，确保实现农民收入的较快增长，早在 2004 年胡锦涛就提出要坚持“多予少取放活”的方针，增加农业投入的比例，调整农业结构，并制定和推出了农业保护、加快科技进步、扩大农民就业的政策，2006 年 1 月 1 日，《中华人民共和国农业税条例》被正式废止，取消了农业税，大大减轻了农民的负担。针对农民就业和收入问题，胡锦涛提出：“以促进农民增收为核心，发展乡镇企业，壮大县域经济，多渠道转移农民就业。”⑤ “着力促进农民增收，保持农民收入持续较快增长。”⑥ 家庭经营性收入、工资性收入、转移性收入、财产性收入是农民收入构成的四个主要部分，针对农民财产性收入所占比重很

① 本书编写组．《中共中央关于推进农村改革发展若干重大问题的决定》辅导读本［M］．北京：人民出版社，2008：11.

② 本书编写组．《中共中央关于推进农村改革发展若干重大问题的决定》辅导读本［M］．北京：人民出版社，2008：143.

③ 胡锦涛．坚定不移沿着中国特色社会主义道路前进 为全面建成小康社会而奋斗——在中国共产党第十八次全国代表大会上的报告［M］．北京：人民出版社，2012：23.

④ 中共中央文献研究室．十六大以来重要文献选编（上）［M］．北京：中央文献出版社，2005：671.

⑤ 中共中央文献研究室．十七大以来重要文献选编（上）［M］．北京：中央文献出版社，2009：19.

⑥ 胡锦涛．坚定不移沿着中国特色社会主义道路前进 为全面建成小康社会而奋斗——在中国共产党第十八次全国代表大会上的报告［M］．北京：人民出版社，2012：23.

低的问题，只有让财产性收入成为农民增收的新的增长点，以此增加农民财产性收入，推动农民整体收入不断增长，才能不断缩小城乡居民收入差距。为此，十八大报告明确了增加农民收入的渠道，即规定通过提高农民在土地增值收益中的分配比例等做法达到增加农民财产性收入，从而有效保障农民依法享有平等的财产权利。

（三）保障农民的社会权利

全面保障农民的社会权利，才能促进农村社会的公平与正义。胡锦涛高度重视农民文化素质的提高。

1. 重视农民的文化教育权

受教育权是宪法赋予公民的一项基本权利。胡锦涛非常重视农民的受教育权，努力培育新型农民。

首先，重视加强农民的政治素质、道德素质和科学文化素质。为充分体现以人为本的科学发展观要求，加快发展农村教育文化事业，实现农民的全面发展，确保他们全身心投入社会主义新农村建设中，胡锦涛强调要注重解决农村教育、科技和文化发展水平明显低于城市，农村社会事业建设明显滞后的问题，他在 2003 年 1 月召开的中央农村工作会议上指出："农村全面建设小康社会，不仅要着力改善农民群众的物质生活，而且要着力改善他们的精神文化生活……各级党委和政府都要采取更加有力的措施，切实加强农村精神文明建设，为农村经济社会发展提供强大的思想保证、精神动力和智力支持。"① 他号召采取开展灵活多样、注重实效的群众性精神文明创建活动和农民教育培训，着眼于丰富农民的精神文化生活，充实农民的精神世界，不断提高农村社会的文明程度。2008 年 10 月，胡锦涛在党的十七届三中全会上提出，要"坚持用社会主义先进文化占领农村阵地，满足农民日益增长的精神文化需求，提高农民思想道德素质。扎实开展社会主义核心价值体系建设，坚持用中国特色社会主义理论体系武装农村党员、教育农民群众，引导农民牢固树立爱国主义、集体主义、社会主义思想"②。

其次，极力保障农民义务教育权。普及和巩固农村义务教育，是深入实

① 中共中央文献研究室．十六大以来重要文献选编（上）[M]．北京：中央文献出版社，2005：123-124.

② 中共中央文献研究室．十七大以来重要文献选编（上）[M]．北京：中央文献出版社，2009：684.

施科教兴国战略和人才强国战略的根本保证。党的十六大以来，党中央要求把农村教育摆在教育工作重中之重的战略地位，决定逐步在城乡实行免费义务教育，出台了新增教育经费主要用于农村的重大决策，大幅度增加了对农村义务教育的投入。2007 年和 2008 年中央一号文件均规定了全国农村义务教育阶段学生全部免除学杂费，并对农村义务教育阶段学生免费提供教科书，提高寄宿生生活费补助标准，党的十七届三中全会又通过将农村中职业教育等纳入免费范围。这些政策的落实，大大缓解了农村贫困家庭学生上学难的问题。2006 年修订的《中华人民共和国义务教育法》（以下简称《义务教育法》）第二条明确规定："实施义务教育，不收学费、杂费。国家建立义务教育经费保障机制，保证义务教育制度实施。"这是国家首次明确将义务教育全面纳入财政保障范围，从此义务教育经费有了明确的保障机制。对于农村义务教育工作，胡锦涛指出："教育公平的关键是机会公平，基本要求是保障公民依法享有受教育的权利，重点是促进义务教育均衡发展和扶持困难群众，根本措施是合理配置教育资源……要健全国家资助政策体系，逐步对农村家庭经济困难和城镇低保家庭子女接受学前教育予以资助，提高农村义务教育家庭经济困难寄宿生生活补助标准。"① 他亲自推动了这些关键政策和措施的落实，促使我国农村义务教育的普及水平得到了进一步的巩固和提高，推动了农村义务教育向更高水平迈进。

最后，努力培育新型农民。我国农业经营老龄化、兼业化问题较为严重，要建设现代农业就必须大力发展农村职业教育，而社会主义新农村建设的关键在于加强对农村劳动力的职业技能培训，培育成千上万有文化、懂技术、会经营的新型农民。胡锦涛在党的十七大报告中明确指出：我国今后要走中国特色农业现代化道路，要坚持农村基本经营制度，培育有文化、懂技术、会经营的新型农民。因此，胡锦涛高度重视农民的职业技能培训，致力于发展农村教育，促进教育公平，提高农民的科学文化素质，他还主张要积极开展农业生产技术和农民务工技能培训，整合培训资源，规范培训工作，以增强农民科学种田和就业创业能力。只有培育大量新型职业农民，才能加快农业科技创新，发展现代农业，推进社会主义新农村建设。

---

① 胡锦涛．在全国教育工作会议上的讲话［M］．北京：人民出版社，2010：18.

2. 保障农民的平等就业权

"中华人民共和国公民在法律面前人人平等。"所有劳动者都平等地享有获得劳动就业机会的权利，不因出身、性别、年龄、宗教和地域等差别而被区别对待。建设社会主义新农村的当务之急是要形成一个一体化的劳动力市场，使农民有更多的进城机会，而且有平等的就业和公平的收入待遇的机会。党的十六大以来，党中央把解决农民就业权利问题作为工作重点之一，胡锦涛指出："加快城镇化进程，逐步统一城乡劳动力市场，形成城乡劳动者平等就业的制度，为农民创造更多就业机会。"① 国家出台了一系列政策，鼓励支持农村富余劳动力进入城市就业，宣布农民工是产业工人的重要组成部分，为农民工正了名；取消对农村劳动力进城务工的各种不合理限制；提出了保护农民工的合法权益，加强对农民工的社会公共服务等政策措施。针对就业培训方面，胡锦涛又特别指出，要健全面向全体劳动者的职业教育培训制度，加强农村富余劳动力转移就业培训和农民技术培训，改善农民工劳动条件。同时，《中共中央关于推进农村改革发展若干重大问题的决定》中明确指出："统筹城乡劳动就业，加快建立城乡统一的人力资源市场，引导农民有序外出就业，鼓励农民就近转移就业，扶持农民工返乡创业。"2008 年 1 月施行的《中华人民共和国就业促进法》第二十条明确规定：国家实行城乡统筹的就业政策，建立健全城乡劳动者平等就业的制度，引导农业富余劳动力有序转移就业。至此，农村富余劳动力转移在政治上、理论上的环境都有了很大改善。而实行城乡统筹就业意味着基本确立了城乡平等的就业机制，赋予了农民公平的就业权，为推进农民市民化奠定了坚实的基础。

3. 重视农民的社会保障权

社会保障是社会和谐稳定的"安全阀"，农村社会保障是保护农民利益的"安全网"，而最低生活保障、养老保险等制度建设是其重点。我国政府一直重视改善和提高广大农村地区和农民的生活水平，在农村逐步实行了各项社会保障措施，制定了相关的法规和条例，兴办了各种社会福利事业。随着农村改革的深入和经济的发展，由于受到自然灾害和市场竞争的风险影响，尤其是受家庭结构变化等影响，农民在养老、医疗等方面承担的风险逐渐加大，

---

① 新华月报．十六大以来党和国家重要文献选编（上·一）［M］．北京：人民出版社，2005：78.

农民的社会保障权保护亟待突破，建立最基本的农村社会安全保障网迫在眉睫。胡锦涛提出，要加快健全农村社会保障体系，建立新型农村社会养老保险制度，完善农村最低生活保障制度和农村受灾群众救助制度。①

首先，巩固和发展新型农村合作医疗制度。“公民享有生命健康权。”胡锦涛高度重视农民的医疗健康问题，在《中共中央关于推进农村改革发展若干重大问题的决定》中提道：“促进农村医疗卫生事业发展。基本医疗卫生服务关系广大农民幸福安康，必须尽快惠及全体农民。巩固和发展新型农村合作医疗制度，提高筹资标准和财政补助水平，坚持大病住院保障为主、兼顾门诊医疗保障。完善农村医疗救助制度。”② 农民的健康问题，决定着整个民族的健康水平和社会主义新农村的建设进程，对农民的健康保障理应放到首要的地位。而农民因病致贫、因病返贫，看医难、看医贵等问题，已成为严重影响农民健康的因素，通过建立医疗保障制度减轻农民因疾病带来的经济负担，提高农民健康水平，保障农民健康权是政府的首要职责。根据 2002 年 10 月《关于进一步加强农村卫生工作的决定》中的规定：“各级政府要积极组织引导农民建立以大病统筹为主的新型农村合作医疗制度……到 2010 年，新型农村合作医疗制度要基本覆盖农村居民。”③ 从 2003 年下半年开始，国务院统一部署，各级政府加强领导，卫生部门与相关部门密切配合，积极推进“新农合”制度建设，工作取得了很大成效。到 2008 年，“新农合”制度实现全面覆盖，参合人数超过 8 亿，成为世界上覆盖人数最多的医疗保障制度，形成了符合中国国情和农村实际的制度框架和管理运行机制。作为我国农村卫生改革发展的一项重大制度创新，“新农合”制度在一定程度上解决了农民因病致贫、返贫问题，为农民医疗健康权的实现奠定了一定基础。

其次，建立农村最低生活社会保障制度。为了解决农村贫困人口的基本生活问题，国家为难以维持最基本生活的农村贫困人口设立了社会救济制度——农村最低生活社会保障制度。党的十六大以来，我国就开始积极探索建立农村最低生活保障制度，2007 年 8 月国务院颁布了《关于在全国建立农

---

① 胡锦涛．胡锦涛文选（第二卷）[M]．北京：人民出版社，2016：377.

② 中共中央文献研究室．十七大以来重要文献选编（上）[M]．北京：中央文献出版社，2009：685.

③ 中共中央文献研究室．十五大以来重要文献选编（下）[M]．北京：人民出版社，2003：2603-2604.

村最低生活保障制度的通知》，对农村低保的目标任务、保障标准、对象范围、资金筹集、组织机构等内容进行了规范。胡锦涛在十七届三中全会上进一步指出："完善农村最低生活保障制度，加大中央和省级财政补助力度，做到应保尽保，不断提高保障标准和补助水平。"① 在全国建立农村最低生活保障制度，完善农村受灾群众救助制度是解决农村贫困人口温饱问题的重要举措，也是建立覆盖城乡的社会保障体系的重要内容，这对于促进农村经济社会发展，逐步缩小城乡差距，维护社会公平具有重要意义。

最后，建立农村养老保险制度。20 世纪 90 年代初以来，我国农村开始推行农村社会养老保险制度，这使农民养老的方式开始发生变革。从 2003 年起，我国开始在农村探索设立新型农村养老保险制度，胡锦涛在十七届三中全会上指出，要"按照个人缴费、集体补助、政府补贴相结合的要求，建立新型农村社会养老保险制度。创造条件探索城乡养老保险制度有效衔接办法"。2009 年年初，中央一号文件再次明确提出"抓紧制定指导性意见，建立个人缴费、集体补助、政府补贴的新型农村社会养老保险制度"②。同年 9 月，国务院办公厅发布《国务院关于开展新型农村社会养老保险试点的指导意见》，提出 2009 年试点覆盖面为全国 10% 的县（市、区、旗），并逐步扩大试点范围，2020 年之前基本实现对农村适龄居民的全覆盖。新型农村养老保险制度的正式推出，标志着农村社会养老保险制度建设进入了一个新时期，其最大的优势就在于农民的投入少了，但养老保险的待遇却有所提高。这一惠农制度对于促进社会公平、破除城乡二元结构、实现基本公共服务均等化具有十分重要的意义。

第三节 中国特色社会主义新时代：农民权利思想的创新与发展

在以习近平同志为核心的党中央领导下，实现了全面小康这个中华民族

---

① 中共中央关于推进农村改革发展若干重大问题的决定［M］. 北京：人民出版社，2008：32.

② 中共中央 国务院关于 2009 年促进农业稳定发展农民持续增收的若干意见［EB/OL］. 中国江苏网，2024-04-22.

的千年梦想，打赢了人类历史上规模最大的脱贫攻坚战，历史性地解决了绝对贫困问题，实现了第一个百年奋斗目标，国家正处于向第二个百年奋斗目标进发的更高历史起点上。但是，与人民美好生活的向往相比，农业农村的问题依然存在。如何进一步深化户籍制度改革，让更多农业转移人口进得去城，让进了城的农民享受平等的城镇基本公共服务权利；如何坚持农村土地集体所有制不动摇，深化农村土地制度、农村集体产权制度改革，让土地这个最稀缺的资源发挥出最大效力，保障进城落户农民的合法土地权益，使农民分享城市化中的土地增值收益，让农民享有更加充分的财产权益等，仍然是全面推进乡村振兴战略，促进全体人民共同富裕的重要问题，总之，“三农”问题依然严峻。

早在浙江工作期间，时任浙江省委书记的习近平指出：“‘三农’问题的本质是农民问题。由于城乡二元的体制结构，国民分成了两种身份，一是城市居民，一是农民，城乡差别是客观存在的，但城乡二元成为一种体制，就人为地造成了农民与市民的身份差别。这种体制是历史造成的，有历史的合理性，突破这个体制目前还有很大的难度，不可能一蹴而就。”① 要“实现‘生产发展、生活宽裕、乡风文明、村容整洁管理民主’，让农民共享发展成果，共享现代文明”。② 他强调要“切实做到执政为民重‘三农’、以人为本谋‘三农’、统筹城乡兴‘三农’、改革开放促‘三农’、求真务实抓‘三农’，不断提高解决‘三农’问题的能力”。③ 党的十八大以来，以习近平同志为核心的党中央，站在统筹中华民族伟大复兴战略全局和世界百年未有之大变局的高度，以保基本、兜底线、促公平、可持续为准则，适应农业农村发展的实际需要，坚持马克思主义权利观和农民权利观念，继承和发展了毛泽东、邓小平、江泽民和胡锦涛关于农民权利的相关思想和理论，就“三农”工作作出一系列重要指示。他特别强调“三农”的核心是要解决好人的问题，坚持把解决好农民最关心、最直接、最现实的利益问题放在“三农”各项工作的首要位置，全面深刻地阐述了“三农”工作中带有全局性、方向性、战略性的重大问题，指引农业农村发展取得了历史性成就、发生历史性变革。

---

① 习近平．之江新语［M］．杭州：浙江人民出版社，2007：188.

② 习近平．之江新语［M］．杭州：浙江人民出版社，2007：188.

③ 习近平．干在实处 走在前列——推进浙江新发展的思考与实践［M］．北京：中共中央党校出版社，2006：153.

第一，坚持以人民为中心的宗旨。从党的十八届五中全会习近平总书记明确提出坚持以人民为中心的发展思想，强调要坚定不移走共同富裕的道路，到党的十九大报告对“以人民为中心”的丰富内涵的深入阐述，再到党的二十大报告“坚持全心全意为人民服务的根本宗旨”。“以人民为中心”的根本立场体现了党的持之以恒的政治宗旨，也是习近平对待“三农”问题坚定不移的指导思想，它为新时代做好“三农”工作、保护农民的平等权益提供了根本遵循和行动指南。

第二，建立健全城乡融合发展体制。习近平在党的十八届三中全会指出：“必须健全体制机制，形成以工促农、以城带乡、工农互惠、城乡一体的新型工农城乡关系。”① 随后在2017年，他在党的十九大提出的要“建立健全城乡融合发展体制机制和政策体系”，成为新时代推进城乡发展的重要目标和工作。他强调城市与农村是不可分割的有机整体，城乡融合旨在经济、政治、文化、社会、生态环境五个方面缩小城乡差距，促进城乡在空间布局、基础设施、资源要素、政府治理、公共服务等方面实现相互融合和共同发展。从“城乡一体”，再到“城乡融合”，体现了习近平对新时代在城乡关系、城乡发展上提出的新理念、新论断、新举措。

第三，提出实施乡村振兴战略。党的十九大报告首次提出了“实施乡村振兴战略”②，明确了走中国特色社会主义乡村振兴道路，加快农业农村现代化，以提高农业质量效益和竞争力，标志着“三农”工作步入全面推进乡村振兴的新阶段。2022年10月，习近平在二十大报告中指出：要全面推进乡村振兴，加快建设农业强国，扎实推动乡村产业、人才、文化、生态、组织振兴③，强调建设宜居宜业和美乡村。让农民富裕起来是乡村振兴的根本目的。习近平在中央农村工作会议上指出：通过富裕农民、提高农民、扶持农民，让农业经营有效益，让农业成为有奔头的产业，让农民成为体面的职业，让农村成为安居乐业的美丽家园。④ 这是以习近平同志为核心的党中央对新时代正确处理工农城乡关系作出的重大战略部署，也是“三农”工作的总抓手。

---

① 中共中央关于全面深化改革若干重大问题的决定［EB/OL］. 中国政府网，2013-11-15.

② 本书编写组. 党的十九大报告辅导读本［M］. 北京：人民出版社，2017：209.

③ 本书编写组. 党的二十大报告辅导读本［M］. 北京：人民出版社，2022：28.

④ 中共中央党史和文献研究院. 习近平关于“三农”工作论述摘编［M］. 北京：中央文献出版社，2019：141.

一、保障农民的政治权利

保证农民的民主权利，“基础不牢，地动山摇”。重视农村治理、牢固基层根基，是古往今来政府重视的大事，基层民主关乎广大人民群众的政治权利，是社会主义民主政治的基础。为坚持党对农村工作的全面领导，习近平指出要重视加强完善自治、法治、德治相结合，建立健全党委领导、政府负责、民主协商、社会协同、公众参与、法治保障、科技支撑的现代乡村社会治理体制，提高乡村治理水平，完善农村基层干部选拔任用制度，扩大农村基层民主，保证农民直接行使民主权利。他在党的二十大报告中强调：“健全基层党组织领导的基层群众自治机制，加强基层组织建设，完善基层直接民主制度体系和工作体系，增强城乡社区群众自我管理、自我服务、自我教育、自我监督的实效。”① 他提出，要不断加强农村基层党组织的高质量建设及党对农村的领导，发挥其在加快农业农村现代化、推动乡村全过程人民民主中的重要作用，由农民自选村委会干部，完善村务监督委员会监督机制，把那些懂经济、善管理、敢担当、守法纪的农村能人选拔到党支部书记岗位上来，依法实现民主选举、民主协商、民主决策、民主管理、民主监督五个环节，进一步加强自治组织规范化建设，拓展村民参与村级公共事务平台。

习近平总书记的重要论述，深刻体现了只有以保障和改善农村民生、确保广大农民安居乐业、农村社会充满活力、安定有序为优先目标，树立系统治理、依法治理、综合治理、源头治理理念，不断完善县乡村三级治理体系、水平和效果，才能形成强大的力量推动乡村振兴的大好局面，真正让农村党组织强起来，让农村干部强起来，从而让农民广泛、真实、有序地参与到民主政治中来。

二、保障农民的经济权利

土地权利是农民经济权利的核心，对农民的经济生活发挥着至关重要的作用。习近平总书记指出，新形势下深化农村改革，主线仍然是处理好农民

① 习近平．高举中国特色社会主义伟大旗帜　为全面建设社会主义现代化国家而团结奋斗——在中国共产党第二十次全国代表大会上的报告［M］．北京：人民出版社，2022：39.

与土地的关系。

（一）强化农民的土地承包经营权

随着新型城镇化的深入推进，农户包地务农发生变化，农村劳动力大量涌入城镇，一些农户将其承包的土地流转给其他主体经营。为坚持公有制下的农村土地农民集体所有制不动摇，平衡集体、农户及其他新型经营主体各方利益，针对农民保留土地承包权、流转土地经营权的需求越来越强烈，习近平提出，把农民土地承包经营权分为承包权和经营权，实行所有权、承包权、经营权三权并行分置的新型农地制度。

一是确立“三权分置”的制度。其中土地公有制是土地承包经营权的基础和本位，农民家庭是土地承包经营的法定主体，农民家庭承包的土地，可以由农民家庭经营，也可以通过流转经营权，由其他经营主体经营，但是其他任何主体都不能代替农民家庭拥有土地承包地位。2016 年，中共中央办公厅和国务院办公厅印发《关于完善农村土地所有权承包权经营权分置办法的意见》，从而确立了所有权、承包权和经营权的“三权分置”制度。

二是开展农村土地承包经营权确权登记颁证。为依法保障农民土地权益，保证土地承包关系的稳定性，2013 年，习近平总书记指出，建立土地承包经营权登记制度，真正让农民吃上“定心丸”，2014 年中央明确提出用 5 年左右时间基本完成土地承包经营权确权登记颁证工作，着重解决承包地块面积不准、四至不清等问题，通过确权登记颁证让农民了解自己承包土地的方位、地块、面积和空间位置，确认农户对承包地的占有、使用、收益等各项物权的保护，增加农民的财产性收入，进一步满足农民对土地经营的预期。截至 2020 年，全国各地均开展了承包地的确权工作，承包地确权面积达 15 亿亩（10 万平方千米），完善土地承包合同 2 亿份，颁发土地承包经营权证书 2 亿份。

三是明确第二轮土地承包期再延长 30 年。习近平在党的十九大报告中指出，推进第二轮土地承包到期后再延长 30 年工作，保持农村土地承包关系稳定并长久不变。农村基本经营制度不改变，对于农户和流入承包地的新型经营主体，都有极大的稳定作用，有力地推进了农村生产力的发展。同时，针对长期以来土地增值收益“取之于农、用之于城”的情形，习近平提出到了必须把土地增值收益更多用于“三农”的时候了，要“取之于农，主要用之于农”。这些都是建立在保障农民土地权益的基础上的我国农村改革的重大创新，通过深化“三权分置”的农村土地制度改革，从物权的角度保护了农民的土地承包经营权。一方面，依法保障农民对承包地占有、使用、收益、流转及承包经营权抵押、担保权能，即农民享有土地的承包使用权，同时允许农民以承包经营权入股农业产业化经营，使农民可以获得一定的投资收益，在某种程度上农民对自己承包的土地拥有了近似于所有权的一切权利，实现了集体和农民各自享有其应有的土地权利。另一方面，实现集体拥有所有权、承包的农户享有承包权以及专业大户、家庭农场、农民合作社、农业企业等各类新型经营主体平等行使经营权，促进农民的合理流动，农民可以依照规定的条件在城镇落户，也可以保留这些土地的使用权等权益，还可以依法自愿有偿转让，这对增加流出土地经营权的农民财产性收入，赋予农民更加充分的财产权益，维护好进城落户农民的土地承包权、宅基地使用权、集体收益分配权，推进农民更公平地享有土地增值收益，让农民共享改革成果具有重要意义。2023 年中央“一号文件”再次指出，深化农村土地制度改革，扎实搞好确权，稳步推进赋权，有序实现活权，让农民分享更多改革红利。研究制定第二轮土地承包到期后再延长 30 年试点工作指导意见，这意味着土地制度改革要在坚持土地公有制性质不改变、耕地红线不突破、农民利益不受损三条底线的农村基本经营制度的基础上不断创新。

习近平提出的“三权分置”制度，极大地推动了中国特色社会主义“三农”理论的创新发展，为实现新时代城乡工农协调发展，赋予农民更加充分的财产权益，建设农业强国，提供了强大的理论支撑和实践指导。

（二）保障农民合法的宅基地权益

土地承包经营权、宅基地使用权和集体收益分配权是农民的合法财产权利，党的十八大以来，以习近平同志为核心的党中央致力统筹推进了农村承包地、宅基地、集体经营性建设用地这三大土地领域的改革。

随着城乡一体化进程的快速推进，大量农民离开农村，迁往城市工作和生活，这导致农村地区大量农房和宅基地长期处于闲置状态，宅基地的问题日益突出。为解决农地制度改革的短板，完善农民闲置宅基地和闲置农房政策，以习近平同志为核心的党中央始终坚持以农民利益不受损为底线，统一部署了宅基地制度的改革，审慎稳步推进、逐步开展农村土地制度改革试点，为实现农民农村共同富裕奠定坚实基础。2015 年 1 月，中共中央办公厅和国务院联合发布了《关于农村土地征收、集体经营性建设用地入市、宅基地制度改革试点工作的意见》，此举标志着我国宅基地制度改革正式步入试点阶段。2016年中央“一号文件”以习近平就“三农”工作作出的一系列重要指示，进一步提出了“加快推进农村宅基地使用权确权登记颁证工作”“完善宅基地权益保障和取得方式，探索农民住房保障新机制”。2017年中央“一号文件”明确提出在充分保障农户宅基地用益物权、防止外部资本侵占控制的前提下，落实宅基地集体所有权，维护农户依法取得的宅基地占有和使用权，探索农村集体组织以出租、合作等方式盘活利用空闲农房及宅基地，增加农民财产性收入。特别值得一提的是，2017年11月20日，习近平总书记在十九届中央全面深化改革领导小组第一次会议上明确指出，拓展宅基地制度改革试点不得以买卖宅基地为出发点。随后，2018年的“一号文件”则正式提出，探索宅基地所有权、资格权、使用权“三权分置”，即落实宅基地集体所有权，保障宅基地农户资格权和农民房屋财产权，同时适度放活宅基地和农民房屋使用权。鉴于农村宅基地制度的改革与农民的权益息息相关，通过借鉴农村承包地“三权分置”的办法，总结各试点县（市）创新经验，创新农村宅基地“三权分置”的有效实现形式，为此2023年中央“一号文件”再次提出：稳慎推进农村宅基地制度改革试点，切实摸清底数，加快房地一体宅基地确权登记颁证，以此更好地利用闲置宅基地和农房来切实增加农民财产性收入。

（三）重视农民的收入权

推动共同富裕的实质性进展，最艰巨、最繁重的任务仍然在农村，城乡差距的直接体现就是收入差距。如何让农民持续增收，收入持续快速增长，保障农民工与城市工人同工同酬，城乡居民收入均衡化是关系农民最关心的切身利益问题。“检验农村工作实效的一个重要尺度，就是看农民的钱袋子鼓起来没有”，只有保持农民持续快速增收，尤其是要促进欠发达地区农民收入、增加脱贫群众收入、实现农民收入持续较快地增长，才能不断提升农民的获得感、幸福感、安全感，才能进一步缩小城乡差距。习近平高度重视增加农民收入、促进乡村共同富裕。习近平明确指出：“增加农民收入是‘三农’工作的中心任务。”① 他多次强调要千方百计拓宽农民增收致富渠道，增

① 中共中央党史和文献研究院. 习近平关于“三农”工作论述摘编［M］. 北京：中央文献出版社，2019：146.

加农民收入，改善农民的生活质量，让广大农民群众共享改革发展的成果，保障广大农民与全国人民一道步入全面小康社会。① 他在2018年6月到山东考察时强调：增加农民收入，要构建长效政策机制，通过发展农村经济、组织农民外出务工经商、增加农民财产性收入等多种途径，不断缩小城乡居民收入差距，让广大农民尽快富裕起来。《中共中央 国务院关于实施乡村振兴战略的意见》提出：要把维护农民群众根本利益、促进农民共同富裕作为出发点和落脚点，拓宽农民增收渠道，鼓励农民勤劳守法致富，增加农村低收入者收入，扩大农村中等收入群体，保持农村居民收入增速快于城镇居民。

党的十八大以来，在乡村振兴战略指导下，伴随农村现代化进程加速、农村集体产权制度深入变革、基本公共服务拓展与农民市场参与度日益增强等一系列改革的进展，直接推动了农民工资性收入、财产性收入的持续增加。到2022年，农村居民收入增速快于城镇居民，全年农民人均可支配收入迈上2万元大台阶，达到20133元、实际增长4.2%，其增速分别超越国内生产总值和城镇居民人均可支配收入的增长率1.2和2.3个百分点，城乡居民收入比从2012年的2.88下降到2022年的2.45②，城乡收入差距逐步缩小。同时，脱贫攻坚成果进一步巩固拓展，脱贫基础更加稳固、成效更可持久，在脱贫地区，农民人均可支配收入为15111元，增长7.5%，超越全国农民人均可支配收入增速1.2个百分点。脱贫人口人均纯收入为14342元，同比增长高达14.3%，比全国农民人均可支配收入增速高出8个百分点。③

三、保障农民的社会权利

社会权利，作为一项综合性的权利，确保了个体能够享有体面的生活和有尊严的生存。对农民而言，社会权利的保障是其全面发展和实现社会公正的关键。习近平总书记特别强调农民在公共服务、文化教育、平等就业和社会保障等方面的权利。这些权利不仅关系到农民的经济福祉和发展，更是其社会地位和生活质量的重要保障。

（一）重视农民的公共服务平等权

随着我国经济社会结构转型，出现了一个特殊的群体——农业转移人口。

---

① 韩俊．新中国70年农村发展与制度变迁［M］．北京：人民出版社，2019：400.

② 2022年农民人均可支配收入首次突破2万元大台阶［EB/OL］．新华社，2023-02-14.

③ 甘皙．我国脱贫劳动力就业形势稳定［N］．工人日报，2023-02-15（1）.

这些人虽然涉足城市劳动市场，进城务工经商，但农民身份没有变，无法获得与城市居民在教育、就业、医疗、养老、住房保障等方面的平等权利。如何让符合条件的农业转移人口真正实现“市民梦”，融入城市社会，享有自由迁徙的权利，保障农业转移人口和其他常住人口在教育、医疗、养老等公共服务上的平等权利，进行户籍制度的改革与教育、就业、医疗、养老、住房保障、土地等方面改革的统筹配套、协同推进是解决问题的关键。以习近平同志为核心的党中央集体高度重视推进户籍制度的改革，2014 年 7 月国务院出台了《关于进一步推进户籍制度改革的意见》（以下简称《意见》），《意见》指出建立城乡统一的户口登记制度，户口登记制度统一后，废除农业户口与非农业户口的分类，不再以此为依据区分“农村人”与“城里人”，根据居住地的不同来区分城镇人口和农村人口，根据从事的职业区分农业人口与非农业人口，在人口迁移方面，《意见》还确立了全面放开建制镇和小城市落户限制，有序放开中等城市落户限制，合理确定大城市落户条件和严控特大城市人口规模的人口迁移战略。这标志着将确立“城里人”和“农村人”身份上的统一，打破几十年来城乡分割的户籍壁垒，这也意味着我们正努力消除城乡之间长期存在的身份差异，为确保全体公民权利的平等创造了条件，是社会发展的一大进步。同时《意见》还提出要建立与统一城乡户口登记制度相适应的教育、卫生、就业、社保、住房、土地及人口统计制度，逐步实现其与城乡居民平等享有相关权利，为农业转移人口在城市中的基本生活和发展提供制度性保障。简言之，户籍制度的改革，不仅是城乡居民平等享有公共服务和社会福利待遇不可或缺的前提，更是有效实现农民自由迁徙、安居乐业的制度性基础。

习近平指出，户籍制度改革是一项复杂的系统工程，既要统筹考虑，又要因地制宜、区别对待。要尊重城乡居民自主定居的选择，理性引导农业转移人口落户城镇的预期和意愿。① 为了促进大中小城市和小城镇合理布局、功能互补，必须确保高效的基本公共服务，还要维护好农民的土地承包经营权、宅基地使用权、集体收益分配权。当然，由于城乡发展不平衡，缩小农村居民与城市居民的收入差距，需要一个较长的过程，农业转移人口市民化，不

① 习近平：改革要聚焦聚神聚力抓好落实 着力提高改革针对性和实效性［EB/OL］. 中国政府网，2014-06-06.

是简单的户籍变化，也不只是人口有序流动的问题，还要有支撑从农村到城市生活场景转换的体制机制，① 除了努力加快推进基本公共服务均等化、推进城乡融合发展外，还要加快推进农村土地确权登记颁证，维护好农民的土地承包经营权、宅基地使用权和集体收益分配权，给予农民选择权，不得以让农民放弃这些权利作为进城落户的条件。

（二）重视农民的文化教育权

深入实施乡村振兴战略，关键在人，文化基础靠教育，特别是靠高质量职业教育。党的十八大以来，习近平始终高度重视农民教育培训，他指出农村经济社会发展，说到底，关键在人。他特别强调要尊重农民的农业现代化主体地位，要富裕农民、提高农民、扶持农民，让农业经营有持续的效益，让农业成为有奔头的产业，让农民成为体面的职业，必须吸引一部分有文化的青壮年留在农村、从事农业。② 他在 2013 年中央农村工作会议上指出，要把加快培育新型农业经营主体作为一项重大战略，以吸引年轻人务农、培育职业农民为重点，建立专门政策机制，构建职业农民队伍，为农业现代化建设和农业持续健康发展提供坚实人力基础和保障。③ 与此同时，国家出台一系列政策，从 2014 年启动实施新型职业农民培育工程，到 2019 年的高素质农民培育计划，职业教育已经逐步扩展到农业农村，通过有组织地开展农业技能培训、返乡创业就业培训和职业技能培训以及高职扩招，已经培养了一大批有文化、懂技术、善经营、会管理的高素质农民和农村实用人才、创新创业带头人，为解决“谁来种地、如何种好地”的关键问题奠定了坚实基础。

乡村振兴，文化要先行。习近平特别重视农村的精神文明建设，他在中央农村工作会议上指出：“加强农村思想道德建设，弘扬和践行社会主义核心价值观，推进农村思想政治工作，把农民群众精气神提振起来。”他还强调：“注重农村青少年教育问题和精神文化生活，完善工作举措，加大资源投入，促进他们健康成长。”④ 只有不断提升农民思想道德素质和文化素质，才能更好地推进乡村文化建设，实现乡村振兴战略目标。

---

① 盛玉雷．促进农业转移人口市民化［N］．人民日报，2022-04-07（5）．

② 中央农村工作会议解读：让农民成为体面的职业［EB/OL］．中国政府网，2013-12-27．

③ 中央农村工作会议在北京举行［N］．人民日报，2013-12-25（1）．

④ 习近平．坚持把解决好“三农”问题作为全党工作重中之重　举全党全社会之力推动乡村振兴［J］．求知，2022（4）：4-10．

(三) 重视农民的平等就业权

就业关乎农民的切身利益，是其增加收入和共享美好生活的基本途径。习近平一直强调“就业是永恒的课题”，要“坚持就业第一”，指出就业是最大的民生工程、民心工程、根基工程，必须抓紧抓实抓好。① 农民工作为产业队伍的主力军，对于推进中国式现代化建设发挥着举足轻重的作用，为他们创造公平的就业机会，营造公平的就业环境，推进农民工充分就业，鼓励他们勤劳致富，不仅有助于推进公共就业服务均等化，而且对充分保障农村劳动力就业权，打造新型城镇化，统筹城乡发展意义重大。

习近平坚持以人民为中心的发展思想，对农民工的就业问题持续给予深切关注，多次对就业问题作出重要论述。他指出：“要加快推进户籍制度改革，完善城乡劳动者平等就业制度，维护好农民工合法权益，保障城乡劳动者平等就业权利。”② 在他的思想指导下，十多年来，国家出台了一系列政策文件，通过建立和完善城乡统一的户籍制度，给予农业转移人口（农民工）以市民的待遇，保证城乡劳动力的自由流动，强化各项稳岗纾困政策落实，加大对中小微企业的扶持力度，让农业转移人口（农民工）逐步在城镇进得来、住得下、融得进、能就业、可创业，平等享受就业服务政策，全面稳定了农民工的就业态势。

党的十八大以来，尤其在推进脱贫攻坚战的过程中，大批农村贫困劳动力通过就业扶贫获得了较高质量的非农就业机会，非农收入也有了明显提高。由于户籍制度分割导致的制度性歧视和身份认同问题、就业歧视和不平等现象仍然较为严重，农民工群体和城镇职工相比，仍然存在劳动时间长、劳动强度大等问题，同时在收入、教育、医疗、养老、住房等方面均存在着较大差距。习近平在党的二十大报告中提出：“统筹城乡就业政策体系，破除妨碍劳动力、人才流动的体制和政策弊端，消除影响平等就业的不合理限制和就业歧视，使人人都有通过勤奋劳动实现自身发展的机会。”这是党中央首次从治国理政的高度提出“消除影响平等就业的不合理限制和就业歧视”，充分表明了党对消除就业歧视、促进平等就业的深度认知，也凸显了党中央对努力

---

① 中共中央文献研究室．习近平关于社会主义社会建设论述摘编［M］．北京：中央文献出版社，2017：67.

② 共中央党史和文献研究院．习近平关于“三农”工作论述摘编［M］．北京：中央文献出版社，2019：35.

实现更充分更高质量的农民工劳动者体面就业的关心与支持。

（四）重视农民的社会保障权

社会保障是人民生活的安全网和社会运行的稳定器，直接影响农民群众的切身利益。习近平指出："社会保障不仅是保障和改善民生、维护社会公平、增进人民福祉的基本制度保障，也是促进经济社会发展、实现广大人民群众共享改革发展成果的重要制度安排，是治国安邦的大问题。"① 农民与城镇居民之间社会保障体系发展不平衡不充分的问题依然突出，与农民日益增长的保障需求相比还有不小的差距。在以习近平同志为核心的党中央领导下，高度重视农民社会保障体系建设。首先，推动农村社会救助制度的建立。习近平非常重视社会救助事业的高质量发展，在发展目标上，习近平提出，要形成以基本生活救助、专项社会救助、急难社会救助为主体，社会力量参与为补充，统筹推进城乡社会救助体系的社会救助制度改革；在具体路径上，习近平认为要把农村社会救助纳入乡村振兴战略统筹谋划，健全农村社会救助制度，完善日常性帮扶措施，要补齐农村社会福利短板，特别是对农村"三留守"人员等特殊和困难群体的关心关爱，他还强调了对因病因灾遇困农民的临时救助力度。这些对推进新时代农村社会救助兜底保障工作，缩小社会救助的城乡标准差异，逐步提高城乡最低生活保障水平，以及对农民生活安康托底提供了强大的指导思想。十多年来，我国社会救助工作发生了历史性变化，分层分类、城乡统筹的中国特色社会主义救助体系基本形成，救助水平和质量稳步提高，特别是 2012 年到 2021 年，全国城乡低保平均标准分别比原来增长了 1.2 倍和 2.1 倍，逐步建立了农村留守老年人、妇女、儿童关爱服务制度和防致贫长效机制，其中互助养老模式广泛应用，社会救助兜底脱贫任务圆满完成。从完善最低生活保障制度到健全农村社会救助制度，为缩小城乡之间的社会救助标准差距和提高农村低收入人口的群体可持续发展提供了坚实的支持。其次，增强农民社会保障的公平性。习近平在党的十八届三中全会中指出："整合城乡居民基本养老保险制度、基本医疗保险制度。缩小城镇职工、城镇居民和农民养老保障水平的差距，提高城镇职工基本医疗保险、城镇居民基本医疗保险和新型农村合作医疗三种制度之间的保障水平，让农民共享改革发展成果，必须打破现有的碎片化制度，进一步完

① 习近平．习近平谈治国理政（第四卷）[M]．北京：外文出版社，2022：341.

善社会保障制度、增强社会保障体系的公平性，赋予农民公平的社会保障权与平等的国民待遇。”① 在党的十九大报告中，习近平强调了全面建成覆盖全民、城乡统筹、权责清晰、保障适度、可持续的多层次社会保障体系的重要性，提出要完善城镇职工基本养老保险和城乡居民基本养老保险制度，尽快实现养老保险全国统筹，完善统一的城乡居民基本医疗保险制度和大病保险制度。② 在以习近平同志为核心的党中央坚强领导下，我国社会保障体制改革快速发展，社会保障工作取得历史性成就。自 2014 年起，我国建立了城乡统一的城乡居民基本养老保险制度、城乡居民医疗保险制度和大病保险制度，实现了对农村适龄居民基本全覆盖，农民群体领取的养老金水平也有了较大提高，而且越来越多的农民工参加了职工养老保险，逐步实现了全民医保，城乡居民的健康权和医保权得到公平维护，建成了世界上规模最大的社会保障体系、医疗卫生体系，有力增进了农民的福祉，实现了社会保障向“公平享受”的转变。正如习近平在党的二十大报告中指出：“健全覆盖全民、统筹城乡、公平统一、安全规范、可持续的多层次社会保障体系。”③ 只有做到制度公平统一、城乡统筹、可持续发展，才能让农民平等地拥有获得社会保障的权利。

第四节 社会主义农民权利思想与理论的历史经验

马克思主义权利观强调人的权利是社会发展的根本动力，主张消灭私有制，实现人的自由和平等，其关于农民问题理论则分析了农民问题的产生根源和发展规律，并指明了解决农民问题的根本途径，二者共同构成了中国共产党关于社会主义农民权利思想的理论基石与实践源泉，为党的农民利保障工作提供了深厚的学理支撑与实践指导。马克思主义始终坚持运用利益分析

① 改革开放以来历届三中全会文件汇编［M］. 北京：人民出版社，2013：210.

② 习近平．决胜全面建成小康社会 夺取新时代中国特色社会主义伟大胜利——在中国共产党第十九次全国代表大会上的报告［M］. 北京：人民出版社，2017：47.

③ 习近平．高举中国特色社会主义伟大旗帜 为全面建设社会主义现代化国家而团结奋斗——在中国共产党第二十次全国代表大会上的报告［M］. 北京：人民出版社，2022：48.

的方法来认识权利，认为权利总是与一定的社会需要和利益相联系，社会需要和利益是推动社会主体有意识的自觉活动的直接动力，其权利观主要包含了生存权、劳动权、自由权、民主权、平等权和财产权等。马克思主义一直十分关注农民问题，重视农民在政治、经济方面的重要作用，特别阐述了农民的平等、民主、土地财产等问题，提出消除城乡差别和工农差别是共产党的历史使命，这些尊重和保护农民权利与利益的思想和观念对中国共产党正确认识农民权利问题具有重要的借鉴意义。中国共产党根据不同阶段的农民利益和需要对马克思主义权利理论进行了丰富、创新和发展，形成了具有中国特色的保障农民权利的思想理论。随着中国特色的社会主义事业的发展，这一思想理论得到不断丰富和发展，对中国农村的建设和农民的发展发挥了巨大的保障和推进作用，农民权利的思想理论是指导和制定农民权利法律制度的重要依据，有助于我们正确认清当前农民权利现状，明确在新时代推进广大农民平等参与现代化进程、共同分享现代化成果，确保农民平等享有更多权利，实现城乡发展一体化，从而高质量完成推动城乡融合发展的目标和任务。

中国共产党 100 多年的历史证明，只有正确认识农民权利问题并制定正确的政策和法律，中国共产党领导的社会主义建设才能顺利发展；反之，社会主义建设事业则受到挫折。中国式现代化是中国共产党领导的社会主义现代化，既有各国现代化的共同特征，更有基于中国国情的中国特色，是前无古人的伟大事业，马克思主义需要与中国具体实际相结合，如何在农民占人口绝大多数的中国开展社会主义建设，需要中国共产党充分了解和分析农民的利益，根据农民阶级在各阶段不同的需求提出相应的解决办法。纵观中国共产党百年奋斗史和思想史，始终把解决好农民权利问题作为中国特色社会主义现代化建设必须处理好的重大战略问题，基本思想既一脉相承，又是对马克思主义权利观的继承和发展。

一、把农民利益和需要放在“三农”问题中的首要地位

马克思主义一直非常重视农民的重要作用，肯定了工农联盟在无产阶级革命中的重要性，提出为继续巩固工农联盟，应采取保护广大农民利益的方针政策，提出为农民的利益而必须牺牲一些社会资金，无产阶级应该很慷慨地对待农民。马克思主义十分重视土地问题，马克思、恩格斯提出土地国有

思想，主张大力发展社会主义大农业，保护农民的土地利益。

在社会主义的建设实践中，毛泽东认识到了农民问题的重要性。结合我国农民权利发展的历程和现状，毛泽东一再强调，无论任何时候都不能忘了农民问题，忘了农民的利益。他认为农民是社会主义建设的基本力量，他主张要竭力依靠和争取农民，要切实保证农民的物质利益权，尽可能增加农民收入，大力发展以粮食为主的农业，解决农民的基本生存问题。他把马克思主义理论与中国的土地现实联系起来，解决农民的土地问题，实行农民阶级的土地所有制，丰富了马克思主义理论。在新中国成立后他推行农业合作化，提出采取“自愿互利、典型示范和国家帮助”的原则，调动劳动者的生产积极性，推动生产力的发展，充分实现农民的物质利益。针对在“大跃进”和人民公社化运动中出现的“一平二调”的共产风，毛泽东觉察到问题的严重性，他充分考虑农民的利益，在领导纠正“大跃进”和人民公社化运动中的错误时指出了不能剥夺农民，不能超越阶段，反对平均主义，强调发展商品生产、遵守价值规律和做好综合平衡，主张以农轻重为序安排国民经济计划等观点。① 当然在这个阶段，党缺乏社会主义建设的经验，过于机械地照搬马克思主义经典著作中关于改造小农和消灭私有制的论述，加之受到苏联计划经济模式的影响，把农民的土地私有变成了集体所有，农业实行统一经营、核算和分配，农村很快就出现了吃“大锅饭”、出工不出力等现象，农村生产力的发展遭遇严重挫折，农民的利益和自主权遭到了损害。

改革开放以来，邓小平深刻认识到农民问题的实质是农民的利益问题。农民作为农村改革和建设的主体，应该得到和享有一切合法权利，也就是说，农民应该享有经济利益和民主等权利。他提出在农村实行村民自治和以家庭经营为基础、统分结合的生产经营责任制，这些改革使农民获得了一定的财产权和身份自由权，调动了农民生产的积极性，极大地推进了农村经济的发展。

党的十三届四中全会以来，以江泽民同志为核心的党的第三代中央领导集体以邓小平理论为指导，创造性地继承和发展了马克思、毛泽东、邓小平关于农民权利的理论，江泽民深刻认识到“三农”问题，尤其是农民问题不

---

① 中共中央文献研究室．关于建国以来党的若干历史问题的决议注释［M］．北京：人民出版社，1983：21.

但是重大的经济问题，而且是重大的政治问题，任何时候如果忽视了农民的利益都会影响工农联盟的巩固和社会主义现代化建设的胜利。为保障农民的物质利益权，江泽民采取了一系列的政策措施，比如扩大农村基层民主、延长土地承包期、推进农业和农村经济结构的战略性调整、完善减轻农民负担的规定和加快农村税费改革等。这些维护农民政治、经济等权利的重大措施，极大地推进了农村经济的稳定发展。

党的十六大以来，农业和农村发展面临重要的历史机遇，强农惠农富农政策体系也趋于完善。这个时期由于尊重农民的权利和利益，为新农村建设的发展提供了巨大的动力，从党的十六大到党的十八大这十年，农业农村发展成就斐然。以胡锦涛同志为总书记的党中央不断赋予马克思主义农民权利观新的理论内涵和时代内容，对农民的政治、经济、社会权利等方面做出了更为完善的规定，提出必须始终把解决好“三农”问题作为全党工作的重中之重；提出“两个趋向”论断，采取工业反哺农业、城市支持农村和多予少取放活方针；提出建设社会主义新农村的目标任务等。在稳步推进社会主义新农村建设中，坚持以人为本，尊重农民的主体地位，着力解决农民生产生活中最迫切的实际问题，推进城乡一体化的发展，切实让农民的利益和需要得到满足。这些马克思主义农民权利理论中国化的最新成果，极大地丰富了农民权利的理论。

党的十八大以来，以习近平同志为核心的党中央将中国共产党关于农民权利的理论与“三农”现状结合起来，全面深刻阐述了“三农”工作中带有全局性、方向性、战略性的重大问题，提出了围绕以人为本、执政为民的核心的“三农”一系列的新思路、新论断、新举措，把解决好“三农”问题作为全党工作的重中之重，将解决好农民最关心、最直接、最现实的利益问题放在首要位置。习近平指出：“以人为本谋‘三农’，就是要以科学发展观来统领“三农”工作，把我们党一切为了群众，一切依靠群众的工作路线贯穿于‘三农’工作的各个方面；就是要明确‘三农’问题的核心是农民问题，农民问题的核心是增进利益和保障权益问题；就是要把切实提高农民素质、实现人的全面发展，作为‘三农’工作的根本出发点和落脚点，实现好、维护好、发展好农民的物质利益和民主权利，不断增强农民群众的自我发展能力。"① 这深刻体现了习近平提出"三农"发展就是为了农民、依靠农民、发展农民的理念，他特别强调"三农"要切实保障农民的经济权利、调动他们的生产积极性，提出要赋予农民更多财产权利，维护好农民的土地承包经营权、宅基地使用权和集体收益分配权。他提出要尊重农民的农业现代化主体地位，让农民成为体面的职业，大力培养新型职业农民。他高度重视户籍制度改革，指出要尊重城乡居民自主定居意愿，合理引导农业转移人口落户城镇。他提出实施乡村振兴战略，目的就是解决农村和城市、农业和工业、农民居民和城市居民之间的发展矛盾，促进"三农"现代化发展，顺应农民对美好生活的向往，让农民共享经济社会发展成果，实现和维护农民利益和权利。新时代以来，正是在习近平一系列关于"三农"工作的重要思想、重要理论的指导下，"三农"事业发展明确了前进方向，并取得了历史性成就，推动了城乡发展一体化迈出新步伐，亿万农民摆脱贫困，实现了全面小康。

纵观社会主义实践，农民的积极性是推动农业快速发展的法宝，任何时候挫伤了农民的积极性，对农业的打击都将非常致命。调动农民的积极性，核心是满足农民的利益和需要，尊重农民的各项权利，从毛泽东提出兼顾国家和农民利益；到邓小平实行土地承包责任制，提出农民问题的本质和关键就是农民的利益问题；到江泽民提出一切以农民利益为本，充分发挥农民的积极性、主动性和创造性，延长土地承包期限；再到胡锦涛提出在稳步推进社会主义新农村建设中，坚持以人为本，发挥农民的主体作用，着力解决农民生产生活中最迫切的实际问题；习近平总书记提出把实现好、维护好、发展好广大农民根本利益作为农村一切工作的出发点和落脚点，赋予农民更多财产权利等，都反映了中国共产党重视保护农民的物质利益权，努力调动农民的积极性，体现为人民服务的精神。② 这些思想和理论无疑都极大地丰富和发展了马克思主义权利观和农民权利思想，推动了乡村振兴战略、农业农村现代化的顺利进行，使广大农民逐步成为乡村振兴真正的参与者、建设者和受益者。

---

① 习近平．干在实处　走在前列——推进浙江新发展的思考与实践［M］．北京：中共中央党校出版社，2006：150.

② 张晓雯．马克思主义"三农"理论中国化及其实践研究［M］．成都：西南财经大学出版社，2011：192.

二、把城乡融合发展作为推进中国式现代化事业的应有之义

马克思指出："通过产业教育、变换工种、所有人共同享受大家创造出来的福利，通过城乡的融合，使社会全体成员的才能得到全面发展。"① 城乡融合发展要求彻底打破传统的城乡二元结构，逐步缩小工农、城乡差距，实现乡村与城市从二元对立到一体融合的根本变化。

城乡最初是混沌合一的，随着生产力发展和社会分工不断深化，城乡产生分离和对立，因生产力的发展和社会分工的进步，城乡会重新在更高级的形态上实现融合。马克思、恩格斯针对资本主义工业化大规模展开，城市迅速崛起，城乡关系发生全新变化的现象，运用历史唯物主义对资本主义城乡关系进行深刻剖析，提出了富有特色的城乡融合理论，恩格斯在《共产主义原理》中提道："通过城乡的融合，使社会全体成员的才能得到全面发展。"②未来社会要"把农业和工业结合起来，促使城乡对立逐步消灭"③，达到"城乡融合"，让全部居民享受真正的城市生活的益处。同时，他们指出消除城乡差别和工农差别是共产党的历史使命。世界发达国家工业化、城市化的进程，也进一步用事实明确地告诉我们：城乡一体化是经济社会发展的必经之路，城乡融合是社会发展的方向。

1949 年以来，毛泽东提出建立城乡兼顾的关系。早在党的七届二中全会上他就指出"城乡必须兼顾，必须使城市工作和乡村工作，使工人和农民，使工业和农业，紧密地联系起来。决不可以丢掉乡村，仅顾城市，如果这样想，那是完全错误的"。④ 新中国成立后，他强调工业和农业要同时并举，把农业放在经济建设的第一位，使两者得到相适应的发展；而且城市要支援农村，知识分子下乡落户，城乡结合，推动农村的全面发展。毛泽东还进一步指出："重工业是我国建设的重点。必须优先发展生产资料的生产，这是已经定了的。但是决不可以因此忽视生活资料尤其是粮食的生产。如果没有足够

---

① 中共中央马克思恩格斯列宁斯大林著作编译局．马克思恩格斯文集（第一卷）［M］．北京：人民出版社，2009：689.

② 中共中央马克思恩格斯列宁斯大林著作编译局．马克思恩格斯选集（第一卷）［M］．北京：人民出版社，1995：243.

③ 中共中央马克思恩格斯列宁斯大林著作编译局．马克思恩格斯选集（第一卷）［M］．北京：人民出版社，1995：294.

④ 毛泽东．毛泽东选集（第四卷）［M］．北京：人民出版社，1991：1427.

的粮食和其他生活必需品，首先就不能养活工人，还谈什么发展重工业？所以，重工业和轻工业、农业的关系，必须处理好。"① 毛泽东把中国农民组织起来，实行农业合作化和人民公社，对突破"贫困陷阱"发挥了关键作用，也解决了农业为工业化提供积累的制度保障问题。

为提高粮食产量、解决农民温饱问题、推动我国农业和工业的可持续发展，邓小平提出了一系列调整城乡关系的重要举措。他强调要首先解决农村问题，率先实行以家庭联产承包责任制为主，统分结合的农业生产经营制度，他大力支持乡镇企业和小城镇的发展，提倡要解决农村的政策问题，设立村民委员会等自治组织，搞多种经营，上调农民粮食的收购价格，大力发展农村生产力，极大地推动了农村经济的发展，也加快了农村工业化和城市化的进程，这些都激发调动了农民的生产积极性，满足了农民的需要。

江泽民始终把解决"三农"问题作为我国社会主义建设和改革的根本问题。他把调动农民的积极性作为制定农村政策的首要出发点，充分尊重农民的首创精神，努力增加农民收入，加快建设现代农业，大力发展农村经济，积极推进农村改革。他提出"统筹城乡经济社会发展"，把城市问题和乡村问题结合起来综合解决，把城市和农村的经济社会发展联系起来整体规划，将统筹城乡发展作为处理和解决"三农"问题的重要手段，而且江泽民反复强调："要强化科教兴农，优化内部结构，走贸工农一体化发展路子，逐步实现从粗放经营向集约经营、从低效农业向高效农业的转变。"②

党的十六大以来，我国工农关系和城乡关系进入了一个新的发展时期。胡锦涛从"科学发展观"的高度来对待城乡一体化问题。他提出"两个趋向论"，强调我国工农关系和城乡关系已经进入一个新的时期，即工业反哺农业、城市带动农村发展的阶段，这是带有普遍性的又一个趋向。党的十六届三中全会又提出了"五个统筹"，其首要的就是统筹城乡发展，这是消除我国城乡二元结构，实现城乡互动互促互进，推进城乡协调发展的根本途径。随后，党的十六届五中全会提出了推进社会主义新农村建设的历史任务，并确定了社会主义新农村建设的具体方针，即"生产发展、生活宽裕、乡风文明、村容整洁、管理民主"，开启了推进城乡基本公共服务均等化的历程。从2006

---

① 中共中央文献研究室．毛泽东文集（第七卷）[M]．北京：人民出版社，1999：24.

② 中共中央文献研究室．江泽民论有中国特色社会主义（专题摘编）[M]．北京：中央文献出版社，2002：130.

年开始全部取消了农业税，宣告“皇粮国税”从此成为历史，我国进入城乡统筹发展的新阶段。党的十七大首次提出了“实现城乡一体化发展”的治理理念，指出要充分发挥城市对农村的带动作用和农村对城市的促进作用，“走中国特色农业现代化道路，建立以工促农、以城带乡长效机制，形成城乡经济社会发展一体化新格局”,[①] 确立了构建工农城乡关系清晰的目标任务。胡锦涛在党的十七届三中全会进一步提出：“把加快形成城乡经济社会发展一体化新格局作为根本要求。”[②] 之后，党的十八大把城乡发展提升到了新高度，明确把城乡发展一体化作为解决“三农”问题的根本途径，为农民利益实现奠定了坚实的基础。

进入新时代，以习近平同志为核心的党中央充分认识到我国社会主要矛盾已经转化为人民日益增长的美好生活需要和不平衡不充分的发展之间的矛盾，而城乡发展不平衡、农业农村发展不充分是其中最大的不平衡和不充分。习近平坚持把解决好“三农”问题作为全党工作的重中之重，把打赢脱贫攻坚战作为全面建成小康社会的标志性工程，启动实施乡村振兴战略，积极改善工农城乡关系，城乡融合发展进入了新阶段，推动农业农村取得历史性成就、发生历史性变革。习近平把正确处理城乡关系与社会主义现代化建设紧密结合，提出“能否处理好城乡关系，关乎社会主义现代化建设全局”。[③] 他深刻论述了健全城乡发展一体化的体制机制问题，在十八届三中全会通过的《中共中央关于全面深化改革若干重大问题的决定》中明确新型城乡关系，把“城乡一体”作为新型城乡关系的最终目标，指出“必须健全体制机制，形成以工促农、以城带乡、工农互惠、城乡一体的新型工农城乡关系，让广大农民平等参与现代化进程、共同分享现代化成果”。针对城镇化过程中的新问题，习近平认为关键问题是推进城乡发展一体化，让农民享受完全平等的公共服务和市民权利，彻底打破城乡二元结构的制度分离。在具体措施上，提出城乡一体化发展需要立足解决“三农”问题，如要赋予农民更多的财产权

① 胡锦涛．高举中国特色社会主义伟大旗帜　为夺取全面建设小康社会新胜利而奋斗——在中国共产党第十七次全国代表大会上的报告［M］．北京：人民出版社，2007：23.

② 中共中央关于推进农村改革发展若干重大问题的决定［M］．北京：人民出版社，2008：7.

③ 中共中央文献研究室．十九大以来重要文献选编（上）［M］．北京：中央文献出版社，2019：142.

利，“不断探索农村土地集体所有制的有效实现形式，落实集体所有权、稳定农户承包权、放活土地经营权；强调要依法维护农民土地承包经营权，保障农民集体经济组织成员权利，保障农户宅基地用益物权，推进农民住房财产权抵押、担保、转让试点等”；指出要赋予农民同等的社会保障权，“保障农民工同工同酬、保障农民公平分享土地增值收益，整合城乡居民基本养老保险制度、基本医疗保险制度，推进城乡最低生活保障制度统筹发展，把进城落户农民完全纳入城镇住房和社会保障体系”① 等。

2017 年，习近平在党的十九大报告中明确提出“建立健全城乡融合发展体制机制和政策体系”。② 十九届五中全会进一步提出，“全面实施乡村振兴战略，强化以工补农、以城带乡，推动形成工农互促、城乡互补、协调发展、共同繁荣的新型工农城乡关系”，③ 党的二十大报告指出，“着力推进城乡融合和区域协调发展”，“坚持城乡融合发展，畅通城乡要素流动”④。从“统筹城乡”到“城乡一体化”，再到从实施乡村振兴战略全局和战略高度来把握和处理工农城乡关系，推进“城乡融合发展”，习近平的这些思想观点和具体举措，为实现农业农村现代化，促进农业农村高质量发展，推动形成新型工农城乡关系指明了方向，为落实以人民为中心，满足农民日益增长的需求，全面提升农民的获得感、幸福感和安全感，促进农民农村共同富裕确立了目标。

我国城乡关系经历了城乡分离、城乡差别、城乡统筹、城乡一体化、城乡融合的发展阶段，与此对应，城乡政策的理论与实践探索发展也经历了城乡统筹、城乡一体化、城乡融合的历史演进过程，这也正是马克思、恩格斯城乡融合思想中国化、时代化的体现。中国特色的城乡融合发展理论，极大地丰富和发展了马克思主义“城乡融合”思想理论，深刻阐释了我国城乡关系的逻辑演进规律，而新型城镇化与乡村振兴建设就是实现城乡发展一体化，打破城市和农村之间相互分割的壁垒，从城乡分离、城乡对立，到差距逐步

① 习近平．习近平的十大经济战略思想［EB/OL］．网易网，2013-12-12.

② 习近平．决胜全面建成小康社会 夺取新时代中国特色社会主义伟大胜利——在中国共产党第十九次全国代表大会上的报告［M］．北京：人民出版社，2017：32.

③ 中国共产党第十九届中央委员会第五次全体会议公报［M］．北京：人民出版社，2020：14.

④ 习近平．高举中国特色社会主义伟大旗帜 为全面建设社会主义现代化国家而团结奋斗——在中国共产党第二十次全国代表大会上的报告［M］．北京：人民出版社，2022：31.

缩小直至消灭城乡之间的基本差别，实现城乡经济和社会生活紧密结合与协调发展，从而使城乡融为一体，① 充分体现了以习近平同志为核心的党中央对“三农”问题的高度重视。

三、把推动农民共同富裕作为始终不渝的追求和使命

“生产将以所有的人富裕为目的。”② 摆脱贫困、走共同富裕道路，实现社会主义现代化强国是中国共产党的价值追求和初心使命。在不同历史时期，中国共产党根据经济社会发展状况开展了一系列消除贫困、实现共同富裕的具体措施，不断推进农村农民扶贫脱贫工作取得更大成就。

在不同的发展阶段，党的扶贫工作经历了救济式、开发式、精准扶贫三个阶段。新中国成立初期的20世纪50年代，毛泽东提出了共同富裕问题。1953年12月，中共中央通过的《关于发展农业生产合作社的决议》强调党在农村中工作的最根本的任务，即“使农民能够逐步完全摆脱贫困的状况而取得共同富裕和普遍繁荣的生活”③。之后毛泽东指出：“现在我们实行这么一种制度，这么一种计划，是可以一年一年走向更富更强的，一年一年可以看到更富更强些。而这个富，是共同的富，这个强，是共同的强，大家都有份。”④

毛泽东非常重视农民群体，强调要使中国彻底摆脱贫困，改善生活，抵御灾荒，“只要合作化了，全体农村人民会要一年一年地富裕起来”⑤，只有把小农经济组织联合起来，建立合作社形成规模化生产，发展生产力，缩小农村收入差距，才能使人民群众达到由穷苦变富裕的目的。他在《关于农业合作化问题》的报告中指出：“要巩固工农联盟，我们就得领导农民走社会主义道路，使农民群众共同富裕起来，穷的要富裕，所有农民都要富裕，并且

---

① 徐杰舜．城乡融合：新农村建设的理论基石［J］．中国农业大学学报（社会科学版），2008（1）：61-67.

② 中共中央马克思恩格斯列宁斯大林著作编译局．马克思恩格斯选集（第二卷）［M］．北京：人民出版社，1995：787.

③ 中共中央文献研究室．建国以来重要文献选编（第四册）［M］．北京：中央文献出版社．1993：661.

④ 中共中央文献研究室．毛泽东文集（第六卷）［M］．北京：人民出版社，1999：495.

⑤ 中共中央文献研究室．建国以来重要文献选编（第七册）［M］．北京：中央文献出版社．1993：308.

富裕的程度要大大地超过现在的富裕农民。"① 同时提到，农村人民共同富裕要逐步实行社会主义改造，发展工业，因为"在农业国的基础上，是谈不上什么强的，也谈不上什么富的"②。毛泽东还针对农村开始出现"新富农"和贫农向两极分化的倾向，强调要"在农村中消灭富农经济制度和个体经济制度，使全体农村人民共同富裕起来"③，他指出在中国这样一个农业国家中实现共同富裕要有长期打算。这个时期的减贫工作主要通过包括土地改革、基础设施建设、改善农村教育和医疗卫生条件等救济式扶贫，有效消除了农村极端贫困状况。

党的十一届三中全会后，党的工作重心转移到经济建设上来，贫穷不是社会主义。邓小平指出："只有社会主义，才能有凝聚力，才能解决大家的困难，才能避免两极分化，逐步实现共同富裕"④，"社会主义的本质，是解放生产力，发展生产力，消灭剥削，消除两极分化，最终达到共同富裕"⑤。他对摆脱贫困、共同富裕的问题在理论和实践两方面做出了新的探索，确定了开发式扶贫的方针，逐步开辟了一条摆脱贫困、迈向共同富裕的中国特色社会主义道路，保障了扶贫工作的顺利进行。

党的十三届四中全会以后，江泽民指出，"实现共同富裕是社会主义的根本原则和本质特征，绝对不能动摇"⑥。他启动《国家八七扶贫攻坚计划》(1994—2000 年)，强调必须以实现全体人民的共同富裕为目标，扩大中等收入者比重，提高低收入者收入水平，要统筹城乡经济社会发展，推进城镇化建设进程，增加农民收入，以此从根本上解决"三农"问题，推动农村社会的全面进步。

党的十六大以后，胡锦涛着力保障和改善民生，促进社会公平正义。他反复强调："我们要建设的现代化，是物质文明和精神文明全面发展的社会主义现代化"⑦，要"使全体人民共享改革发展的成果，使全体人民朝着共同富

---

① 中共中央文献研究室．建国以来重要文献选编（第七册）［M］．北京：中央文献出版社．1993：308.
② 中共中央文献研究室．毛泽东文集（第六卷）［M］．北京：人民出版社，1999：495.
③ 中共中央文献研究室．毛泽东文集（第六卷）［M］．北京：人民出版社，1999：437.
④ 邓小平．邓小平文选（第三卷）［M］．北京：人民出版社，1993：357.
⑤ 邓小平．邓小平文选（第三卷）［M］．北京：人民出版社，1993：373.
⑥ 江泽民．江泽民文选（第一卷）［M］．北京：人民出版社，2006：466.
⑦ 胡锦涛．胡锦涛文选（第三卷）［M］．北京：人民出版社，2016：589.

裕的方向稳步前进”①。2002年党的十六大报告首次提出统筹城乡经济社会发展的要求，其后进一步提出“工业反哺农业、城市支持乡村”的基本方针，党的十六届五中全会提出建设社会主义新农村，2007年党的十七大对全面建设小康社会提出新要求，实现共同富裕在多方面、多领域逐步展开。

党的十八大以来，习近平多次强调，我们必须坚持发展为了人民、发展依靠人民、发展成果由人民共享，“共同富裕是社会主义的本质要求，是中国式现代化的重要特征，要坚持以人民为中心的发展思想，在高质量发展中促进共同富裕”②，针对城乡区域发展不平衡不充分问题，习近平把脱贫攻坚作为治国理政的重要任务，提出了新时代“精准扶贫、精准脱贫”的基本方略。2014年，我国开始实施精准扶贫，探索农村改革脱贫之路，农村社会保障体系日趋完善，社会救助机制建设更加多元，帮助农村贫困人口解决了温饱问题，让扶贫真正做到“发展为了人民、发展依靠人民、发展成果由人民共享”，打赢了人类历史上规模最大的脱贫攻坚战，走出了一条中国特色减贫道路，为实现共同富裕奠定了扎实基础和良好条件。在实现全面脱贫后，以习近平同志为核心的党中央又提出了实施共同富裕的战略目标，要求到“十四五”末，全体人民共同富裕迈出坚实步伐，居民收入和实际消费水平差距逐步缩小。到2035年，全体人民共同富裕取得更为明显的实质性进展，基本公共服务实现均等化。到21世纪中叶，全体人民共同富裕基本实现，居民收入和实际消费水平差距缩小到合理区间。这为确保共同富裕目标的如期实现部署了规划，充分体现了中国共产党人的使命担当。

---

① 梁树发．社会与社会建设［M］．北京：人民出版社，2007：131.

② 本书编写组．共产党人“心学”必修课——“三个为什么”100问［M］．北京：人民出版社，2022：103.

第三章

农民权利法律规定的演变和审视

中国农民法定权利的演变经历了巨大的历史变动过程。新中国成立后，在推进农村现代化建设的过程中，农民发展的权利问题一直备受关注。社会主义农民权利思想理论是制定农民权利法律制度的重要源泉，而农民权利法律制度的规定是社会主义农民权利思想理论的基本体现。新中国成立后尤其是十一届三中全会以来，国家将农民权利思想理论作为制定农民权利法律制度的重要依据，就农业、农村和农民工作制定、修改并颁布了一系列法律和行政法规，初步形成了保护农民权利的法律体系框架，充分体现了不同时期农民利益和需要以及城乡一体化、城乡融合发展的基本原则。但也应该看到，中国的农民没能充分享有改革带来的益处，政治、经济和社会等各项权利尚存在缺失现象，与全面依法治国的要求还有很大差距，无论是积极推行城镇化建设，还是进行城乡融合发展建设，中国的农民不应再是改革与发展代价的承受者。法律制度协调人与人之间的权利，它的制定是权利存在和实现的根本，因此系统梳理和审视我国农民权利的法律制度规定的演变，揭示其背后的法律逻辑、制度选择以及实施效果，同时找出存在的法律空白和短板，联系当今农民权利的现实状况，完善和健全农民权利的法律规定，对加强农村法治建设、构建农民发展的权利体系及其实现的研究具有重要意义。

第一节　农民政治权利法律规定的演变和审视

农民作为公民，依法平等享有法律赋予的政治权利。政治权利一般认为“公民依法享有参与国家政治生活，管理国家以及在政治上表达个人见解和意见的权利”。① 依据我国现行宪法，政治权利主要有：第一，平等权。公民在法律面前一律平等；第二，自由权。包括言论、出版、集会、结社、游行、示威的自由，宗教信仰自由，人身自由不受侵犯，人格尊严不受侵犯，住宅不受侵犯，通信自由和通信秘密受法律保护；第三，民主权。主要包括选举权和被选举权、监督权、批评和建议权、检举权、申诉权和控告权、依法取得赔偿的权利和企事业单位民主管理权。同时宪法明确规定，“中华人民共和国年满十八周岁的公民，不分民族、种族、性别、职业、家庭出身、宗教信仰、教育程度、财产状况、居住期限都有选举权和被选举权，但是依照法律被剥夺政治权利的人除外。”在这里，我们主要论述农民在平等权、选举权、自由权和自治权上的法律演变历程。

一、农民的平等权

“中华人民共和国公民在法律面前一律平等。”这是我国宪法作出的关于平等权的规定，它主要是指执法、司法上的平等，包括实施、执行和适用法律上的平等，其蕴含的含义为：（1）任何公民享有宪法和法律规定的权利，同时必须履行宪法和法律规定的义务（宪法第三十三条第四款规定）；（2）公民在适用法律上一律平等，所有公民受到的保护或者惩罚一律平等（宪法第三十三条第二款，第三十四条规定）；第三，任何组织或者个人都不得有超越宪法和法律的特权（宪法第五条第五款规定）。此外，在我国，公民在法律面前一律平等的权利，还包括民族平等，男女平等等内容。

平等权是宪法和法律赋予我国公民享有的基本权利，同时也是一项宪法原则，高于其他的基本权利，是其他基本权利所追求的目标和价值取向。新中国成立初期，1950年婚姻法规定了婚姻领域中的男女平等权利；1952年民族区域自治实施纲要对“民族平等权利”予以确认，1954年宪法第八十五条明确规定：“中华人民共和国公民在法律上一律平等。”但此后1975年和1978年的宪法均取消了这一规定。在制定现行宪法时，平等权的立法保护得到重建和加强，现行宪法第三十三条规定：“中华人民共和国公民在法律面前一律平等。任何公民享有宪法和法律确定的权利，同时必须履行宪法和法律规定的义务。”第三十四条赋予了我国公民平等的选举权和被选举权；第三十六条

---

① 许崇德．中华法学大辞典：宪法学卷［M］．北京：中国检察出版社，1995：788.

规定禁止歧视信仰和不信仰宗教的公民；第四十八条就性别平等问题作出规定，强调妇女在政治的、经济的、文化的、社会的和家庭的生活等各方面享有同男子平等的权利。其后，除宪法以外的10余部法律同样就平等权作出规定，例如《中华人民共和国民法典》（以下简称民法典）第四条规定："民事主体在民事活动中的法律地位一律平等"；刑法第四条规定："对于任何人犯罪，在适用法律上一律平等。不允许任何人有超越法律的特权"；刑事诉讼法第六条规定："对于一切公民，在适用法律上一律平等，在法律面前，不允许有任何特权"；民事诉讼法第八条规定："民事诉讼当事人有平等的诉讼权利。人民法院审理民事案件，应当保障和便利当事人行使诉讼权利，对当事人在适用法律上一律平等"。此外，妇女权益保障法、残疾人保障法、传染病防治法以及未成年人保护法侧重于保障女性、残疾人、传染病病原携带者以及未成年人等的平等权；劳动法、劳动合同法、就业促进法和行政许可法等主要覆盖劳动就业、行政许可等平等权侵权行为的易发领域，如就业促进法第三条规定了平等就业权："劳动者依法享有平等就业和自主择业的权利。劳动者就业，不因民族、种族、性别、宗教信仰等不同而受歧视"；民法典和义务教育法等则强调特定领域中特定对象享有平等权利。目前，我国已经初步完成了以宪法为龙头，以法律为主体的平等权保护立法体系建设。① 农民在法律上平等权的演变主要体现在这些对公民平等权的法律规定的演变上。

二、农民的选举权

农民的选举权更多要体现其平等性，保障公民都享有平等的选举权，实行城乡按相同人口比例选举代表，是公民平等权在选举制度中的表现。一切选民具有同等的法律地位，体现人人平等；法律在程序上对所有的选民同等对待，选民所投的选票具有同等的法律效力。

1953年3月，《中华人民共和国全国人民代表大会及地方各级人民代表大会选举法》确认了新中国成立初期选举制度的基本原则，为在全国范围内开展选举工作提供了法律基础。这部法律规定了选举办法和选举程序，确定了我国的基本选举制度，规定了全国人大代表和地方各级人大代表由选民普选

① 李成．平等权的司法保护——基于116件反歧视诉讼裁判文书的评析与总结［J］．华东政法大学学报，2013（4）：57-68.

产生，城乡人民代表可以代表不同的选民人数，农村与城市每一代表所代表的人口数分别与自治州、县的比例为4：1；省、自治区为5：1；全国为8：1。1954年宪法明确规定了公民有选举的权利，其第八十六条规定："中华人民共和国年满十八岁的公民，不分民族、种族、性别、职业、社会出身、宗教信仰、教育程度、财产状况、居住期限，都有选举权和被选举权。但是有精神病的人和依照法律被剥夺选举权和被选举权的人除外。妇女有同男子平等的选举权和被选举权"。

1979年7月1日，五届人大二次会议通过了新的选举法，改革和完善了我国选举制度。在人大代表的人口比例方面，1979年选举法的第十、十二、十四条如此规定：自治州、县、自治县人大农村每一代表所代表的人口数4倍于镇每一代表所代表的人口数，即4：1；省、自治区人大农村每一代表所代表的人口数为5倍于城市每一代表所代表的人口数，即5：1；全国人大农村每一代表所代表的人口数为8倍于城市每一代表所代表的人口数，即8：1。

1982年修改的选举法将县级人大代表农村与城市每一代表所代表的人口数由4：1改为可小于4：1直至1：1。其第十条明确规定："县、自治县行政区域内，镇的人口特多的，或者不属于县级以下人民政府领导的企业事业组织的职工人数在全县总人口中所占比例较大的，经省、自治区、直辖市的人民代表大会常务委员会决定，农村每一代表所代表的人口数同镇或者企事业组织职工每一代表所代表的人口数之比可以小于4：1甚至1：1。"

1986年修改的选举法维持了1982年确定的农村与城市每一代表所代表的人口比例。

1995年修改的选举法缩小了1979年选举法中规定的比例，将省、自治区和全国人大代表中农村每一代表与城市每一代表所代表的人口数，从原来的5：1、8：1，统一修改为4：1，自治州、县、自治县仍是4：1。这一规定从总体上缩小了城乡选民投票权所代表的比例不同，减少了原有的不平等的现象，在一定程度反映了农民政治权利的提升。

2004年修改的选举法维持了1995年确定的农村与城市每一代表所代表的人口比例。

2010年再次修改选举法，其中城乡居民选举首次实现了"同票同权"，其第十六条明确规定："全国人民代表大会代表名额，由全国人民代表大会常务委员会根据各省、自治区、直辖市的人口数，按照每一代表所代表的城乡人口数相同的原则，以及保证各地区、各民族、各方面都有适当数量代表的要求进行分配"。第六条规定："全国人民代表大会和地方各级人民代表大会的代表应当具有广泛的代表性，应当有适当数量的基层代表，特别是工人、农民和知识分子代表；应当有适当数量的妇女代表，并逐步提高妇女代表的比例。"实行城乡按相同人口比例选举代表，保证适当数量的农民代表数量，体现了人人平等，保障了城乡居民都享有平等的选举权，对于扩大人民民主、统筹城乡发展、促进社会和谐具有重要意义。

2020 年通过对选举法第七次修正的决定，这次对选举法进行修正，其中一个就是要适当增加县乡两级人大代表数量。其中第十二条规定："乡、民族乡、镇的代表名额基数为四十五名，每一千五百人可以增加一名代表；但是，代表总名额不得超过一百六十名；人口不足二千的，代表总名额可以少于四十五名。"适当增加乡镇人大代表名额，保障了农民都享有平等的选举权，实行城乡按相同人口比例选举代表，意味着不论人口数量多少，都能选举一定数量的代表，同时也弥补了撤乡并镇后乡镇人大代表数量减少的问题，体现了选举权平等性原则的要求。

三、农民的自由权

自由权是指公民在法律规定的范围内，按照自己的意志和利益进行行动和思维，不受约束、控制或妨碍的权利。① 依据我国相关法律规定，农民享有广泛的自由权，但在实践中长期由于体制的原因，农民在自由权方面存在一系列问题。

（一）农民人身自由权

每个公民都有人身自由权，这是宪法所赋予和保障的一项基本权利。1982 年宪法第三十七条规定："中华人民共和国公民的人身自由不受侵犯。任何公民，非经人民检察院批准或者决定或者人民法院决定，并由公安机关执行，不受逮捕。禁止非法拘禁和以其他方法非法剥夺或者限制公民的人身自由，禁止非法搜查公民的身体。"一般来说，人身自由有广义和狭义两种。"广义的人身自由包括公民的人身自由不受侵犯、住宅不受侵犯、通信自由和通信秘密受法律保护、婚姻自主权利不受侵犯等。狭义的人身自由指公民不

① 杨立新．自由权之侵害及其民法救济［J］．法学研究，1994（4）：10-17.

受非法逮捕、拘禁，人身自由不受非法限制，身体不受非法搜查的权利。”①我们这里仅论述狭义的人身自由权的发展。

改革开放以后，大量农民涌入城市寻求新的生存和发展机会，为城市的发展带来了治安、就业、公共卫生等一系列社会问题。为保障城市的社会秩序和安全稳定，1982 年国务院颁布了《城市流浪乞讨人员收容遣送办法》，按照办法规定，由民政部门为主来实施救济、教育和安置城市流浪乞讨人员的工作，此后 1991 年国务院将收容遣送人员范围进一步扩大到“三无”人员（无身份证、暂住证、务工证的流动人口）。

2003 年 6 月《城市生活无着的流浪乞讨人员救助管理办法》颁布，以“自愿求助，无偿救助”为原则的救助管理制度取代了收容遣送制度，救助管理站也直属民政部门，公安机关不再参与管理。该办法主要针对“因自身无力解决食宿、无亲友投靠、又不享受城市最低生活保障或者农村五保供养，正在城市流浪乞讨度日的人员”实施的救助，同时对受助人的实体权利做了详细规定，充分体现了宪法中保护公民人身自由权、人格尊严不受侵犯的精神，也体现了国家对公民人身权利的关怀和尊重。这些都在一定程度上彰显了国家对农民人身自由的尊重和保护。

（二）农民的迁徙自由权

迁徙自由权，简单地说，即公民享有自由选择自己的生存环境的权利，指公民在本国境内享有选择是否离开原居住地、移居异地并与移居地居民享受同等待遇的自由，我国的居民（主要是农民）迁徙自由权与户籍制度紧密相连。1949 年的《中国人民政治协商会议共同纲领》（以下简称《共同纲领》）第五条明文规定：“中华人民共和国人民有思想、言论……居住、迁徙、宗教信仰及示威游行自由权。”1954 年宪法第九十条延续了迁徙自由，规定“中华人民共和国公民有居住和迁徙自由”。此后由于户籍制度等因素，在实际中并没有得到很好的执行。

改革开放以后，户籍制度改革的呼声越来越高。1984 年的中共中央一号文件《关于一九八四年农村工作的通知》中规定：“一九八四年，各省、自治区、直辖市可选若干集镇进行试点，允许务工、经商、办服务业的农民自理口粮到集镇。”从 20 世纪 90 年代开始，国务院连续发布多个意见和方案，指

---

① 王利明．人格权法新论［M］．长春：吉林人民出版社，1994：175.

导户籍制度改革稳步推进，并提出了取消农业、非农业二元户口以统一城乡户口登记制度的目标，一些地方政府也纷纷采取措施，积极推进户籍管理制度改革。

从2005年开始，公安部开始探索研究进一步深化户籍制度改革的意见，探索建立城乡统一的户口登记管理制度，并将逐步放宽大中城市户口迁移限制。时任国务院总理的温家宝，多次提及户籍制度改革，提出让符合条件的农民工进城落户。2012年，他在政府工作报告中提出，积极稳妥推进户籍管理制度改革，推动实行居住证制度，为流动人口提供更好服务。① 2013年，他在政府工作报告中再次提出，加快推进户籍制度、社会管理体制和相关制度改革，有序推进农业转移人口市民化，逐步实现城镇基本公共服务覆盖常住人口，为人们自由迁徙、安居乐业创造公平的制度环境。②

让农业转移人口尽快融入城市是经济社会发展的一般规律，是历史发展的必然趋势。2014年，时任国务院总理李克强在政府工作报告中指出，统一城乡户口登记制度，有序推进农业转移人口市民化。③

国务院于2014年7月30日发布了《关于进一步推进户籍制度改革的意见》，明确规定取消农业户口与非农业户口性质区分和由此衍生的蓝印户口等户口类型，户口均统一登记为居民户口，到2020年，中国将基本建立新型户籍制度，努力实现1亿左右农业转移人口和其他常住人口在城镇落户。建立居住证制度。公民离开常住户口所在地到其他设区的市级以上城市居住半年以上的，在居住地申领居住证。符合条件的居住证持有人，可以在居住地申请登记常住户口。2022年7月，发展和改革委印发《"十四五"新型城镇化实施方案》，提出持续深化、稳妥有序推进户籍制度改革，坚持把推进农业转移人口市民化作为新型城镇化的首要任务，保障进城落户农民的农村土地承包权、宅基地使用权，提高农业转移人口市民化质量，让有能力、有意愿并长期在城镇务工、经商和生活的农民工及其家属进城落户，将其逐步转为城

---

① 中共中央文献研究室．十七大以来重要文献选编（下）．北京：中央文献出版社，2013：869.

② 中共中央文献研究室．十八大以来重要文献选编（上）．北京：中央文献出版社，2014：187.

③ 2014年政府工作报告［EB/OL］．中国政府网，2014-03-05.

镇居民，对未落户的农业转移人口，建立居住证制度。①

四、农民的自治权

农民自治权体现在村民自治。简单地说，就是给予农民更多的自主权，让农民在乡村生活中依法自主行使民主权利，依法自主生产经营，依法管理自己的生活。

1982年宪法第一百一十一条规定："城市和农村按居民居住地区设立的居民委员会或者村民委员会是基层群众性自治组织。居民委员会、村民委员会的主任、副主任和委员由居民选举。居民委员会、村民委员会同基层政权的相互关系由法律规定。""村民自治"制度的入宪为村民自治权的建立奠定了宪法依据和保障。

为适应家庭承包制的经济体制，促进农村基层社会主义民主的发展，在农村实行村民自治，1987年11月颁布了村民委员会组织法（试行），规定了村民委员会是基层群众性自治组织，是村民实行内部自治的权力机构，由村民自我管理、自我教育、自我服务，由村民依法办理自己的事情，保障农村村民实行自治，维护村民的合法权益，使农村的基层民主与农民的民主权利得到真正保障。

为适应农村经济和基层民主的发展，推进村民自治权的深入发展，1998年11月再次修订和颁布了《中华人民共和国村民委员会组织法》（以下简称村民委员会组织法），赋予了农民广泛的自治权利和民主权利，规定村民委员会实行民主选举、民主决策、民主管理、民主监督制度。村民委员会组织法从法律上确立了村民自治与农民民主权利之间的内在联系，村民自治不是单纯的建立村民委员会，而是通过自治组织保障和实现农民参与本村公共事务的民主权利，在农村范围内履行人民当家作主的权利。② 2019年1月，修订后的《中国共产党农村基层组织工作条例》，明确了坚持和加强党对农村工作的全面领导，对提高党的农村基层组织建设的质量具有重大意义。

党的十八大报告提出："在城乡社区治理、基层公共事务和公益事业中实

---

① 国家发展改革委关于印发"十四五"新型城镇化实施方案的通知［EB/OL］. 中国政府网，2022-06-21.

② 贺海仁. 村民自治：中国民主政治实践的重要组成部分［J］. 人民论坛，2013（26）：22-25.

行群众自我管理、自我服务、自我教育、自我监督，是人民依法直接行使民主权利的重要方式。"① 这充分肯定了村民自治这项基层民主制度的合法性和规范性地位，村民自治制度的改革和完善都应当体现人民当家作主，实行全过程人民民主的特点，将公民的宪法权利和农民的自治权利紧密结合起来，从而推进当代农民自治权的不断发展和完善。

为进一步强化村民委员会的法律地位，更好地为村民服务，改变村民委员会无独立的主体资格，无法以自己的名义依法独立参与各类民事活动的现状，民法典第一百零一条规定，村民委员会成立之日即取得基层群众性自治组织法人资格，可以从事为履行职能所需要的民事活动，独立承担法律责任。对于没有设立村集体经济组织的，村民委员会可以依法代行村集体经济组织的职能。此外，为更好地建构乡村治理体系，建设充满活力、和谐有序的善治乡村，《中华人民共和国乡村振兴促进法》（以下简称乡村振兴促进法）明确规定村民委员会、农村集体经济组织等应当在乡镇党委和村党组织的领导下，实行村民自治，维护农民合法权益并接受村民监督。同时，其第四十五条规定："乡镇人民政府应当指导和支持农村基层群众性自治组织规范化、制度化建设，健全村民委员会民主决策机制和村务公开制度，增强村民自我管理、自我教育、自我服务、自我监督能力"。综上所述，农村基层群众自治制度得到了更为具体和有效的完善。

五、农民的结社权

结社权是宪法规定的一项基本权利，农民的结社权是宪法赋予农民的权利之一。简单地说，农民结社权是农民依照法律规定组织、参加社会团体的自由。通过结社来维护和实现农民政治权利、影响农民的其他权利，并且对发展农业生产力、推动农村改革发展和乡村振兴都具有非常重要意义。

我国宪法对公民的结社自由权作了规定，《共同纲领》第五条规定："中华人民共和国人民有思想、言论、出版、集会、结社、通讯、人身、居住、迁徙、宗教信仰及示威游行的自由权。" 1954 年宪法第八十七条规定："中华人民共和国公民有言论、出版、集会、结社、游行、示威的自由。"随后的 1975 年宪法第二十八条规定："公民有言论、通信、出版、集会、结社、游

①

行、示威、罢工的自由。”1978 年宪法第三十五条规定：“中华人民共和国公民有言论、出版、集会、结社、游行、示威的自由。”1982 年宪法第三十五条规定“中华人民共和国公民有言论、出版、集会、结社、游行、示威的自由。”我国目前在法律层面尚无关于结社的基本法律，共出台了三部关于社会团体登记管理的法规，有 1950 年《社会团体登记暂行办法》、1989 年《社会团体登记管理条例》以及 1998 年《社会团体登记管理条例》，对保障公民的结社自由、维护社会团体的合法权益起到了一定的作用。但农民行使结社自由权的主要形式——农民协会（农会），其法律依据首先是 1950 年 6 月中央政府通过的土地改革法，规定农民协会为“改革土地制度的合法执行机关”，同年 7 月政务院通过了《农民协会组织通则》，再一次明确农民协会是“农村中改革土地制度的合法执行机关”。1953 年土地复查结束后，逐步组建乡村政权机构，原农民骨干转为乡村干部，农会的工作亦为乡村政权所取代。① 此后，1964 年 6 月中共中央发出《关于印发〈中华人民共和国贫农下中农协会组织条例（草案）〉的指示》规定：“贫农下中农协会，是在中国共产党领导下的，由贫农、下中农自愿组成的，革命的群众性的阶级组织。”② 它是共和国历史上存续时间最长的一个农民群众组织，十一届三中全会后，有些贫协也从事了农会的工作，贫协作为“阶级组织”的政治色彩开始消退，但中央始终未发表过建立农会的正式文件，中央既未撤销贫协，也未全面改建农会，这就使尚存的贫协和已建的农会均缺乏法律依据，到 20 世纪 80 年代中期最后尚存的贫协和全国唯一的湖北省农会也被撤销。

因此，在我国目前缺少代表广大农民权利的全国性团体组织。以一定立法的形式保护农民的结社自由权，建立农民的群众组织是当今乡村振兴建设中推动农民发展，维护农民权利的基本组织保证，也是落实和保障宪法规定的农民结社权的必然选择。

① 张英洪，周作翰．当代中国农民的结社权［J］．云梦学刊，2006（6）：70-75.

② 中共中央文献研究室．建国以来重要文献选编（第十八册）［M］．北京：中央文献出版社，1998：584.

第二节 农民经济权利法律规定的演变和审视

经济权利是公民依照宪法的规定享有的经济利益方面的权利，其内容构成，学界观点各异，一种认为经济权利包括劳动权、休息权、物质帮助权和取得赔偿权等;① 一种认为社会经济权利有公民个人财权、劳动权、休息权、获得物质帮助权（现称社会保障权）;② 还有一种认为经济权利包括劳动权、休息权和获得基本生活保障权等;③ 还有部分学者对农民的经济权利的论述主要体现在财产权上,④ 我们在这里论述农民的经济权利也主要涉及农民的财产权（土地财产权）。

公民的财产权受宪法和法律的保护，1982 年《宪法》第十三条规定“国家保护公民的合法的收入、储蓄、房屋和其他合法财产的所有权。”“国家依照法律规定保护公民的私有财产的继承权。”但是学界对农民的财产权概念一直模糊,⑤ 但不可否认土地权利是农民的财产权的主要组成部分，新中国成立以来，农民土地权利的法律演变更是直接体现了农民财产权的变化，农民土地权利立法经历了四个阶段，不同阶段各项权利制度的设置、分配各不相同。

一、第一阶段：土地革命时期

这个时期的基本特征表现为农民私有，农民经营，即私有私营。1950 年 6 月中央人民政府颁布了《中华人民共和国土地改革法》，宣布在全国“废除地主阶级封建剥削的土地所有制，实行农民的土地所有制，借以解放农村生产力，发展农业生产，为新中国的工业化开辟道路”。⑥ 该法规定对土地通过没收和征收两种方式来实现改革，没收主要针对“地主的土地、耕畜、农具、

---

① 韩德培．人权的理论与实践［M］．武汉：武汉大学出版社，1995：576.

② 许崇德．宪法学（ 中国部分）［M］．北京：高等教育出版社，2000：362.

③ 赵世义．资源配置和权利保障［M］．西安：陕西人民出版社，1998：183.

④ 赵万一．中国农民权利的制度重构及其实现途径［J］．中国法学，2012（2）：5-17.

⑤ 孔祥智，刘同山．赋予农民更多财产权利：必要性、内涵与推进策略［J］．教学与研究，2014（1）：27-34.

⑥ 中共中央文献研究室．建国以来重要文献选编（第一册）［M］．北京：中央文献出版社，1992：291.

多余的粮食及其在农村中多余的房屋。但地主的其他财产不予没收”。征收主要涉及“征收祠堂、庙宇、寺院、教堂、学校和团体在农村中的土地及其他公地。但对依靠上述土地收入以维持费用的学校、孤儿院、养老院、医院等事业，应由当地人民政府另筹解决经费的妥善办法。”另外，“工商业家在农村中的土地和原由农民居住的房屋，应予征收。”对于“富农所有之出租的小量土地，亦予保留不动；但在某些特殊地区，经省以上人民政府的批准，得征收其出租土地的一部或全部”。①

到1952年年底，全国土地改革基本完成，无地或少地的农民分到了土地，封建土地制度彻底被废除了，实行了农民土地私有制，农民是土地的所有者、经营者，享有对土地的占有、使用、收益和处分的权能。此后，1954年《宪法》第八条明确规定“国家依照法律保护农民的土地所有权和其他生产资料所有权。”由此进一步确认了农民土地所有权。这一制度变迁符合农民的意愿，大大促进了农业的发展，为新中国的工业化开辟了道路。

二、第二阶段：农业合作化和人民公社时期

这个时期的基本特征表现为集体所有，集体经营，即公有公营。国家以立法形式推进互助组、初级农业生产合作社到高级农业生产合作社的成立，最后逐步将农民土地的所有权与使用权都改变为集体所有。1952年，在全国土地改革基本完成以后，开始了全国性的互助合作化运动。1953年到1955年，中共中央颁布了《关于农业生产互助合作的决议（草案）》《关于发展农业生产合作社的决议（草案）》《农业生产合作社示范章程（草案）》等文件，规定以自愿互助组、初级农业合作社的形式，农民将土地入股合作社，土地使用权归集体，土地所有权仍归农民；1956年6月颁布了《高级农业生产合作社示范章程》，规定生产队是人民公社中的基本核算单位，“入社的农民必须把私有的土地和耕畜、大型农具等主要生产资料转为合作社集体所有”。即在高级农业合作社时，土地逐步从农民所有转化为集体所有，即土地的所有权和使用权都属于集体所有。

1958年，根据中央出台的《关于在农村建立人民公社问题的决议》《关

---

① 中共中央文献研究室．建国以来重要文献选编（第一册）［M］．北京：中央文献出版社，1992：336-337.

于人民公社若干问题的决议》，各地高级农业生产合作社都陆续升级为政社合一的人民公社。中央又于 1962 年 9 月通过《农村人民公社工作条例修正草案》，其中规定："生产队范围内的土地，都归生产队所有。生产队所有的土地，包括社员的自留地、自留山、宅基地等，一律不准出租和买卖。"由此进一步确立了人民公社体制下的集体所有的制度。

此后我国 1975 年宪法和 1978 年宪法确认了这项土地权利制度和农村人民公社的性质，其中 1978 年宪法第七条规定："农村人民公社经济是社会主义劳动群众集体所有制经济，现在一般实行公社、生产大队、生产队三级所有，而以生产队为基本核算单位。生产大队在条件成熟的时候，可以向大队为基本核算单位过渡。"同时该法也规定："在保证人民公社集体经济占绝对优势的条件下，人民公社社员可以经营少量的自留地和家庭副业，在牧区还可以有少量的自留畜。"这表明土地属于集体所有，统一经营。土地制度的演变在一定程度上促进了农业生产的稳步增长，为社会主义改造和提高农民财产收入做出了巨大贡献，但也导致了农业生产效率长期低下，农业生产发展趋缓，也预示着进行土地制度改革创新势在必行。

三、第三阶段：改革开放以来

这个时期的基本特征表现为集体所有、家庭承包经营，即公有私营。十一届三中全会以后，通过一系列渐进式的制度改革和创新，国家逐步确立了集体土地所有权和农户土地承包经营权"两权分离"的土地制度，调动了农民的生产积极性，也保障了农民享有平等的生存权和发展权，解决了十多亿人口的吃饭问题。

（一）确定了农村集体土地所有制

1982 年宪法第十条规定："城市的土地属于国家所有。农村和城市郊区的土地，除由法律规定属于国家所有的以外，属于集体所有；宅基地和自留地、自留山，也属于集体所有。"与之配套，1986 年颁布的民法通则第七十四条规定："劳动群众集体组织的财产属于劳动群众集体所有，包括：（一）法律规定为集体所有的土地和森林、山岭、草原、荒地、滩涂等；（二）集体经济组织的财产；（三）集体所有的建筑物、水库、农田水利设施和教育、科学、文化、卫生、体育等设施；（四）集体所有的其他财产。集体所有的土地依照法律属于村农民集体所有，由村农业生产合作社等农业集体经济组织或者村民委员会经营、管理。已经属于乡（镇）农民集体经济组织所有的，可以属于乡（镇）农民集体所有。”1998 年修订后的土地管理法还规定：“农民集体所有的土地依法属于村农民集体所有的，由村集体经济组织或者村民委员会经营、管理；已经分别属于村内两个以上农村集体经济组织的农民集体所有的，由村内各该集体经济组织或者村民小组经营、管理；已经属于乡（镇）农民集体所有的，由乡（镇）农村集体经济组织经营、管理。”以上规定最终确认了包括组所有、村所有、乡（镇）所有的多元的农村集体土地所有制，① 完善和充实了土地的使用、经营、管理等各方面规定内容。

（二）确立了家庭联产承包责任制

20 世纪 80 年代初，以“包产到户、包干到户”为标志的家庭经营体制确立，以家庭联产承包为主的责任制使土地的所有权与使用权分离，农民以人头或劳动力为依据承包原来由生产队代表农民群众集中占有的土地（包括耕地、山林、果园、草场、水面等），享有对土地的使用收益权利，这种权利被称为“土地承包经营权”。为保证家庭联产承包责任制顺利实施，农村土地承包相关法律不断完善，1993 年宪法修正案以基本法确立和赋予了农民的土地承包经营权，2002 年颁布的农村土地承包法以专门法律对土地承包经营权的取得、保护、流转等进行了明确和规范。

第一，确认土地承包经营权的法律地位。《中华人民共和国民法通则》第八十条第二款规定：“公民、集体依法对集体所有的或者国家所有由集体使用的土地的承包经营权，受法律保护。承包双方的权利和义务，依照法律由承包合同规定。”宪法 1993 年修正案第六条规定：“农村中的家庭联产承包为主的责任制和生产、供销、信用、消费等各种形式的合作经济，是社会主义劳动群众集体所有制经济。”

第二，确保农民获得土地承包经营权和生产自主权。1993 年颁布的《中华人民共和国农业法》（以下简称农业法）第十条规定：“国家实行农村土地承包经营制度，依法保障农村土地承包关系的长期稳定，保护农民对承包土地的使用权。”第七十二条规定：“各级人民政府、农村集体经济组织或者村民委员会在农业和农村经济结构调整、农业产业化经营和土地承包经营权流

① 张晓山．中国农村土地制度变革的回顾和展望［J］．学习与探索，2006（5）：172-179，237.

转等过程中，不得侵犯农民的土地承包经营权，不得干涉农民自主安排的生产经营项目，不得强迫农民购买指定的生产资料或者按指定的渠道销售农产品。”

第三，确立土地承包关系和承包期限。1998 年，经修改后颁布的土地管理法，其第十四条规定：“农民集体所有的土地由本集体经济组织的成员承包经营，从事种植业、林业、畜牧业、渔业生产。土地承包经营期限为三十年。发包方和承包方应当订立承包合同，约定双方的权利和义务。承包经营土地的农民有保护和按照承包合同约定的用途合理利用土地的义务。农民的土地承包经营权受法律保护。”2002 年颁布的农村土地承包法第二十条对耕地、草地和林地的承包期规定分别为三十年、三十年至五十年以及三十年至七十年；特殊林木的林地承包期，经国务院林业行政主管部门批准可以延长。

第四，初步确定了土地承包经营权的物权化。农村土地承包法第十六条规定了承包方农户的权利：“（一）依法享有承包地使用、收益和土地承包经营权流转的权利，有权自主组织生产经营和处置产品；（二）承包地被依法征收、征用、占用的，有权依法获得相应的补偿。”它的实施标志着土地承包经营权基本实现了由政策性权利向法定性权利的转变，并初步实现了由债权性权利向物权性权利的转变。①

第五，加大了对土地承包人权利的保护力度。2007 年颁布的《中华人民共和国物权法》把农村土地承包经营权定位为用益物权。该法第一百二十五条的规定：“土地承包经营权人依法对其承包经营的耕地、林地、草地等享有占有、使用和收益的权利。”第一百二十六条做出了对耕地、草地、林地等的承包期限问题的规定：“承包期届满，由土地承包经营权人按照国家有关规定继续承包。”最终以立法形式明确了农村土地承包经营权的物权性质，更重要的是，加大了对农村土地承包人权利保护力度，有利于稳定土地承包经营关系，使承包经营权确实成为农民长期稳定的权利。

四、第四阶段：中国特色社会主义新时代

这个时期的基本特征表现为坚持集体所有权，稳定农户承包权，放活土地经营权，即实行“三权分置”。随着我国经济快速发展，为适应社会主义市

① 王金堂．土地承包经营权制度的困局与解破［D］．重庆：西南政法大学，2012：10-11.

场经济体制、乡村振兴战略发展的需要，以习近平同志为核心的党中央对土地改革进行了重大部署，将党中央关于农村承包地、集体经营性建设用地和农村宅基地“三块地”改革的政策和成功经验及时上升为法律规范，农村土地承包法、土地管理法等法律围绕农村土地制度改革进行了修改，民法典对关于农村承包地、建设用地等问题也作出了创新性规定。

（一）关于农村土地承包法的规定

城镇化进程快速推进，越来越多取得承包经营权的农民进城务工，导致承包土地流转速度和面积不断扩大，涌现大量真正实际参与农业经营的家庭农场、农民专业合作社等新型经营主体，以习近平同志为核心的党中央对深化农村集体土地制度改革提出了一系列的方针政策，为各地方进行农村土地制度改革的实践探索提供了坚实的理论指导。这个阶段在土地承包制度上表现为集体所有、家庭承包，多元经营，实现了农村土地由“集体所有、家庭经营”向“集体所有、农户承包、多元经营”的转变。2002 年颁布实施的农村土地承包法中的一些规定已难以适应发展需要，为了将习近平把党对新时代农业农村工作的一些重大决策部署和各地的农村土地实行“三权分置”的创新实践经验上升为法律制度，更好地保障承包农户和经营农户的合法权益，从而更有效地推动乡村振兴的全面发展，2018 年修改的农村土地承包法明确了农村集体所有权、农户承包权、土地经营权“三权分置”，为中国由农业大国向农业强国转型奠定重要的土地制度基础。

一是确立了承包地的农村集体土地所有权、农户的承包经营权、土地经营权的“三权分置”制度。农村土地承包法第九条规定：“承包方承包土地后，享有土地承包经营权，可以自己经营，也可以保留土地承包权，流转其承包地的土地经营权，由他人经营。”这标志着经营权从承包经营权中分置出来，“三权分置”的制度体现了在保护所有权和承包权的前提下，兼顾承包农民与新型农业经营主体不同的利益需求，国家既保护承包方依法、自愿、有偿流转土地经营权，也平等保护土地经营权人的合法权益。

二是明确了农村土地承包关系保持稳定并长久不变。农村土地承包法第一条规定：“为了巩固和完善以家庭承包经营为基础、统分结合的双层经营体制，保持农村土地承包关系稳定并长久不变，维护农村土地承包经营当事人的合法权益，促进农业、农村经济发展和农村社会和谐稳定，根据宪法，制定本法。”此外，其第二十一条第二款规定，耕地承包期届满后再延长三十年，草地、林地承包期届满后依照规定相应延长。土地承包期限的延长，一方面给予承包农民以稳定的经营预期，适合承包农民和土地经营权人进行长期投入，更好地维护了农民的土地财产权利；另一方面有利于巩固和完善农村基本经营制度。

三是明确了保护进城落户农民的土地承包经营权。农村土地承包法第二十七条规定："承包期内，发包方不得收回承包地。国家保护进城农户的土地承包经营权。不得以退出土地承包经营权作为农户进城落户的条件。承包期内，承包农户进城落户的，引导支持其按照自愿有偿原则依法在本集体经济组织内转让土地承包经营权或者将承包地交回发包方，也可以鼓励其流转土地经营权。承包期内，承包方交回承包地或者发包方依法收回承包地时，承包方对其在承包地上投入而提高土地生产能力的，有权获得相应的补偿。"也就是说发包方不再有收回进城落户农民承包地的权利，而是由进城农民自主选择，自由处分土地承包经营权。

（二）关于土地管理法的规定

2020 年修改的土地管理法以保护耕地、维护农民土地权益、保障城镇化发展为出发点，针对农村土地制度存在的突出问题，做出了多项重大修改和突破。

其一，规定集体经营性建设用地可以入市。土地管理法第六十三条规定："土地利用总体规划、城乡规划确定为工业、商业等经营性用途，并经依法登记的集体经营性建设用地，土地所有权人可以通过出让、出租等方式交由单位或者个人使用，并应当签订书面合同，载明土地界址、面积、动工期限、使用期限、土地用途、规划条件和双方其他权利义务。"同时，还提到了集体经营性建设用地的出让、出租等，应当经本集体经济组织成员的村民会议三分之二以上成员或者三分之二以上村民代表的同意。通过出让等方式取得的集体经营性建设用地使用权可以转让、互换、出资、赠与或者抵押。这一规定破除了集体建设用地不能与国有建设用地同权同价同等进入市场的二元体制，为推进城乡融合发展清除了法律障碍。

其二，落实宅基地的用益物权。其第六十二条规定："人均土地少、不能保障一户拥有一处宅基地的地区，县级人民政府在充分尊重农村村民意愿的基础上，可以采取措施，按照省、自治区、直辖市规定的标准保障农村村民实现户有所居。"这项规定基于在原来一户一宅的基础上，增加了宅基地户有所居的规定，完善了一户一宅的农村宅基地制度。同时该款还规定，“国家允许进城落户的农村村民依法自愿有偿退出宅基地，鼓励农村集体经济组织及其成员盘活利用闲置宅基地和闲置住宅。”这意味着地方政府不得违背农民意愿强迫农民退出宅基地。

其三，改革土地征收制度。随着城镇化征地规模的不断推进，征地引发了一系列社会矛盾。在对全国33个试点地区进行探索的基础上，土地管理法针对土地征收制度做出了许多重大改革：一是明确界定土地征收的公共利益范围。土地管理法第四十五条规定：因军事和外交、政府组织实施的基础设施、公共事业、扶贫搬迁和保障性安居工程建设需要以及成片开发建设等六种情形，确需征收的，可以依法实施征收。采用列举式进行限定，这一规定缩小了征地范围，有效限制了政府滥用征地权，对保障被征地农民的合法权益和长远生计具有重要作用。二是为被征地农民构建完善的法律保障机制。土地管理法第四十八条规定：“征收土地应当给予公平、合理的补偿，保障被征地农民原有生活水平不降低、长远生计有保障。”一方面以立法形式确立了征收补偿的基本原则，另一方面增加了地上附着物和青苗等相关补偿费用、被征地农民社会保障费用的规定，提高了征收补偿标准。“征收土地应当依法及时足额支付土地补偿费、安置补助费以及农村村民住宅、其他地上附着物和青苗等的补偿费用，并安排被征地农民的社会保障费用。”“对其中的农村村民住宅，应当按照先补偿后搬迁、居住条件有改善的原则，尊重农村村民意愿，采取重新安排宅基地建房、提供安置房或者货币补偿等方式给予公平、合理的补偿，并对因征收造成的搬迁、临时安置等费用予以补偿，保障农村村民居住的权利和合法的住房财产权益。”对于征收农用地的土地补偿费、安置补助费的标准问题，则由省、自治区、直辖市通过制定公布区片综合地价确定。三是改革土地征收程序。土地管理法将征地公告前置，规定县级以上地方人民政府拟申请征收土地的，要在拟征收土地所在的乡（镇）和村、村民小组范围内征地提前公告至少三十日，听取被征地的农村集体经济组织及其成员、村民委员会和其他利害关系人的意见，而且必须与拟征收土地的所有权人、使用权人就补偿安置等签订协议。其第四十七条规定：“多数被征地的农村集体经济组织成员认为征地补偿安置方案不符合法律、法规规定的，县级以上地方人民政府应当组织召开听证会，并根据法律、法规的规定和听证会情况修改方案。”这些规定对充分保障和落实被征地的农村集体经济组织和农民的知情权、参与权和监督权具有重要意义。

（三）关于民法典的规定

民法典对农村承包地、建设用地、宅基地三地问题，均作出了相应的规定。

其一，以法典形式确立农村承包地的“三权分置”。民法典在农村土地承包法等法律基础上，明确了土地所有权由农民集体经济组织代表行使，土地承包经营权由集体经济组织承包农户专享，规定了农户可以依法享有对其承包经营的耕地、林地、草地等占有、使用和收益的权利，当然承包农户可以自己使用，也可以选择最符合其利益诉求的合理方式流转其承包的土地，自主决定依法采取出租、入股或者其他方式对外流转其土地经营权，而且流转期限届满后、流转期间遇到征地拆迁或承包期限届满后，只要农户仍具备本集体经济组织成员资格，农户仍然享有土地承包经营权，并有权获取相应的补偿和安置，让进城务工的农民没有后顾之忧，放心地流转承包地。而土地经营权人有权在合同约定的期限内占有农村土地，自主开展农业生产经营并取得收益，从而形成“三权分置”的法律制度框架。对于土地经营权，民法典主要通过第三百三十九条、第三百四十条和第三百四十一条作出规定。在流转主体上，各类农业新型经营主体既可以从农民手中流转土地经营权，也可以从农村集体经济组织处直接流转土地经营权。在流转方式上，可以通过出租、入股等方式获取短期或长期的土地经营权，土地经营权人有权在合同约定的期限内占有农村土地，自主开展农业生产经营并取得收益。对流转期限为五年以上的土地经营权，更适合进行长期的投资经营，提高了土地的利用效率，也更好地维护了权利的独立性，而且土地经营权依法登记后，土地经营权人可以用土地经营权抵押融资，帮助农民解决了融资困难的问题，有助于农民享有更多的财产权利。民法典主要在第十三章中专门对宅基地使用权的权利内容、宅基地使用权的取得、登记、行使和转让以及宅基地灭失后的重新分配、宅基地不得抵押等事项作出了规定，而对宅基地“三权分置”的问题，民法典并未作明确规定。

其二，明确规定征收过程中农村村民住宅的补偿费用。民法典第二百四十三条第二款规定：“征收集体所有的土地，应当依法及时足额支付土地补偿费、安置补助费以及农村村民住宅、其他地上附着物和青苗等的补偿费用，并安排被征地农民的社会保障费用，保障被征地农民的生活，维护被征地农民的合法权益。”该规定与土地管理法相对应，建立了对被征地农民全面的合法的多维保障机制。

民法典在对部分地区试点的土地改革成果的基础上，对用益物权、担保物权制度作了相关修改，对农村土地权利体系做出了新的构建。但是，如何在进一步保障农民基本居住权利的同时，采取多种措施，盘活闲置的农村宅基地，实施宅基地所有权、资格权、使用权“三权分置”，保证宅基地使用权在一定条件下进入市场并提高其价值，从而提高村集体及农民等多元主体的财产性收入，亟需民法典加强法理研究。

第三节　农民社会权利法律规定的演变和审视

国外和国内的法律以及学界关于社会权利的涵义、范围众说纷纭，即使在法学领域，法学家们也不能对此达成共识，但大部分的观点基本相同，这里引用龚向和关于社会权利的观点，他认为：“社会权是指公民依法享有的，主要是要求国家对其物质和文化生活积极促成以及提供相应服务的权利”。①社会权利主要体现在国际人权公约及各国宪法之中，它也是我国宪法规定的重要的基本权利类型，我国宪法规定的社会权利的种类主要有劳动权、休息权、生存权、受教育权、获得物质帮助权等。②而权利的种类往往是随着社会经济的发展而不断完善，社会权利并不是一种单一的权利类型，而是集多种权利于一身的“权利束”，是一个保障人们体面生活、有尊严生存的多种类型权利的集合体。③ 我们主要围绕农民的劳动权、教育权和社会保障权来论述。

一、农民的劳动权

公民享有劳动权，这是宪法赋予公民的一项基本权利。有学者认为劳动权即指工作权，即“公民享有的使自己劳动力与生产资料结合实现职业劳动

① 龚向和．社会权的概念［J］．河北法学，2007（9）：49-52.

② 韩大元，林来梵，郑贤君．宪法学专题研究［M］．北京：中国人民大学出版社，2004：273.

③ 胡玉鸿．论社会权的性质［J］．浙江社会科学，2021（4）：41-49，157.

的权利"①。有学者认为劳动权是劳动者在劳动法律关系中享有劳动就业权、择业和变更职业的自由、取得报酬权以及劳动保护、社会救济权利的总称。②农民劳动权的主要内容，就实体权利来说，主要包括就业竞争权、自由择业权、平等就业权、职业安定权、公共就业保障权。③ 在这里，主要针对劳动权中平等就业权和自由择业权这两个方面进行论述。

新中国成立以来，国家逐渐重视对农民就业权和择业权的法律保护问题，一系列政策和法律陆续出台，对农民就业和择业给予了越来越多的重视。我国 1954 年、1975 年和 1978 年宪法规定："公民有劳动的权利。"其中 1954 年宪法还规定："中华人民共和国公民有居住和迁徙的自由。"1982 年宪法第四十二条规定："公民有劳动的权利和义务"，同时规定："国家通过各种途径，创造劳动就业条件，加强劳动保护，改善劳动条件，并在发展生产的基础上，提高劳动报酬和福利待遇。"这体现了国家从宪法层面上对农民劳动权给予的保障。

1989 年，国务院办公厅颁布了《关于严格控制民工外出的紧急通知》，直到 20 世纪 90 年代中期开始逐步放开农民跨省就业，为了引导农村劳动力跨地区有序流动，1994 年劳动部颁发《农村劳动力跨省流动就业管理暂行规定》。此后 1994 年颁布的《中华人民共和国劳动法》第三条规定："劳动者享有平等就业和选择职业的权利、取得劳动报酬的权利、休息休假的权利、获得劳动安全卫生保护的权利、接受职业技能培训的权利、享受社会保险和福利的权利、提请劳动争议处理的权利以及法律规定的其他劳动权利。"但劳动法中的劳动者并不包含农村劳动者，除非农民进城务工、经商。2007 年颁布的劳动合同法，虽然其适用范围比劳动法扩大了许多，对平等就业权、接受职业培训等方面的权利也给予了规定，但农村劳动者仍被排除在适用范围之外，除非农民进城务工与用人单位建立劳动关系，才受劳动合同法调整和保护。

2003 年，针对在一些地方农民进城务工就业受到一些不合理限制，农民工的合法权益得不到有效保护，拖欠克扣工资、乱收费等现象，国务院办公

① 沈同仙．劳动权探析［J］．法学，1997（8）：32-35.

② 刘嗣元．谈市场经济条件下公民劳动权的实现［J］．法商研究（中南政法学院学报），1995（5）：4-8.

③ 王全兴．劳动法［M］．北京：法律出版社，2008：343.

厅发布《关于做好农民进城务工就业管理和服务工作的通知》（国办发〔2003〕1号）其中指出，“取消对农民进城务工就业的职业工种限制，不得干涉企业自主合法使用农民工”，“对农民工和城镇居民应一视同仁”。

2008年实施的就业促进法较之以前的法律，更强调了城乡劳动者平等就业，严禁就业歧视，而且对农民等弱势群体的就业作出了特殊倾斜保护的规定，如该法第二十条规定：“国家实行城乡统筹的就业政策，建立健全城乡劳动者平等就业的制度，引导农业富余劳动力有序转移就业。”第三十一条规定：“农村劳动者进城就业享有与城镇劳动者平等的劳动权利，不得对农村劳动者进城就业设置歧视性限制。”第五十条规定：“地方各级人民政府采取有效措施，组织和引导进城就业的农村劳动者参加技能培训，鼓励各类培训机构为进城就业的农村劳动者提供技能培训，增强其就业能力和创业能力。”同时该法还规定了程序性权利，“违反本法规定，实施就业歧视的，劳动者可以向人民法院提起诉讼”。这部法律的颁布，表明党中央对农民就业自由权和平等就业权的高度关注和重视，有利于为农村富余劳动力在城乡区域间自由有序的流动创造公平公正的就业环境。

2014年7月国务院发布《关于进一步推进户籍制度改革的意见》。根据这一文件，我国“取消农业户口与非农业户口性质区分和由此衍生的蓝印户口等户口类型，统一登记为居民户口”。这预示着要建立与城乡户口登记制度相适应的统一的教育、卫生、社保、就业、土地、住房及人口统计制度，使城乡居民逐步平等享有公共服务和社会福利待遇。户籍制度的改革在一定程度上实现了几亿农民工及其他常住人口的创业梦和安居梦，这是切实实现农民劳动权的契机。

进入新发展阶段，随着全面实施乡村振兴战略的深入推进，乡村振兴迫切需要农民工返乡发展，为鼓励农民及返乡入乡人员积极投身乡村的创业创新活动，促进农民自主就业，乡村振兴促进法第二十条规定：“各级人民政府应当完善扶持政策，加强指导服务，支持农民、返乡入乡人员在乡村创业创新，促进乡村产业发展和农民就业”。针对用人单位拖欠农村居民即农民工工资现象，为确保付出劳动的农民工能按时足额获得劳动报酬，《保障农民工工资支付条例》从主体责任、规范工资支付形式与周期、明确用人单位的清偿责任、拖欠工资的法律责任及农民工维权渠道等方面进行了规定。但是，在法律层面上，农民的就业权利尚未得到充分体现和保障。因此，出台专项反就业歧视法，建立操作性强的救济措施和纠纷处理机制，以真正确保农民劳动者获得及时有效的救济。同时进行户籍制度改革，取消城乡之间的身份差异，拆除横亘在城乡人民群众之间的藩篱，才能够真正实现农民的平等就业和自主择业。

二、农民的受教育权

"受教育是社会与个人的共同要求，在法律上应表现为权利与义务的统一"。[①] 宪法规定，"中华人民共和国公民享有受教育的权利和义务。"学界对受教育权的解释各不相同，一般大致涵盖了两个方面：一是从平等权利的角度，提出国家要为实现公民的受教育权提供均等的受教育机会与条件；二是从公民自身发展的角度，提出公民可以通过接受教育完善其人格及生存能力，并获得应有的自我发展。[②] 新中国成立以来，我国一直高度重视公民平等的受教育权。1954 年宪法、1975 年宪法和 1978 宪法都规定了公民享有受教育的权利，1982 年宪法第四十六条明确规定："中华人民共和国公民受教育的权利和义务。"这里提出受教育既是公民的权利也是公民的义务，同时第十九条规定："国家举办各种学校，普及初等义务教育，发展中等教育、职业教育和高等教育，并且发展学前教育。""对工人、农民、国家工作人员和其他劳动者进行政治、文化、科学、技术、业务的教育，鼓励自学成才。"1995 年公布的《中华人民共和国教育法》（以下简称教育法）第九条规定："公民不分民族、种族、性别、职业、财产状况、宗教信仰等，依法享有平等的教育机会。"至此，形成了以宪法为中心，以教育法、《中华人民共和国高等教育法》（以下简称高等教育法）、《中华人民共和国职业教育法》（以下简称职业教育法）和义务教育法等 8 个教育法律为主体（框架），16 个教育行政法规，100 余个地方性教育法规，200 多个教育部门规章和地方性规章，保护公民受教育权的中国特色社会主义教育法律法规体系。[③] 其中宪法、教育法、义务教育法、高等教育法、职业教育法规定了针对所有公民的受教育权问题，农民及其子女平等的受教育权也理应同样受这些法律的调整和保护。但是，我国尚未有一

① 劳凯声．教育法论［M］．南京：江苏教育出版社，1993：101.

② 戚渊．论公民权行使的条件［C］//龚祥瑞．宪政的理想与现实——宪法与宪政研究文集．北京：中国人事出版社，1995：103.

③ 叶齐炼．完善我国教育法律体系的思考［J］．中国高教研究，2019（2）：16-20.

部完备规范的教育法律基本法，无论在实体上还是程序上均有很多立法空白，特别是针对农民教育的规定少，只有农业法、职业教育法、乡村振兴促进法等规定了农民教育和农民职业教育的基本要求，如农业法第七条规定，“国家依靠科学技术进步和发展教育振兴农业。”第四十八条规定，“各级人民政府应逐步增加农业科技经费和农业教育经费，发展农业科技、教育事业。”第四十九条规定，“国家在农村实施义务教育，发展农业职业教育，提高农业劳动者的文化、技术素质。”我国农民文化水平和教育程度大多偏低，缺乏学习农业新知识、新技术的自主意识，国家在不同的教育领域制定的关于保障成年农民及其子女的受教育权的相关法律法规，相应地提高了他们的文化教育水平。

第一，在义务教育领域。主要的法律体现在 1986 年颁布的义务教育法，该法只有 18 条原则性的法律条文，但“国家实行九年制义务教育”从此成为公民的法定权利和义务。2006 年，全国人大常委会审议修订并通过了新的义务教育法，提出义务教育要均衡发展，其中增加了不收杂费的内容，建立农村义务教育经费的分担机制，强调了对流动人口子女在非户籍所在地的义务教育的问题，并规定居住地人民政府应当为流动人口子女提供平等的接受义务教育的条件。这对缩减地区之间、城乡之间乃至学校之间发展差距，为教育走上均衡发展的道路发挥了巨大的作用。此后，国务院 2014 年 7 月公布的《关于进一步推进户籍制度改革的意见》，为随迁子女的教育问题提供了政策层面的保障。该意见中强调，应统筹推进户籍制度改革和相关经济社会领域的相关改革，合理引导农业人口向城镇有序转移并顺利实现市民化，推动农业转移人口市民化。① 其中特别是，随迁子女教育问题作为实现市民化的关键环节，得到了重点关注。2016 年 1 月《居住证暂行条例》进一步明确了居住证持有人的权利，包括享有接受义务教育的服务，大力推动了随迁子女在流入地接受教育并且参加升学考试，提高了随迁子女接受义务教育的质量。总之，在这些政策的推动下，随迁子女的教育问题得到越来越多的关注和重视，对改善农民工及其子女平等接受义务教育的机会和条件等方面起到一定的作用，向着“学得好”的方向继续努力，更为农民工及其子女平等接受义务教

① 新华社．国务院印发《关于进一步推进户籍制度改革的意见》［EB/OL］．中国政府网，2014-07-30.

育奠定了法律依据。

第二，在高等教育领域。主要是 1998 年颁布的高等教育法，其中第九条规定："公民依法享有接受高等教育的权利。国家采取措施，帮助少数民族学生和经济困难的学生接受高等教育。"明确了每个公民平等享有接受高等教育的权利。为实现外来务工人员随迁子女能就地参加高考，2010 年 12 月，国家将山东、湖南、重庆列入了首批随迁子女就地参加高考试点，国务院办公厅于 2012 年 9 月 1 日发出文件，要求各地在 2012 年 12 月 31 日前出台异地高考具体办法。同时根据《关于进一步推进户籍制度改革的意见》的规定，提出要完善并落实随迁子女在流入地接受中等职业教育免学费的政策，居住证持有人逐步享有随迁子女在当地参加中考和高考的资格，这些法规和政策的落实，在一定程度上保障了农民子女平等地接受高等教育的权利。党的十八大以来，各地进一步落实和完善进城务工人员随迁子女升学考试政策，截至 2022 年 9 月，累计已有 168 万余名随迁子女在流入地参加了高考。① 而《居住证暂行条例》对除义务教育阶段之外的其他教育阶段问题并没有涉及，各地对随迁子女异地高考的政策也规定不一，广西、四川、山西等地规定，结合随迁子女在当地连续就学年限等情况，随迁子女逐步享有在当地参加中考和高考的资格，但是如北京等地规定，进城务工人员随迁子女考生，只可参加中等职业学校的招生录取。

第三，在职业教育领域。我国早在 1996 年颁布了职业教育法，其中规定："公民有依法接受职业教育的权利"。"国家采取措施，发展农村职业教育，扶持少数民族地区、边远贫困地区职业教育的发展。"

为加快建立农民职业教育制度，大力培养新型职业农民，教育部、农业部等九部门于 2014 年 4 月公布《中等职业学校新型职业农民培养方案试行》，明确招生对象为年龄一般在 50 岁以下，初中毕业以上学历（或具有同等学力），主要从事农业生产、经营、服务和农村社会事业发展等领域工作的务农农民以及农村新增劳动力。招生重点是专业大户、家庭农场经营者、农民合作社负责人、农村经纪人、农业企业经营管理人员、农业社会化服务人员和农村基层干部等。目标是把农民和农民的子女一起培养成具有高度社会责任

---

① 教育部：95 万余名学子通过"专项计划"进入重点高校［EB/OL］. 中国新闻网，2022-09-15.

感和职业道德、良好科学文化素养和自我发展能力、较强农业生产经营和社会化服务能力，适应现代农业发展和新农村建设要求的新型职业农民。① 为进一步完善新时代职业教育法律制度体系，高质量开展农村转移劳动力等各类重点群体提供职业技能培训，2022 年 4 月修订通过了职业教育法，其第十条规定："国家采取措施，支持举办面向农村的职业教育，组织开展农业技能培训、返乡创业就业培训和职业技能培训，培养高素质乡村振兴人才"。与此同时，乡村振兴促进法第二十六条规定："各级人民政府应当采取措施，加强职业教育和继续教育，组织开展农业技能培训、返乡创业就业培训和职业技能培训，培养有文化、懂技术、善经营、会管理的高素质农民和农村实用人才、创新创业带头人。"同时，从 2012 年到 2023 年的"中央一号"文件都对高素质农民（新型职业农民）培育工作做出重要部署。以上法律规章的实施对我国农民职业教育改革和发展产生了重大的影响。

三、农民的社会保障权

社会保障权是宪法规定的公民享有的一项基本权利，其权利主体是全体公民，农民也应当得到关注和保障。我国学者从不同的学科对社会保障权的概念进行阐述，大多认为社会保障权概念在理论上一般等同于我国《宪法》第四十五条规定的"物质帮助权"，因此，社会保障权一般是指公民在年老、疾病或者丧失劳动能力以及发生其他生活困难时从国家和社会获得物质帮助或获得基本生活保障的权利。② 其构成内容是各种社会保险、社会救助、社会福利、军人福利、医疗保障、福利服务以及各种政府或企业补助、社会互助等社会措施的总和。③ 简单地说，包括了社会救助、社会保险、社会福利和社会优抚四个方面的权利。

我国宪法中确立了社会保障权。1949 年的《中华人民共和国政治协商会议共同纲领》中首先体现了社会保障制度的精神，1954 年宪法第九十三条规定："中华人民共和国劳动者在年老、疾病或者丧失劳动能力的时候，有获得物质帮助的权利。国家举办社会保险、社会救济和群众卫生事业，并且逐步

① 教育部.《中等职业学校新型职业农民培养方案试行》印发［EB/OL］. 中国政府网，2014-04-03.

② 谢鹏程. 公民的基本权利［M］. 北京：中国社会科学出版社，1999：126.

③ 郑功成. 社会保障学［M］. 北京：中国劳动社会保障出版社，2007：6-7.

扩大这些设施，以保证劳动者享受这种权利。”1975 年宪法也规定：“劳动者有休息的权利，在年老、疾病或者丧失劳动能力时，有获取物质帮助的权利。”1978 年宪法第五十条再次规定了有关社会保障的内容：“劳动者在年老、疾病或则丧失劳动能力的时候，有获得物质帮助的权利。国家逐步发展社会保险、社会救济、公费医疗和合作医疗等事业，以保证劳动者享受这种权利。”而到 1982 年宪法时，该权利主体进一步扩大，以公民代替了劳动者，其第四十五条规定：“中华人民共和国公民在年老、疾病或者丧失劳动能力的情况下，有从国家和社会获得物质帮助的权利。国家发展为公民享受这些权利所需要的社会保险、社会救济和医疗卫生事业。”2004 年宪法修正案第二十三条增加了：“国家建立健全同经济发展水平相适应的社会保障制度。”至此，社会保障制度在宪法中得以确立。

全面建成覆盖城乡居民的社会保障法律体系，是保障和实现农民社会保障权的重要目标。2014 年，国务院首次提出构建统一的城乡居民养老保险制度，紧接着在 2016 年，提出建立统一的城乡居民基本医疗保险制度。另外乡村振兴促进法以“城乡融合”为独立一章，系统地规定了促进城乡融合发展的相关社会保障措施，特别是其第五十七条提出了“国家完善城乡统筹的社会保障制度，建立健全保障机制，支持乡村提高社会保障管理服务水平；建立健全城乡居民基本养老保险待遇确定和基础养老金标准正常调整机制，确保城乡居民基本养老保险待遇随经济社会发展逐步提高。”这标志着统一城乡居民社会保障制度的改革正式启动。农民社会保障权的法律制度演变体现如下。

(一) 社会救助制度

我国农村社会救助项目包括五保供养、最低生活保障、自然灾害救助以及医疗救助等。2014 年国务院颁布的《社会救助暂行办法》(以下简称《暂行办法》) 打破了城乡二元立法思维，第一次以行政法规的形式对各类社会救助法律制度进行了统一整合，将已有的成功实践、现有的关于社会救助的方针政策上升为法规制度，包含了最低生活保障、特困人员供养、受灾人员救助、医疗救助、教育救助、住房救助、就业救助和临时救助等制度，实现了各项社会救助有法可依，尤其是该《暂行办法》坚持统筹城市和农村的社会救助制度，社会各项救助制度惠及城乡所有居民。具体表现为以下几个方面。

其一，农村五保供养制度。五保供养制度始于1956的《高级农业生产合作社示范章程》，其中规定："对于缺乏劳动力或者完全丧失劳动力、生活没有依靠的老、弱、孤、寡、残疾的社员，在生产上和生活上给以适当的安排和照顾，保证他们的吃、穿和柴火的供应，保证年幼的受到教育和年老的死后安葬，使他们生养死葬都有依靠。"① 1960年又颁布了《全国农业发展纲要》，明确规定："实行五保，优待烈属和残废革命军人，供养和尊敬父母。"②"农业生产合作社对于社内缺乏劳动力，生活无依靠的鳏寡孤独的农户和残废军人，应当在生产上和生活上给以适当的安排，做到保吃、保穿、保烧（燃料）、保教（儿童和少年）、保葬，使这些人的生养死葬都有指靠。"③"保吃、保穿、保烧、保教、保葬"所针对的对象是"生活无依靠的鳏寡孤独的农户和残废军人"，在这两个法规中首次规定了"五保户"制度。从1956年至1978年，这项制度成为农村很长一段时期内由农村集体经济供养的一项社会救助制度。

从1978年改革开放开始，属于从农村集体经济供养逐渐过渡到国家统一供养的阶段。国务院于1994年颁布了《农村五保户供养工作条例》，其中规定："五保供养是农村的集体福利事业。"这是第一次用行政法规的形式明确了五保的性质，提出供养经费从村提留或者乡统筹费中列支，从此五保供养工作初步走上了规范化、法治化管理轨道。此后，国务院于1997年3月18日出台了《农村敬老院管理暂行办法》规定："敬老院以乡镇办为主，村办为辅，供养对象以五保对象为主，经费实行乡镇统筹，村办敬老院由村公益金解决。"基于此，农村敬老院作为集中供养五保老人的场所被固定下来。

随着农村税费制度改革逐步推开，农村废除了村提留费和乡统筹费，原来《农村五保供养工作条例》中关于农村五保供养资金从"村提留或者乡统筹费中列支"的规定已不能适应现实需要。于是，国务院在2006年1月颁布了新的《农村五保供养工作条例》，其第十一条明确了"农村五保供养资金，

---

① 中共中央文献研究室．建国以来重要文献选编（第八册）［M］．北京：中央文献出版社，1994：422.

② 中共中央文献研究室．建国以来重要文献选编（第十册）［M］．北京：中央文献出版社，1994：652.

③ 中共中央文献研究室．建国以来重要文献选编（第八册）［M］．北京：中央文献出版社，1994：47.

在地方人民政府财政预算中安排”，“中央财政对财政困难地区的农村五保供养，在资金上给予适当补助。”这一修改将农村五保户纳入了政府公共财政的保障范围。至此，农村五保供养正式转化为国家责任，成为以国家财政供养为主的现代社会保障制度。此后2014年国务院颁布的《社会救助暂行办法》，将农村五保供养和城乡“三无”人员保障制度统一为特困人员供养制度。这个行政法规为全面提高特困人员供养水平，健全城乡统筹的中国特色社会救助体系提供了法治保障，但特困人员供养制度的统一，需要密切联系农民社会救助工作实践的动态发展，把实践中的做法和经验及时转化为法规，进而确保供养工作更加公平合理合法。

其二，农村最低生活保障制度。农村最低生活保障是国家为保障收入难以维持其基本生活的农村贫困人口而建立的一种社会救助制度。完善基本生活救助制度，规范完善最低生活保障制度，可以使得农村的贫困群体得到十分及时和必要的救助，是维持农民最起码的生活需求的托底性、基础性制度。关于最低生活保障制度的政策，主要依据有《城市居民最低生活保障条例》（1999年9月）《国务院关于在全国建立农村最低生活保障制度的通知》（2007年）《国务院关于进一步加强和改进最低生活保障工作的意见》（2012年）、《最低生活保障审核审批办法（试行）》（2012年）等政策，法律法规层面，主要依据有《社会救助暂行办法》（2014年）。

从1995年开始，在民政部的指导下，部分地区的政府着手农村最低生活保障制度的试点工作，同时民政部于1996年12月分别印发和颁布了《关于加快农村社会保障体系建设的意见》和《农村社会保障制度建设指导方案》，强调各地政府要把建立农村最低生活保障制度作为农村社会保障体系建设的重点工作来抓，首次从政策角度对农村最低生活保障制度的意义、目标、给付标准、资金筹集渠道以及组织实施等方面做出了系统性的规定。为了切实解决我国农村贫困人口的生活困难，实现城乡困难群众享有基本生活救助的同等待遇，逐步缩小城乡公共服务差距，国务院又于2007年7月颁发了《关于在全国建立农村最低生活保障制度的通知》，其中规定：“农村最低生活保障对象是家庭年人均纯收入低于当地最低生活保障标准的农村居民，主要是因病残、年老体弱、丧失劳动能力以及生存条件恶劣等原因造成生活常年困难的农村居民。”每一个农民家庭年人均纯收入低于最低生活保障标准而生活发生困难时，都有权利得到国家按照法定程序和标准提供的现金和实物救助。

农村最低生活保障制度的全面建立，有利于从根本上解决农村贫困人口问题，维护农民的基本生存权利和最低标准的生活权利。截至2014年年底，农村尚有贫困人口7000多万，其中5207多万人享受了农村居民最低生活保障制度。①

在《城市居民最低生活保障条例》基础上，2014年国务院颁布的《社会救助暂行办法》，将最低生活保障制度扩大到农村家庭，而且认定标准弥补了以往制度的漏洞，其中第九条规定："国家对共同生活的家庭成员人均收入低于当地最低生活保障标准，且符合当地最低生活保障家庭财产状况规定的家庭，给予最低生活保障。"明确了申请低保家庭的财产状况作为认定条件也被纳入其中，从而为包括农村农民在内的困难群众建构了最低生活托底保障制度，确立了城乡统一的社会救助制度新局面。

为及时将各项社会救助制度落到实处，确保符合条件的困难群众及时获得救助，更好地巩固拓展脱贫攻坚兜底保障成果，2022年11月，民政部会同相关部门联合印发《关于进一步做好最低生活保障等社会救助兜底保障工作的通知》，在关于加强急难临时救助的制度设计上，其中提到："对受疫情影响无法返岗复工、连续3个月无收入来源，生活困难且失业保险政策无法覆盖的农民工等未参保失业人员，未纳入低保范围的，经本人申请，由务工地或者经常居住地发放一次性临时救助金。"切实保障了困难群众基本生活的底线。

农民平等的救助保障权的充分实现，完善的法律制度不可缺少。《社会救助暂行办法》的颁布通过制度性安排将救助权扩展到了所有居民，但在实现城乡现有社会救助体制整合的具体环节上仍缺乏详细的规划，存在立法位阶较低，制度不完善、"碎片化"等问题。② 而且面对相对贫困群体多样化的需求，救助范围、方式和标准需要进一步加以明确和界定，加快推进一体化的社会救助法的颁布，积极回应困难群众对美好生活的向往已成为当务之急。

（二）农村养老保险制度

农村社会养老保险制度的探索在我国已有近30年的历史。早在1986年，

---

① 中华人民共和国民政部．2014年社会服务发展统计公报［EB/OL］．中华人民共和国民政部网，2015-06-10.

② 赵大华．社会救助权保障下的社会救助立法之完善——兼评《社会救助暂行办法》［J］．法学，2016（3）：117-125.

一些经济较发达的地区就开始了对农村社会养老保险制度的试点，并逐步推行到全国各地。1991 年 6 月，《县级农村社会养老保险基本方案（试行）》颁布，提出农村社会养老保险在全国有条件的地区逐步推广，其中规定：农村社会养老保险以个人缴费为主、集体补助为辅，个人缴费和集体补助全部记在个人名下；农村社会养老保险基金以县级为基本核算单位，主要通过存入银行和购买国债增值；参保人年满 60 周岁后，根据其个人账户基金积累总额计发养老金。但是，由于当时我国农村尚不具备普遍实行社会养老保险的条件，随着养老保险推广范围的扩大，相当多地区农村社会养老保险工作出现了参保率越来越低，退保人数逐渐增多，一些地区的农村社会养老保险工作甚至呈现全面萎缩停顿状态。2003 年以后，各地开始了新型农村养老保险试点，在各地试点新农保的基础之上，2008 年 10 月，党的十七届三中全会决定，建立新型农村社会养老保险制度。2009 年 9 月，《国务院关于开展新型农村社会养老保险试点的指导意见》发布，该制度第一个特点是社会统筹与个人账户相结合，将政府补贴、集体补助、个人缴费相结合；第二个特点是实行基础养老金和个人账户养老金相结合的养老待遇计发办法，由国家财政全额支付最低标准基础养老金。新农保制度的这两个显著特点，强调了政府对农民老有所养承担的财政责任，明确了政府资金投入的原则要求。该意见发布 3 年后，实现了全国所有县级行政区制度的全覆盖，农村养老保险制度从无到有、从起步发展到逐步完善，对农村经济的发展起到了巨大的作用。但是，农村社会养老保险制度建立晚，往往只有农民自己缴纳，而没有单位给农民个人交纳配套的养老金，造成农民养老保障的整体水平偏低，所以持续提高农民的社会保障水平，逐步实现城乡均等化非常重要。

一直以来，我国养老保险制度因其城乡之间、企业与机关事业单位之间分别适用不同的基本养老保障制度的“碎片化”现象而备受争议。2011 年开始实施的社会保险法第二十条规定：“国家建立和完善新型农村社会养老保险制度。”第二十二条规定：“省、自治区、直辖市人民政府根据实际情况，可以将城镇居民社会养老保险和新型农村社会养老保险合并实施。”此后部分省份开始探索建立统一的城乡居民基本养老保险制度，截至 2013 年年底，已有江苏、山东、河南等 15 个省份建立了统一的城乡居民基本养老保险制度，根据相关统计，城乡居民社会养老保险参保人数接近5亿人。①

在试点经验的基础上，为打破城乡壁垒、实现城乡公共服务均等化，2014年2月国务院颁布了《国务院关于建立统一的城乡居民基本养老保险制度的意见》，决定将新型农村社会养老保险和城镇居民社会养老保险两项制度合并，提出到“十二五”末，在全国基本实现新农保和城居保制度合并实施，并与职工基本养老保险制度相衔接，并提出于2020年前全面构建一个公平、统一、规范的城乡居民养老保险制度。随后2014年7月，人社部、财政部联合印发的《城乡养老保险制度衔接暂行办法》正式实施，此举最大的受益群体是农业转移人口及其家属和城镇就业不稳定的人员，城乡养老保险制度的衔接给了农民一个选择的余地，使他们能够参保城镇职工养老保险并享受相应的待遇，作为高标准的选择，同时也可以由城乡居民养老保险制度来“兜底”，解决了农民的后顾之忧。新农保和城居保的统一，表明我国养老保障在实现城乡公共服务均等化上迈出了一大步，使全体农民公平地享有基本养老保障。

（三）农村合作医疗制度

农村合作医疗是在农业合作化的基础上，农民互助共济，共同抵御疾病风险，解决农村缺医少药的一种基本医疗保障制度。它起源于20世纪40年代陕甘宁边区的医药合作社，就是由群众采取集股的办法来解决医药上的需要和风险。② 1979年12月卫生部、农业部、财政部颁发了《农村合作医疗章程（试行草案）》，提出“农村合作医疗是人民公社社员依靠集体力量，在自愿互助的基础上建立起来的一种社会主义性质的医疗制度，是社员群众的集体福利事业”。它对合作医疗的任务、机构等各方面作了明确规定，初步形成了农民健康保障制度，其实施在一定程度上提高了农民的健康水平。

随着1978年家庭联产承包经营责任制的实施和人民公社解体，农村合作医疗出现了衰退的局面。直到2002年10月，国家发布了《关于进一步加强农村卫生工作的决定》，其中指出：“各级政府要积极引导农民建立以大病统筹为主的新型农村合作医疗制度”。这是国家首次提出“新型农村合作医疗制

---

① 陈磊．15省份养老保险城乡并轨大整合短期内难以实现［EB/OL］．法治周末，2014-02-19.

② 孙学荣，刘淑欣．合作医疗制度发展及展望［J］．中国农村卫生事业管理，1997（1）：36-37.

度”的概念。2003 年 1 月，在《关于建立新型农村合作医疗制度的意见》中又指出：“新型农村合作医疗制度是由政府组织、引导、支持、农民自愿参加，个人、集体和政府多方筹资，以大病统筹为主的农民医疗互助共济制度。”并提出到 2010 年，实现在全国建立基本覆盖农村居民的新型农村合作医疗制度的目标。从 2003 年下半年开始，在国务院的统一部署下，各级政府积极推进新农合制度建设，并取得了一定成效。至 2008 年，新农合制度实现了全面覆盖，参合人数超过了 8 亿，成为世界上覆盖人数最多的医疗保障制度。[①] 与此同时，2007 年 7 月，《国务院关于开展城镇居民基本医疗保险试点的指导意见》颁布，此意见主要是针对尚未覆盖到医疗保障制度安排的城镇非从业居民，从而基本建立了覆盖城乡全体居民的医疗保障体系。为构建更加公平统一的医疗保障制度，整合城乡居民基本医保，2016 年 1 月，国务院发布《关于整合城乡居民基本医疗保险制度的意见》，将农村新农合和城镇居民医保进行整合，建立了城乡统一的居民基本医保和大病保险制度。这表明城乡医保一体化制度实施后，可以按照统一的城乡居民医保政策参保缴费并享受同等的报销范围、用药范围和保障待遇，更加公平均衡地享有基本医疗保障权益。

2021 年 10 月，国务院办公厅印发《关于健全重特大疾病医疗保险和救助制度的意见》，明确救助对象包含农村易返贫致贫人口等低收入人口，同时也将因病致贫重病患者纳入救助范围，以增强医疗救助的公平性。

全面推进乡村振兴、促进共同富裕，农民群众日益增长的健康需求不容忽视，农民医疗保障不可或缺。2023 年 2 月中办国办印发《关于进一步深化改革促进乡村医疗卫生体系健康发展的意见》，其中专门对提高农村地区医疗保障水平方面，提出要巩固拓展医疗保障脱贫攻坚成果，持续健全基本医保、大病保险、医疗救助三重制度综合保障机制，落实分类资助农村低收入人口参保政策。

现行的城乡医疗保险制度主要依据政府出台的规范性指导文件，而且社会保险法作为我国社会保障领域的基本法律，在第二十四条规定：“国家建立和完善新型农村合作医疗制度。新型农村合作医疗的管理办法，由国务院规定”。从中可以看出其对农民医疗保险制度的规定还是比较原则性和抽象。因

---

① 新华社．我国新农合制度参合人口逾 8 亿人［EB/OL］．中国政府网，2012-09-19.

此，在整合城乡居民基本医疗保险制度的过程中，围绕党的十九大报告提出的“完善统一的城乡居民基本医疗保险制度”，按照党的二十大报告提出的健全覆盖全民、统筹城乡、公平统一的医疗保险的基本思路，可先以行政法规形式出台包括城乡居民医疗保险制度在内的基本医疗保险条例，明确和界定相关医疗保险问题，促进医疗保险制度法治化、制度化，从而让农民更公平地享受医疗保障权。

综上，我国法律法规以及国家政策对保障和实现农民社会保障权的相关规定，都较为原则抽象，缺少明确细化的指引，农民社会保障权的落实任重道远。

第四章

农民发展的权利体系构建

解决中国式现代化进程中的农民发展问题，既需要健全的法律制度，更离不开构建一套系统完备、运行有效的农民权利体系。在现代契约社会中，新型农民应被视为一个独立的职业身份，而非相对于市民而言较低的社会地位。当前农民实有权利与法律规定的权利之间仍然存在明显的差异。这不仅揭示了现行法律体系的不足，更突显出亟须构建一套合理的农民发展的权利保障机制，以确保“应有权利”得以“法定化”。在这一过程中，必须明确农民权利的确认与保护的先后和紧迫度。我们应坚守以农民权益优先的原则，鉴于农民权利现状展现出的阶段性特征，应借助现代法律理念为农民发展打造一个公正的权利体系。这一体系应以农民的生存与发展需求为出发点，形成一个既注重价值体现，又强调权利保障与实践的功能模块，即农民权利价值、权利保障与权利运行三个部分，通过这一价值体系和法律保障机制，结合动态的权利救济机制，更好地促进农民发展的权利实现。

第一节　构建农民发展的权利体系的价值

马克思主义一直十分关注农民权利问题，高度肯定农民在国家的重要作用，提出建立工农联盟是无产阶级取得成功的根本保证，无产阶级政党应该根据农民阶级不同阶层的利益和要求直接为农民做很多的事情，特别阐述了农民的平等权利、民主权利、土地财产权等政治、经济权利，提出消除城乡差别和工农差别是共产党的历史使命，这对于中国共产党人在马克思主义权利观指导下研究和解决农民权利实现问题具有重要理论和实践价值。马克思认为：人的权利从来都是历史的、具体的，由社会的物质文化条件决定。法律规定的权利只有真正客观与时俱进地反映社会现实，与人们的物质生活条件、实际需求相符合，最大程度地反映和平衡人们的利益需求、缓解冲突、化解矛盾，建立和维护社会生产和生活的正常秩序，才能使法律主体切实感受到权利与其自身需要和利益息息相关，从而认真对待并自觉遵守，否则法律规定将没有任何现实意义。

2013 年 12 月，习近平总书记在中央城镇化会议上指出："城镇化是现代化的必由之路"①。中国的现代化城镇化始终坚持以人民为中心，它是以人为核心的城镇化，坚持一切为了人民、一切依靠人民，发展成果由人民共享。惠及广大人民群众，这也正是广大农民的普遍愿望。积极稳妥地推进城镇化，其重要任务就是构建一个农民自由流动的制度环境，也就是要让符合条件的农业转移人口逐步在城镇就业和落户，支持和帮助他们从暂住到安居、从就业到乐业。推动农民权利的实现是一个复杂而开放的问题，不同的社会阶段其内容及存在的问题也将不尽相同。随着社会经济和文化的不断发展，农民权利的内容也将进一步变化和扩展。现阶段，农民权利主要体现其土地、收入、自身发展和市民化等权利问题上的缺失，呈现出明显的阶段性特征。国内许多学者对农民权利的内容研究都对农民权利的确认和保护起到了巨大的推动作用，一个国家的发展受到经济发展规律的制约，这是任何社会都难以超越的客观规律，而"权利决不能超出社会的经济结构以及由经济结构制约的社会的文化发展"②。马克思认为，权利总是与一定的社会需要和利益紧密相连，为保证权利能够切实、平等地实现，当务之急是重视农民现实的需要和利益，树立优先和重点保护农民权利的理念，要体现其权利实现的优先性和可能性，合理确认各类权利的主次、缓急之分，因为权利的最终归宿在于权利的实现。实现权利是人类永远追求的目标。农民权利的确认和实现源于法律，同时受到法律的限制，而且最终也要受到一定的经济物质条件和文化条件的制约，也就是说，农民权利的配置由影响法律制定的资源利益分配原则决定。在一定程度上，法律公平与否，取决于利益平衡与否，正如何志鹏所言，在目前资源始终有限的前提下，妥善、合理地配置资源，是解决权利

---

① 中共中央党史和文献研究院．改革开放四十年大事记［M］．北京：人民出版社，2018：94.

② 中共中央马克思恩格斯列宁斯大林著作编译局．马克思恩格斯选集（第三卷）［M］．北京：人民出版社，1995：305.

冲突、形成社会和谐的关键所在。① 只有在权利配置上真正反映农民的意志和利益，将权利建立在当前推进乡村全面振兴的现实情况之上，从而最大限度满足农民的利益要求。如果说没有制度确认和保障的权利仅仅是一种向往和设想，不会实现真正的利益，那么不完美、不合理的制度体系会导致权利赋予的不公平，导致社会的失衡和矛盾的加剧，而法律制度无疑是这里提到的制度中最核心、最具影响力的部分。

因此，在当前深入推进城乡融合、共同富裕的新型城镇化下，结合农民权利问题的现状呈现出明显的阶段性特征，构建合理的农民权利体系是至关重要的。加强顶层制度设计，将优先、重点保护农民权利，有效实现农民权利作为城镇化建设和改革的重要的宗旨和目标，对现有的各种不同性质的农民权利加以系统梳理和分类，对不符合时代需求的规范进行改革和重构，使之成为一个比较系统完整、公平合理的制度体系，这既是体现马克思主义所说的“直接为农民做很多的事情”，有效地保护农民的切身利益，使其真实有效地占有法律资源的基础；同时也是解决当下的农民权利问题，推进以人为核心的新型城镇化，加快农业转移人口市民化的重要问题。

第二节 构建农民发展的权利体系的法律理念②

法律理念是对法律的本质及其发展规律的一种宏观的、整体的理性认知、把握和建构，它来源于法律实践，必然反作用于法律实践，它不仅具有认识论功能，而且具有方法论功能。③ 农民权利体系的构建，要达到最佳的法律实效，离不开法律理念的指引。德国的鲁道夫·施塔姆勒曾经提出：“法律理念乃是正义的实现。正义要求，所有法律努力都应当指向这个目标，即实现在某地某时的条件下所可能实现的有关社会生活的最完美的和谐。”④ 只有依靠

① 何志鹏．权利基本理论：反思与构建［M］．北京：北京大学出版社，2012：146-147.

② 蔡晓卫．新型城镇化下农民权利体系的重构［J］．江西社会科学，2014，34（11）：188-192.

③ 李双元，蒋新苗，蒋茂凝．中国法律理念的现代化［J］．法学研究，1996（3）：45-64.

④ 博登海默．法理学——法哲学及其方法［M］．邓正来，姬敬武，译．北京：华夏出版社，1987：163.

法律理念的指引和把握，才能预测和评估权利的公平性、现实性和可行性，“如果一个立法者用自己的臆想来代替事情的本质，那么人们就应该责备他极端任性”。①以科学的法律理念构建公平合理的农民权利体系，是进行农民发展问题研究的基础。为体现农民与其他社会职业群体权利间的一致性，从农民的应有权利着手，以符合农民权利的正当性、合法性要求作为宗旨，确认农民的应有权利并使之法律化、制度化，以最终形成一个系统完整的体系。在这个构建农民权利体系的过程中，如果忽略了关于正义与非正义、美丑、善恶的法律理念，则法定权利必定丧失其作为应有权利本来的价值意义，因为“权利理论的重点应当关注权利的运行实践与实现的机制，关注权利的价值与目的”②，否则当权利理论与现代化的法律理念相违背时，权利将是一句空话。无法实现的农民权利根本不能算其真正的权利。因此，新时代，从全局的高度来认识并正确解决农民权利问题，确保在法律制度设置上既能确认、保障和实现农民权利，又能促进乡村全面振兴和农业农村现代化。这有助于让有意愿进城的农业转移人口顺利实现转移，让不愿进城的农民在农村安心生产生活，让城镇人才到农村就业成为新型农民，真正实现城乡人才互相流动，实现农民与其他社会职业群体的平等。农民享受平等的发展机会，是构建农民发展的权利体系的法律理念的着眼点。

一、充分尊重农民的平等职业地位

马克思主义始终强调人是法律的主体。③习近平总书记指出：“理论的生命力在于不断创新，推动马克思主义不断发展是中国共产党人的神圣职责。”④从党的十八届五中全会首次提出“坚持以人民为中心的发展思想”，到党的十九大提出关于“必须坚持以人民为中心的发展思想，不断促进人的全面发展、全体人民共同富裕”的论断，再到党的十九届四中全会、二十大报告提出“坚持以人民为中心的发展思想”，同时又进一步将人的“主体地

---

① 中共中央马克思恩格斯列宁斯大林著作编译局．马克思恩格斯全集（第一卷）［M］．北京：人民出版社，1995：347.

② 范进学．权利政治论——一种宪政民主理论的阐释［M］．济南：山东人民出版社，2003：13.

③ 封丽霞．马克思主义法律理论中国化的当代意义［J］．法学研究，2018，40（1）：3-17.

④ 习近平．习近平谈治国理政（第三卷）［M］．北京：外文出版社，2020：76.

位”深化为人的“中心地位”，并注入“为了人民”“保护人民”“依靠人民”“造福人民”等丰富内涵，“以人民为中心”的法治理念正是对马克思主义法律理论所强调的“人民性”的本质属性的发展。坚持以人民为中心，为解决社会多元性与差异性加剧所引发的社会失衡与社会分化问题，为权利制度的构建提供了视角。①

任何权利都包含着权利主体一定的物质或者精神利益，离开了具体的利益要求，将难以创设一种切实的、可操作的权利，也难以在现实中真正保护和实现这种权利。在当前，推进以人为核心的新型城镇化，加快农业转移人口市民化，已经取得了全党和全社会的共识。城镇化就是要把坚持以人民为中心，满足人的物质和精神需要、提高人的全面素质和实现人的自由而全面发展作为终极目标。给予农民充分的社会尊重并使其享受应有的政治、社会、经济地位和权利，这是留住农民、吸引新型职业农民进入农村及推动城乡人才双向流动，实现城镇化和农业现代化相互协调、同步发展的关键。

“富庶的社会产生健全的权利，健全的公民才能行使健全的权利。”② 户籍制度打通了城乡人才流动，土地制度的改革为新型职业农民提供了职业机遇，农民的切身利益与其职业背景、当前的制度支持等因素密切相关。正确把握农民的职业权利特性，有利于摆脱其身份意义上的从业结构，进而拓展农民权利的发展空间。③ 因此，在构建农民的权利体系及相关配套制度时，应加强职业农民资格制度的供给，彻底破除一切束缚农民手脚的不合理限制和“身份”歧视，充分尊重农民意愿，突出农民的职业化身份，回归农民的职业属性，强调农民这个职业的社会地位，将农业收入作为农民职业的主要收入来源，同时要健全培养、造就新型农民队伍的制度机制，把培养青年农民纳入国家人才培养计划，赋予农民更多的财产权利，让职业农民真正成为从事农业生产经营的人员，让农民成为社会成员可以自由选择的职业，并且能得到与其他职业同等的社会认同与尊重。从不与农民争利、让利于农民过渡到

---

① 张演锋．习近平“以人民为中心”法治理念与法治国家的双重面向［J］．华东政法大学学报，2021，24（6）：116-129.

② 戚渊．论公民权行使的条件［C］//龚祥瑞．宪政的理想与现实——宪法与宪政研究文集．北京：中国人事出版社，1995：103.

③ 刘同君．论农民权利倾斜性保护的价值目标［J］．法学，2022（2）：21-33.

赋权、赋能于农民，在职业待遇方面强调不同职业者一视同仁，[①] 从而推进农民的自由全面发展。

二、由“政策思维”主导转向“法治思维”主导

运用系统观念，不断提高科学思维，尤其是用法治思维分析、观察和解决问题，已成为社会存在必不可少的视角。推进城乡融合发展，维护和促进社会公平正义，解决农民权利的问题，是一个系统工程。“只有用普遍联系的、全面系统的、发展变化的观点观察事物，才能把握事物发展规律。”[②] 法治思维作为现代多元思维的核心之一，其重要地位不言而喻，它是法治社会的最佳思维选择。“法治思维”需要执政者在法治理念的基础上，运用法律规范、法律原则、法律精神和法律逻辑对其所遇到或所要处理的问题进行分析、综合、判断、推理并形成结论和决定。[③] 法治思维不同于政策思维，它强调“要把对法治的尊崇、对法律的敬畏转化成思维方式和行为方式，做到在法治之下，而不是法治之外，更不是法治之上想问题、作决策、办事情”[④]。它以合法性为起点，以公平正义为价值，强调程序正义，通过权利与义务的合理配置来解决纠纷，具有稳定性和普遍适用性，而且注重制度建设的连续性和积累性。而政策作为利益平衡的产物，虽具有一定的鼓动力，但随意性大，在一定程度上会破坏制度的连续性和稳定性，缺乏约束力、稳定性，具有不可预期性。如涉及土地经营权的流转问题，农村土地承包法明文规定，土地经营权流转应当依法、自愿、有偿，任何组织和个人不得强迫或者阻碍土地经营权流转，政府为此也推出了一系列政策，鼓励农村土地流转。但是一些地方在农村的土地流转工作中，为推动大规模流转，盲目加大指标、下硬性任务，将流转面积和比例列入地方工作的政绩考核。根据 2013 年的中央一号文件提出了“坚持依法自愿有偿原则，引导农村土地承包经营权有序流转，鼓励和支持承包土地向专业大户、家庭农场、农民合作社流转，发展多种形

① 赵万一．中国农民权利的制度重构及其实现途径［J］．中国法学，2012（3）：5-17.

② 习近平．高举中国特色社会主义伟大旗帜　为全面建设社会主义现代化国家而团结奋斗——在中国共产党第二十次全国代表大会上的报告［M］．北京：人民出版社，2022：20.

③ 姜明安．再论法治、法治思维与法律手段［J］．湖南社会科学，2012（4）：75-82.

④ 习近平．习近平谈治国理政（第二卷）［M］．北京：外文出版社，2017：127.

式的适度规模经营”的精神，发展农业现代化需要依靠规模经营，但应该始终坚持把依法维护农民权益作为出发点和落脚点，尊重农民群众的自觉意愿和自愿选择，尤其是发展农业规模经营要做到“适度”，培育新型农业经营主体要注重“规范”，小农土地经营权流转要依靠“引导”，如果强迫小农流转土地，可能将引发侵犯农民的合法权益的社会矛盾和冲突。“从国内来看，人们现实中所享有的任何一项权利成果都是靠本国的法律来确认、维护与保障的。”① 因此，法治思维应当优先，而且法治思维也一定是以是否合法作为思考与处理问题的首要原则，②“政策是法律的依据和内容，法律是政策的规范化（法律化）”③。协调政策和法律的关系，以法治思维的视角设置农民权利体系，不因政策的改变而改变，废除和终结一切歧视农民的制度安排，改变其不平等的主体地位，实现法治体系的良性运作。只有如此，农民权利体系才更具有合法性、稳定性和规范性，才能更好地实现农民的各项权利。

三、重视农民权利的实体内容，更关注程序性价值

权利的实现以法律为后盾。而法律的基本功能在于“表达利益要求，确认、界定、分配各种利益，平衡利益冲突，协调利益矛盾；调整利益格局，理顺利益关系；保障利益实现，促进某种新生利益的形成”④。法律不仅要重视实体，更要重视程序。程序的价值在于保障实体法上的权利得以实现，它构成了实体权利实现的基础。有实体权利就应当有救济程序，提供法律救济是权利体系中不可或缺的组成部分，保障获得救济的权利，是权利实现的最后手段。对农民权利体系的内容而言，至少应当包含权利的确认、救济和保障这三个方面，缺少任何一个都将是不完整的，构建农民权利体系亦然。如何实现从实体到程序，需要立法设计出与实体权利相配套的程序，需着重研究程序如何满足实体利益的需求。当前，我国民法典更多呈现了农地主体的实体权利，但争议解纷机制以及法律责任界定有待完善。而土地管理法在具体规则设计中，土地纠纷解决机制的科学性尚待提高，流转收益分配制度欠

① 尹奎杰．权利发展与法律发展的关系论略［J］．河北法学，2010，28（10）：2-8.
② 蔡晓卫．论高校大学生法治思维的养成［J］．中国高教研究，2014（3）：76-79.
③ 梁慧星．梁慧星谈民法［M］．北京：人民法院出版社，2017：372.
④ 杨宗科．法律机制论——法哲学与法社会学研究［M］．西安：西北大学出版社，2000：213.

缺科学性；征收公共利益认定机制漏缺，征地补偿安置协商不成时的行政、司法保障机制有待健全等。[①] 这些法律规范的程序制度的不完善直接影响了农民土地权利的实现。一方面，农民对自己享有哪些具体的权利，如何通过诉讼等方式解决纠纷没有清晰的认识；另一方面，侵犯农民权利的案件时有出现，当农民权利受侵害时得不到及时有效救济，农民也就更多地选择自力救济。农民缺乏诉讼意识，又受到自身经济和文化条件的限制，这些都导致了农民权利仅仅停留在纸面上，很难转化为实有权利。如果农民实体权利没有相应的法律救济程序，缺乏农民权利保护和实现的具体程序的法律规定，那么再完美的法律都将是一纸空文。因此，重视农民权利的实体内容固然重要，但保障程序权利，给予农民在利益分配中必须的利益表达权和畅通的利益诉求通道，完善农民权利的调解、仲裁和诉讼纠纷解决机制更为重要，这也是一个考验乡村振兴战略和新型城镇化建设能否顺利推进的重要问题。

第三节　农民发展的权利体系的制度创新

研究和解决农民权利的确认、保护与最终实现，在一定程度上有赖于农民权利体系的制度创新。任何权利都具有"正当性"和"合法性"，从法律上来讲，它是"规定或隐含在法律规范中、实现于法律关系中的，主体以相对自由的作为或不作为的方式获得利益的一种手段"[②]。农民权利的实现其实就是权利对农民利益的合法化和正当化。

对农民权利体系的内容，学界提出很多看法，较为有代表性的如张英洪提出有作为职业农民的土地权利和作为身份农民的平等权利；[③] 王佳慧将农民权利的内容界定为三个层次，即人权层面上应受到平等对待和尊重的权利，农民作为公民应享有的基本权利（政治、经济、社会和文化权利），农民作为

① 陈小君．深化农村土地制度联动改革的法治目标［J］．法学家，2023（3）：15-29，190-191.

② 张文显．法理学（第五版）［M］．北京：高等教育出版社，2018：130-131.

③ 周作翰，张英洪．保障农民权益：农村改革发展的重大原则［J］．湖南文理学院学报（社会科学版），2009，34（1）：29-33.

弱势群体在特殊条件下亟待进行特殊保护的权利;① 赵万一根据农民权利生成的原因及其作用范围进行分类，将农民的基本权利划分为生存型权利（包含平等对待权、财产权、迁徙自由权、政治参与权等）、保障型权利（包含社会保障权和司法救济权等）和发展型权利（包含就业权、受教育权、结社权等）三种类型。② 牛玉兵等认为农村城镇化空间转型对农民权利体系的发展产生了深远影响，他提出农民权利体系的重要内容包含了从村民自治到社会自治的权利构筑、与空间利益相关的财产权利的维护、以空间利益共享为核心的其他实体权利的构建以及与空间利益保障相关的程序性权利的完善。③ 更多的学者依据我国宪法，认为农民作为公民，其权利应当包含政治、经济和社会权利三大类。④ 其中刘同君提出确立农民的政治民主权、保障农民的土地经营权、拓展农民的社会保障权是实现农民权利倾斜性保护所追寻的价值目标。⑤ 所有这些观点都具有一定的积极意义，但在总体上我们不能忽视的一个问题，即国家权利的实现是不平等的，是需要循序渐进的，各类权利主体的权利种类也是逐步实现并且受经济发展规律制约，这是任何社会难以超越的。当今农民权利的现实状况与法律规定之间还存在着一定程度的差距，农民权利体系研究未能有效把握新型城镇化进程中蕴含的农民权利发展的历史契机，未能全面考虑农民权利体系构建具有长期性、发展性和时代性特点，也未能充分领会农民权利体系的构建和完善对推进乡村全面振兴、共同富裕的价值指引作用。确认和实现农民权利，在一定程度上有赖于农民发展的权利体系的制度创新，如果只是一味简单地罗列农民权利而不考虑其现阶段实现的可能性，权利只能是一句空话、一纸空文，也失去了其真正的意义和价值。马克思认为，“权利有应然意义上的应有权利（习惯权利）和实然意义上的现有权利（法定权利）之分，应有权利的产生是基于人的生存和发展的利益和需要，而现有权利通过法律对应有权利进行确认和规定，促使应有权利的实现成为可能，从而确保人的价值和利益现实化。……应有权利只有转化为主体真正拥

① 王佳慧．当代中国农民权利保护的特殊性及其内容建构［J］．北方法学，2009，3（4）：125-134.

② 赵万一．中国农民权利的制度重构及其实现途径［J］．中国法学，2012（3）：5-17.

③ 牛玉兵，杨力．农民权利体系的逻辑构造与制度创新——以城镇化空间转型为视角［J］．学习与探索，2014（2）：71-78.

④ 胡美灵．当代中国农民权利的嬗变［M］．北京：知识产权出版社，2008：15.

⑤ 刘同君．论农民权利倾斜性保护的价值目标［J］．法学，2022（2）：21-33.

有的权利，才能真正实现人的利益的目的。”① 习惯权利只有转化为主体真正拥有的权利，才能真正实现人的利益的目的。因此，结合当前推动乡村振兴与新型城镇化协同发展、构建城乡融合发展新格局的进程中农民的切身利益和需要，树立优先和重点保护农民权利的理念，体现其权利实现的优先性和可能性，以科学的法律理念构建农民权利体系，进行制度创新，不仅有利于破解城乡发展不充分不平衡的矛盾，而且有利于根据农民权利的主次、缓急对农民权利进行分类别保护和分阶段实现。

马克思主义基于利益分析的方法，明确指出权利包含了生存权、财产权、自由权、平等权、劳动权和民主权等内容，充分肯定了农民在社会、经济、政治生活中的重要作用，而且对农民的平等权、民主权以及土地财产权等方面的问题进行了深入的探讨，强调消除任何形式的社会等级和歧视，包括城乡差别和工农差别，全面实现农民的权利，是共产党的历史使命。马克思主义认为农民和城市居民在权利上应享有平等的地位，其对农民平等权的强调破除了传统社会中对农民的偏见和歧视。在民主权方面，马克思主义认为农民有权表达自己的意愿和需求，参与国家政治生活的决策；对于土地财产权，马克思主义主张农民的土地权利应得到充分的保护和尊重，任何侵犯农民土地权利的行为都应受到法律的严惩，这些为我们理解和解决现实中的农民权利问题提供了重要的理论工具和实践指导。在40多年的改革开放中，农民的主体性凸显，农民权利越来越受到尊重和保障。当前中国城镇化速度加快，农民分化，农民收入多元化，土地承包者和经营者越来越分离，但农村还是农民的最后退路，农民权利状况呈现出与之前完全不同的阶段性特征。一是土地问题。越来越多的中青年农民外出务工和经商，承包土地流转加速，留守的农民农业技能和教育水平偏低，“谁来种地”、“如何种地”、如何有效确认集体土地所有权的权利归属和规范土地流转程序成为乡村建设的关键环节。二是收入问题。农业生产成本逐年攀升，从事农业生产的农民经济收入水平和增长比率低，农民财产性和转移性收入比重失衡，且外出的农民工劳动就业压力较大，农民工工资性收入增长难度大。三是乡村治理问题。农民自我管理的意识不强，他们更多关注现实物质利益的直接满足，在政治权利意识

① 范进学．权利政治论——一种宪政民主理论的阐释［M］．济南：山东人民出版社，2003：13.

面前表现出冷漠。

因此，构建契合农民需要和利益的权利体系，既要有效把握乡村振兴建设进程中蕴含的农民权利发展的历史契机，也要看到农民需要和利益在不同发展阶段的重点和问题解决的紧迫性，认识到农民不同类别权利的差序性，不同区域和不同类型的农民权利的差异性，处理好农民和土地的关系、农民和集体的关系、农民和市民的关系，从而促使“应有权利”上升为“法定权利”。结合当前农民权利问题的实际状况，农民权利体系应以农民的生存和发展为逻辑起点，构建价值、保障与实现三者互动关联的功能集合体，为农民权利的实现提供良好的前提。农民发展的权利体系具体包含三个基本层次：第一个层次是农民权利价值体系，确立权利的核心价值；第二个层次是农民权利保障体系，为权利实现提供坚实支撑；第三个层次是农民权利运行体系，确保权利在实践中得到有效行使。权利价值体系和保障体系借助动态的农民权利救济运行机制，最终促成农民权利的实现。

一、以生存权、平等权和自由选择权作为逻辑起点——价值体系

（一）生存权

马克思主义指出，人类“为了生活，首先就需要吃喝住穿以及其他一些东西”。[①] 衣、食、住、行是人类最基本最低的需要，如果得不到满足，人的生存就成了问题。任何一个国家都应当从满足人的最低需要开始。人的最低需求转化为人的权利就是人的生存权，农民无论住在农村还是转移到城，生存权都是保障和维持农民的生命安全、人身自由所不可缺少的基本物质生活的需要和前提。同时，马克思所说的“其他一些东西”还指在现代社会，除了吃喝住穿以外，他们有权追求知识、文化和艺术，有权享受丰富的精神生活，还要有满足人的被尊重的需求和维护包含人格尊严在内的精神权利，因为“尊严是最能使人高尚、使他的活动和他的一切努力具有更加崇高品质的东西。”[②]。尊严是最高的社会价值，指引着公平社会的方向和目标，是其他权利得以成立的基础。物质生活的满足是精神生活得以展开的基础，而丰富

① 中共中央马克思恩格斯列宁斯大林著作编译局．马克思恩格斯选集（第一卷）[M]．北京：人民出版社，1995：79.

② 中共中央马克思恩格斯列宁斯大林著作编译局．马克思恩格斯全集（第一卷）[M]．北京：人民出版社，1995：458.

的精神生活则可以提升农民的生活质量，使他们能够更好地参与和贡献于社会的发展，只有提高农民的社会地位，满足农民被尊重的需求，让农民过上幸福有尊严的生活，才会有更多人愿意加入职业农民的行列。因此，强调农民在物质生活中的权利，也应关注他们的精神需求，保障农民的生存权必不可少。

（二）平等权

马克思主义追求的平等权是"事实上的平等"，即把个人体力、智力以及个人家庭情况的差异都考虑在内的平等。马克思认为，这种平等应当体现在国家的一切公民具有平等的政治地位和社会地位。我国已经初步完成了平等权保护立法体系建设，公民的平等权，应该是以法律为衡量尺度，任何公民在享有权利和承担义务上都一律平等。①

而农民的平等权是指农民在政治、经济和文化等各个领域中，应与其他社会成员享有相同的平等的地位和权益，这意味着他们的职业身份、生活方式和文化传统都应受到社会的尊重和认可。从政治维度来说，农民应有权平等地参与政治过程，包括选举权、被选举权和参与农村治理等的权利；从经济维度来说，农民应享有平等的经济机会和权益，包括对土地资源、产品定价、经济决策、市场经营的平等待遇，其劳动成果和贡献应得到公正的回报；从文化教育维度来说，农民应享有平等的文化教育的参与机会，包括教育资源、参与文化活动和教育的机会等。

农民的平等权不仅关乎公正和公平，更是一种基本人权，它确保农民能够在一个平等、公正的环境中生存、生活和就业。一方面，农民应该享有其他公民享有的所有基本权利，不允许有区别性对待的法律规定；另一方面，要把农民的个人禀赋、能力等方面都考虑在内，不仅追求形式平等，更要注重事实平等，在法律制度设置上应确定农民在资源配置和收益分配的某些方面可以享受某些特殊的权利而不需要履行义务。平等权要求农民权利中一项非常重要的权利，这种平等要求农民在主体地位与身份上的平等，要求发展机会、享受权利和规则保障的平等，要求实体权利和程序性权利的平等。这为农民其他权利的实现和保障提供了价值目标，确保农民的权利和利益得到切实的重视和实现。

① 许崇德．中国宪法［M］．北京：中国人民大学出版社，1996：409.

（三）自由选择权

马克思主义认为，自由的最终目的是实现人的全面发展。自由选择权包括在物质生产领域内的、对生存自由权的追求和在社会公共事务、科学、文化、道德、艺术等各领域中对人的全面发展的自由选择权。农民作为独立、理性的个体，在遵循法律和社会公序良俗的前提下，他们在政治、经济、社会和文化活动中拥有平等的选择和决策自主权，亦即农民应享有在政治、经济、社会和文化各方面自主地做出选择，以保障和实现其最佳利益。具体来说，农民的自由选择权应包含人身自由权、迁徙自由权、结社自由权、劳动就业自由权、土地处置权、市场交易自由权、经营自主权和文化教育权等各种自由选择权。

党的二十大报告提出，推进以人为核心的新型城镇化，加快农业转移人口市民化。2014 年 7 月开始的户籍改革制度统一了农业户口和非农业户口，实行居住证制度，为农民进城落户创造了条件。但是农民进城落户是一个长期的历史过程，在推进不同类型的农业人口转移的进程中，需要充分尊重农民意愿，制定与户籍制度相配套和关联的法律制度，让有能力在城镇稳定就业和生活的农业转移人口有序实现市民化，使农民享有自由选择居住地、表达自己的观点和决策、在日常生活、就业中免受干预的自由，可以由农民按照自己的内在本性自觉地安排其生产和生活，让农民在城乡之间自由选择居住地，自由择业。一方面，让愿意进城的农业转移人口享有与当地居民同等的劳动就业、基本公共教育、基本社会保障、城镇住房保障和公共文化服务等权利；另一方面，让愿意留在农村的农民，通过自由结社的互助形式为自身的生产、生活和文化发展提供条件和机会，给予农民参与农村文化建设的话语权和表达权，让农民拥有充分的土地经营自主权和市场交易自由权，让农民拥有马克思所说的"真正自由的劳动"，真正充分享有普遍性的劳动就业权。总之，这不仅仅是农民"职业和身份的转变与居住空间的转移，更是他们社会文化属性与角色内涵的转型过程，也是他们各种社会关系的重构过程以及对新的乡村生活或者城市生活的再适应过程"①。让百姓富、产业兴，生态美，让农民进退有路，自由选择权至关重要。

---

① 文军．农民深度转型与主体作用发挥［N］．光明日报，2018-10-23（11）．

二、以土地财产权、社会保障权和受教育权作为保障基础——保障体系

（一）土地财产权

马克思认为，劳动者个人享有独立的财产是劳动者自由全面发展的物质基础和前提条件。物质财富不仅仅是满足基本生活需求的手段，而且为个人提供了实现各种潜能、兴趣和技能的机会，有利于人的自由全面发展。

党的二十大报告指出，深化农村土地制度改革，赋予农民更加充分的财产权益。这是确立以财产权为手段构建农民权利的关键，而积极探索实现路径，从而把赋予的法定权益化作现实的利益和需要更为重要。财产权包括农民的收入权和土地财产权等权利，它是农民行使其他权利和自由的物质保障基础，同时为农民参与国家政治生活提供根本动力。在我国，土地被视为农民经济权利的核心支撑，城镇化进程中的土地流转进一步凸显了土地作为农民财产和收入的重要性，从这个角度来说，土地就是农民最主要的财产，是提高农民收入的生产资料。新中国成立以来，农村土地制度改革解放了农村生产力，推动了农村农业经济稳步发展，带领农民走向共同富裕之路。而农村土地制度改革，直接涉及土地与农民的关系，涉及农民切身利益的问题。习近平总书记指出："农村改革不论怎么改，不能把农村土地集体所有制改垮了，不能把耕地改少了，不能把粮食生产能力改弱了，不能把农民利益损害了，这些底线必须坚守，决不能犯颠覆性错误。"① 党的二十大报告提出赋予农民更加充分的财产权益，以保护农民土地财产权利为核心，其目的就是要立足长远、守住底线，让农民真正拥有土地承包经营权、集体经济收益分配权和宅基地用益物权三大土地权利，保障农民全面享有土地资产增值带来的收益权，以使农民从城镇化进程中分享其应得的财产收益，切实保障并赋予农民更加充分的土地财产权益。

一方面，宪法法律规定了公民的合法的私有财产受保护，农民对自己承包的土地具有占有、使用、收益和一定的处分权等权能。农村土地承包法、民法典也以立法的形式建构了农村土地权利体系制度，体现了"集体土地所有权是土地承包经营权、集体建设用地使用权、宅基地使用权等用益物权的

① 中共中央党史与文献研究院．习近平关于"三农"工作论述摘编［M］．北京：中央文献出版社，2019：63.

'母权利'"[1]。土地权利保护的法治结构变得更为清晰明了，这在一定程度上推动了农民土地权利的发展。

另一方面，随着工业化和城镇化的推进，由于征地补偿制度尚不完善、法律执行力度不到位，加之农村的民主管理制度有待加强等原因，农民土地被任意调整、侵占的现象依然时有出现，违法征地和暴力征地事件也屡有发生，对农民真正的财产权利的实现带来阻力。例如，农民依法享有宅基地的资格权和财产权，但是一些地方受错误的发展观、政绩观驱使，不顾农民意愿推行"合村并居"、强迫农民"上楼"，搞强迫命令和"一刀切"，侵害了农民利益。不管是使用权流转还是宅基地退出，都应把选择权交给农民。[2] 因此，在坚持城乡融合发展的方针指引下，进一步落实农民土地财产权益的改革。法律既要充分保障土地承包者对于土地的处置权、使用权和收益权，完善征地补偿制度，也要让承包者按照市场和价值规律在更广泛的范围自主选取受让对象，合理调整和提高失地农民补偿收入，从而确保其获得更多的转让收益，获得最大的自主权。对于留在乡村的小农户而言，要创造条件确保他们参与农业产业化和现代化经营的主动和主导地位；对于进城务工落户的农民，是否放弃承包地必须以本人意愿为准，要保护其基于集体经济组织成员身份而享有的土地承包经营权、集体收益分配权和宅基地使用权，保证他们享有对承包地占有、使用、收益、流转及承包经营权抵押、担保权能，正如马克思所说的要采取"自愿和示范"的办法，让他们自由处置这些权利，可以让他们带着土地、带着财产进城，不得以退出"三权"作为农民进城落户条件。要让农民真正拥有全面分享土地资产增值带来的收益权，以使农民在城镇化进程中实现土地资产的收益。这不仅为农民自身自由全面的发展提供了保障，还让他们享有作为一个公民应有的权利，获得与其他职业一样身份上的平等，从而奠定坚实的物质保障基础。简言之，土地财产权利的实现能增强农民对乡村振兴的认同和信心，也是农民行使其他权利和自由的物质保障基础。

（二）社会保障权

马克思认为，在社会化大生产条件下，为了确保劳动力扩大再生产以适

---

① 高圣平．《民法典》与农村土地权利体系：从归属到利用［J］．北京大学学报（哲学社会科学版），2020，57（6）：143.

② 中国农网评论员．宅基地改革要守住哪些底线［N］．农民日报，2023-08-24（1）.

应现代经济发展的需求，必须通过社会保障来减轻劳动力在其生命历程中经受的工伤、失业和疾病等各种风险，保证社会再生产的顺利进行和社会的协调发展。① 我国宪法赋予了公民社会保障权，同时提出“国家建立健全同经济发展水平相适应的社会保障制度”，这是提高公民生活质量的重要前提。

社会保障权是确保农民基本生活质量和生存发展的基石，这种保障不仅仅是物质上的，还包括教育、医疗、住房等基本公共服务，实现农民的社会保障权不仅是保障他们基本生存和发展需求，还是推动城乡居民享有平等公共服务的必然要求，这将有助于缩小城乡差异，促进全社会的均衡发展。2014 年 2 月实行的新农保和城居保的统一，表明我国养老保障制度已经在实现城乡公共服务均等化上迈出了重要的一步。为进一步体现农民的职业性，形成农业和农村发展的新局面，只有建立高效公平的、与农村社会经济发展水平相适应的、城乡居民相统一的社会保障制度，才有利于帮助农民抵御其在生活中经受的养老、医疗、死亡、失业和工伤等各种风险，解除农民劳动力流动的后顾之忧，使农民在城乡之间流动自由、通畅，把土地从社会保障的角色中解放出来，减轻农民对土地功能的依赖。

因此，实现这一目标不仅需要政府重视城乡社会保障具体制度的建设，打破社会保障特权，加快实现基本公共服务均等化，在政策层面给予持续、有力的支持和推进，逐步提高社会保障的总体水平，还需要通过法律手段建立农民社会保障权利的实现机制，着力缩小城乡差距和地区差距，让城乡居民平等享有社会保障权，共享社会发展成果。

（三）受教育权

马克思认为，“智育、体育、技术教育”对人的发展具有全面的影响作用，教育可以提高劳动力的质量，可以把以劳动经验和技能形态为特征的劳动力，改变为以科学知识形态为特征的劳动力。② 他提出人是具体社会实践的参加者，教育的根本在于培养具有实践能力和独立人格的人。受教育权是宪法赋予公民的一项基本权利，受教育权对于农民而言，不仅是一项基本权利，还“是促进农民实现自我发展与自我完善的一项重要权利类型”③，更是促进

① 梅哲．马克思恩格斯的社会保障思想研究［J］．马克思主义研究，2005（6）：77-82.

② 靳希斌．试论马克思的教育思想［J］．教育评论，1985（3）：1-5.

③ 魏文松．乡村振兴战略下农民受教育权保障研究［J］．广西社会科学，2021（3）：59-65.

他们实现自我发展、自我完善、提升社会地位和参与社会活动的关键。

“受过较多教育的劳动者的劳动是较高级较复杂的劳动。在同样长的时间内可以创造较高的价值。”① 新时代，随着农业技能化、专业化、规模化的程度大幅度提高和人工智能带来的新农业革命，亟须一大批具有专业知识、具备熟练劳动和现代信息技能，且富含高度社会责任感的职业农民从事现代农业生产。职业农民已经成为现代农业最核心、最重要的因素，农民不再是一种身份印记，而是一种新型职业选择，受教育权对于农民具有越来越重要的意义。

加强实施农村教育工程，让农民及其家庭子女都能接受公平有质量的教育，尤其是保障农民受教育权的实现和发展，是消除农民贫困代际传递的重要手段。农村地区在教育资源分配、教育质量、权利保障等方面存在进步的空间，相关法律法规的落实亦需进一步强化，因此，需要构建系统完备的法律框架，在确保教育资源公平分配的同时，还要明确政府在农村教育发展中的职责，强化对农村教育投入和质量的监督管理，同时鼓励地方政府和社会组织广大成年农民进行系统的科学文化知识学习和专门的职业培训，确保农民能够在一个公正、高效的法律环境中享受到与城市居民平等的受教育权，把他们培养成具有高度社会责任感、丰富的职业技能和扎实的农业就业能力，适应现代农业发展要求并且有意愿务农的新型职业农民，帮助他们摆脱物质和精神贫困的局面，让他们成为我国现代农业发展的领头羊，为尽快促进传统农业的转型升级奠定基础并作出贡献。

三、以参政权、自治权和程序性权利作为运行目标——运行体系

（一）参政权

马克思认为，人民只有亲自参与了政治过程的具体环节，才有可能实现其民主权利。我国宪法规定：“人民依照法律规定，通过各种途径和形式，管理国家事务，管理经济和文化事业，管理社会事务。”应该说，我国公民享有十分广泛的参政权。

农民参政权是农民当家作主，维护、传递其正当利益诉求，参与国家政治、经济和文化事务的主要手段。通过行使参政权，农民可以更好地维护自

① 温辉．受教育权入宪研究［M］．北京：北京大学出版社，2003：146.

己的正当利益，促进国家政策的公正性和平衡性，确保国家制度和政策符合农民的真实需求和期望。但在现实中，一方面，农民缺乏利益表达意识；另一方面，参政权在制度设计和实践运行中均未得到有效确认和保护。表现为农民的政治参与率低、参与机会不均等，利益表达渠道受限，同时民主监督等权利也面临不同程度的侵害。一旦农民利益诉求表达不畅通，就会让农民产生对制度和政策的不信任。伴随着城镇化进一步推进，农民的利益诉求和利益分配问题日益凸显，“每个人，或任何一个人，当他有能力并且习惯于维护自己的权利和利益时，他的这些权利和利益才不会被人忽视”①。因此，将农民纳入合理的政治参与体系之中，加强党对村民自治的领导，一方面，确认和保障农民现有的参政权利，健全农民的利益表达机制，拓宽农民政治参与的多元渠道，并不断丰富、发展和提升农民参政权的内容、范围和水平。另一方面，完善村民（代表）会议制度，引导农民行使选举、协商、决策和监督等民主权利，培育农民作为参政主体的自觉性和能动性，确保参政过程的法治化和规范化。

（二）自治权

“权力导致腐败，绝对权力导致绝对腐败。”② 自治权既是对国家权力的一种监督，也是对国家权力的一种补救，它是农民依法自主开展生产经营，依法自主管理日常生活以及参与本村公共事务的民主权利。村民自治作为农村基层直接民主的有效形式，它与农民的生产生活规则紧密相联系，它以制度的形式确立了农村自下而上的政治权力产生的方式，体现了国家对民主权利的尊重、确认及有效保障，确保农民能够依法自主参与村务管理。

党的十九大报告提出了加强农村基层基础工作，健全自治、法治、德治相结合的乡村治理体系的具体要求。村民自治在我国的法治进程中扮演着不可忽视的角色，然而，其在现实中仍存在明显的不足。首先，随着户籍制度改革的推进，农村的内部结构发生很大变化，大量的农村劳动力进入城市务工或定居，留下了留守老人和儿童，而他们缺乏自我管理的意识，在自治过程中大都疏于或者是怠于行使和维护自身权益，更多信奉“熟人社会”，习惯于接受乡村干部用传统的办法管理乡村。其次，个别农村基层党组织软弱涣

① 达尔．论民主［M］．北京：商务印书馆，1999：60.

② 阿克顿．自由与权力——阿克顿勋爵论说文集［M］．侯健，范亚峰，译．北京：商务印书馆，2001：342.

散，农民的政治参与、政治表达与政治监督等意愿不强。如果真正鼓励农民充分发挥话语权和自主权，并切实提供农民全过程参与乡村振兴建设规划和制度制定的机会，让他们能根据自身的利益和需要，自主辨别和选择与自己相关的话题和行为，并认识到自主参与和管理自己事务的重要性，使他们的自治权在制度和实践中得到充分的确认和保护，那么农民才会积极支持乡村振兴的政策和制度，进而内生建设乡村的责任意识和奉献意识，自觉投身生态宜居美丽乡村的建设和文明乡风的维护之中。

因此，通过设立科学合理的自治程序、合法的制度渠道来保障和落实村民自治权的有效运行，限制其他社会主体对农民自治权的侵害，避免自治机制被少数人侵蚀或操纵，培养农民的民主习惯和民主意识，增强农民的自主管理和参与社会公共事务的能力，为农民自主经营和自我管理提供机会和条件。让农民顺畅表达自己的利益和诉求，并让其成为农民的一种生活方式，这也是现代社会维护和发展农民权利、促进社会公平正义与和谐稳定的内在需要和治理手段。

（三）程序性权利

程序性权利是一项综合性的权利，不只关注结果，更注重过程，它关注权利实施过程中的公正性、透明性和参与性。它包括不论职位高低、财富多少、性别出身、社会地位，公民可以通过一定的方式、步骤和手段去实现自己的权利，在参与立法、行政、司法等过程时，可以通过充分的、平等的、公正的参与和表达的权利，制约和监督国家权力的决策，从而防止和避免公民权利受到侵害；还包括实体权利受到侵害时获得权利救济的权利，即各类诉权，通过行使司法救济权和国家赔偿权，从而保障实体权利的实现与权利体系的稳固，同时又使权利体系不断丰富和完善，并适应权利主体的发展与需要。①

因此，只有重视和赋予农民程序性权利，才能体现对农民的尊严、价值和主体地位的尊重。农民只有主动积极地参与政治生活的过程和环节，才能更好地享受自己的各项权利。农民的程序性权利能否有效落实，离不开农民的广泛参与，更有赖于司法救济功能的有效发挥。为此，立法机关亟须设计出与实体权利相配套的程序体系，深入研究程序如何满足实体利益和需求，

① 左卫民，刘晴辉，刘海蓉，等．诉讼权研究［M］．北京：法律出版社，2003：6.

并与司法救济、行政救济等救济制度相互配合，共同搭建权利实现的平台。

农民权利价值体系植根于农民的现实生活状况，它体现了农民作为公民如何在乡村振兴建设中寻找最基本的生存权利的价值判断，并且是对其权利的确认，蕴含了农民权利体系的逻辑起点。农民权利保障体系是农民权利价值体系的基础载体，指引和规范农民权利体系所承载的价值构成。同时，从法定权利向现实权利的转变是有条件的，需要依靠一套完善的权利救济机制，应有权利与法定权利之间的差距，在于救济机制的实现效果如何。农民权利运行体系揭示了农民权利体系的动态构成，展示了农民权利体系的运行机制，从而使农民权利的实现成为一个持续递进的过程。当然，由于农民权利体系具有开放性、时序性和发展性特征，农民的利益和需要会随着社会的发展而发展。“人不仅为生存而斗争，而且为享受，为增加自己的享受而斗争……准备为取得高级的享受而放弃低级的享受。”① 因而还需要学者不断地去研究和完善农民权利体系的构建。

---

① 中共中央马克思恩格斯列宁斯大林著作编译局．马克思恩格斯选集（第四卷）［M］．北京：人民出版社，1995：623

第五章

农民发展问题中的权利实现路径

现代人权理论认为权利有三种存在状态，即应有权利、法定权利和实有权利。它与马克思主义关于权利类型的分类实质是一致的，因为法定权利的实现，既可以是一个过程——“从法定状态向现实状态运动的过程”①；也可以是一个结果——指权利人实际获得的权利且为法定权利所保护的利益，即实有权利。② 实有权利是应有权利和法定权利的追求目标。在实际生活中，并非所有的法定权利都能被实现，而其只具有实现的可能性。因为大多数法定权利的实现是需要社会（物质性或精神性）资源援助的，缺乏必要的资源，法定权利就只能停留在形式上。③

就农民权利保护和实现路径而言，相关研究主要集中这几个方面：一是王佳慧④和杨郁等⑤认为，农民权利的实现主要体现在合理调适和正确处理权力与权利的关系上；二是高新军⑥、赵万一⑦和刘同君⑧等强调要从制度上保障农民权利；三是张英洪⑨等提出给农民以宪法关怀，实现农民的完全公民权。党的二十大报告指出，维护和促进社会公平正义，着力促进全体人民共

---

① 张珍芳．从“范跑跑”事件看权利实现的道德阻却及其消减［J］．法学，2009（6）：10-14.

② 吴睿．论农民的法定权利及其实现［D］．苏州：苏州大学，2013：74.

③ 林喆．公民基本人权法律制度研究［M］．北京：北京大学出版社，2006：10.

④ 王佳慧．当代中国农民权利保护的法理［D］．长春：吉林大学，2007：124.

⑤ 杨郁，刘彤．农村权力结构嬗变与农民权利实现的互动关联［J］．东北师大学报（哲学社会科学版），2014（3）：39-42.

⑥ 高新军．我国城市化进程中的农民权利及其保障［J］．当代世界与社会主义，2012（6）：185-194.

⑦ 赵万一．中国农民权利的制度重构及其实现途径［J］．中国法学，2012（3）：5-17.

⑧ 刘同君．论农民权利倾斜性保护的价值目标［J］．法学，2022（2）：21-33.

⑨ 张英洪．给农民以宪法关怀［M］．北京：中央编译出版社，2010：6.

同富裕，强调“全面建设社会主义现代化国家，最艰巨最繁重的任务仍然在农村”。新时代，在加快构建新发展格局、着力推动高质量发展的背景下，我们应该以坚持农业农村优先发展、全面推进乡村振兴为抓手，既要从马克思主义权利观出发，善于联系农民群众，在政策上对农民予以关照，在生活上对农民予以关心，处理好工农关系、城乡关系，建立和巩固工农联盟；又要认清当今农民权利实现的复杂性、长期性和艰巨性，认清它是一个贯穿实现共同富裕、中国式现代化业全过程的历史任务。因此，为通过权利的实现推动农民的全面发展，需要我们从以 GDP 为中心向以人民为中心、社会均衡发展的方向转变，从向农村索取到“城乡统筹”“城乡融合”发展的战略思想改变上。以全面维护和实现农民权利，确保农民利益不受损的底线思维，从政治、经济、文化、生态等多个全局层面上认识农民权利问题，充分尊重农民群体在乡村振兴中的主体地位和首创精神，始终把保障和实现农民权利作为出发点和落脚点，抓住当前协调推进乡村振兴和新型城镇化战略的发展阶段的新特点，用更大的精力改善民生，让农民分享更多改革成果的机遇。既要认清农民权利意识的形成、农民权利体系的构建、农民权利实现必然是一个循序渐进的过程，看到农民权利在不同发展阶段的重点和问题解决的紧迫性，又要看到农民权利问题的长期性和普遍性，从不同空间区域出发，揭示其在特定地区的特殊性，进而找到解决对策的差异性，争取更多的机会和时间，稳步推动农民权利的实现，最终让亿万农民平等地参与现代化进程、分享现代化成果，实现城乡共同繁荣。

第一节　权利实现的宏观审视

权利的实现，有赖于宏观层面的系统审视与考量。本节立足于理论指导、主体作用、价值指引、终极目标、文化引领及协同路径等六个维度，探索权利实现的内在逻辑，充分满足农民的多元需求和利益，进而推动农民的全面发展。

一、以马克思主义权利观为指导

权利的实现离不开科学的理论指导。马克思主义权利观认为，权利实现要从整体利益出发，它强调了权利与义务的统一性，并主张通过调整生产方式，推动人的全面发展。同时，它指出，社会主义权利的充分实现是一个长期、渐进且复杂的过程，不可能一蹴而就。因此，权利的实现只能根据不同的时代的特点，采取不同方法和手段，分阶段、分步骤来实施和完成。① 在当今以人为本的城镇化深入发展过程中，我们要充分领会农民权利体系的构建和完善对推进乡村振兴的价值指引作用，抓住以人民为中心的乡村振兴发展的新机遇和新目标，增强问题意识，着眼农村发展存在的、聚焦农民权利实践涉及的深层次、急难愁盼问题，从不同乡村空间区域出发，深刻揭示农民不同类别权利的差序性，不同区域的农民权利的差异性以及农民不同的权利实现的紧迫性和重要性。

首先，立足社会整体利益。农民作为我国最大的社会群体，其权益保障直接关系到社会大局的和谐稳定。马克思主义权利观强调权利的社会性，它认为权利不仅仅是个体的权益，更关乎整个社会集体的权益，实现农民权利不仅仅是为了保护农民的个体权益，更是为了维护整个社会的利益。只有当农民的权益得到有效保障，整个社会才能实现持续、健康的发展。其次，强调权利与义务的统一。马克思主义权利观认为，权利与义务相互联系、相互制约。在保障农民权利的同时，也应该引导农民履行其相应的社会责任和义务。通过这种方式，既可以有效维护农民的权益，增强他们“想种地”“爱种地”和“能种地”的主人翁意识，激发农民主动争取平等参与乡村振兴建设的动力，提升农民在乡村振兴建设中的身份认同感和角色归属感；又可以促进农民积极投入乡村振兴建设，为建设宜居宜业和美乡村作出更大的贡献。最后，通过改变生产关系和生产方式，为农民提供更好的生存发展环境。马克思主义认为，权利的实现有赖于生产关系和生产方式的改变。习近平总书记指出：“产业振兴是乡村振兴的重中之重，也是实际工作的切入点。”②这一重要论述表明，要真正实现农民的权利，必须转变传统的生产方式，以产业振兴推进农业农村现代化，有针对性地推动农村的产业结构调整，以绿色产业推动乡村生态振兴，以产业融合助力乡村产业高质量发展，以数字经济赋能农业现代化，提高农业的科技含量，确保农民能够获得更好的经济收益。

---

① 鲍宗豪，金潮翔，李进．权利论［M］．上海：上海三联书店，1993：365-366.
② 黄泽清．以产业振兴为基础推进农业农村现代化［N］．光明日报，2023-05-23（11）.

总之，从马克思主义权利观出发，不仅应关注农民的经济权利，还要关注农民的政治、文化和社会等权利。既要了解农民个体权利实现过程中的特点，也要关注其群体权利目标实现的矛盾与冲突。既要重视权利主体个体的自由自觉的能力，因为“失去了活生生的个体，空洞的集体或者整体是不存在的……失去了个体主义的背景，抽象地谈论权利就失去了意义”①；又要认识到农民权利实现的复杂性、长期性和普遍性，通过采取不同的措施和方式去分类别和分阶段实施，循序渐进，努力确保农民个体和群体权利的均衡发展，进而让亿万农民平等地参与现代化进程、分享现代化成果。

二、以发挥农民主体作用为落脚点

权利的实现需要激发权利主体的内生动力。长期以来，在传统观念中，农民常被视为被动的政策接受者和遵从者，忽视了其作为乡村发展内生动力的源泉。真正的乡村振兴，必须立足于激发农民的主体意识，尊重农民的首创精神，将农民从“要我发展”转变为“我要发展”，进而实现乡村的全面、可持续发展。当前，一方面，农民“等、靠、要”思想严重。在乡村建设中，一些地方的农民习惯安于现状，过度依赖扶贫政策，缺乏参与乡村建设的主动性、能动性和创造性，“被做主”“被代言”现象较为突出。另一方面，农业转移人口的再社会化、再就业等问题依然严峻。这些问题在很大程度上制约了农民主体性作用的发挥。能否有效发挥农民主体作用，事关乡村振兴成败的关键，唯有尊重农民的独立地位和人格，才能改变农民权利主体的地位。从哲学角度看，主体作用是人对客体的一种自觉意识，它通过人的劳动实践转化为人作为主体的能动的创造功能和意识，实际上就是人的实践能力和创造能力。在马克思看来，人的类特性恰恰就是人的自由的有意识的活动，② 他把这种活动概括为劳动实践，而人进行劳动实践的目的就是不断满足人的“生存需要”“享受需要”和“发展需要”。主体的需要和利益在得到满足的同时不断驱动人的主体作用的发挥，并影响着主体作用的发挥程度和效果，在一定意义上这种满足就是主体作用的产生和运作的内生动力，同时主体能

---

① 张千帆．宪法学导论［M］．北京：法律出版社，2004：465.

② 中共中央马克思恩格斯列宁斯大林著作编译局．马克思恩格斯选集（第一卷）［M］．北京：人民出版社，1995：46.

动性的发挥又促使其需要和利益得到不断的满足。[①] 但如果"劳动作为一种与他相异的东西不依赖于他而在他之外存在",[②] 而且如果人"在自己的劳动中不是肯定自己,而是否定自己,不是感到幸福,而是感到不幸,不是自由地发挥自己的体力和智力,而是使自己的肉体受折磨、精神遭摧残"[③],那么,这种异化劳动的结果必然导致劳动者失去了其劳动的主体性,而被动地处于生产关系中,劳动实践只是作为其谋生的手段。人如果完全丧失了对自己劳动的支配和主导权,使得自己成为自己对象的奴隶,而归之于人的需要和利益将越来越少,那么人的自主性、创造性、能动性自然不可能发挥出来。恢复劳动的主体性是克服异化的关键,农民作为乡村振兴的主要依靠力量,如果他们对乡村振兴的战略目标不认同,内容不了解,前景不看好,认为其与自己的切实需要和利益不相关,自然很难自觉自发地融入乡村振兴的建设当中。只有让他们深刻地感受到乡村振兴是他们日益增长的"美好生活的第一需要",意识到乡村振兴建设与他们自身最关心、最直接、最现实的需求和利益高度契合,而且他们对乡村振兴建设具有参与和主导权,他们才会主动、自愿地积极参与和投入。马克思曾经说过:"人们为之奋斗的一切,都同他们的利益有关。"[④] 这种利益既可以是物质层面的,也可以是精神层面的,或者两者兼有。在马克思看来,需要和利益是推动社会主体有意识的自觉活动的直接动力,并且一定的社会需要和利益总是与权利联系在一起的。"利益也意味着社会主体对一定的客观需要的认识,以及在此基础上所进行的具有一定意志、追求一定目的的活动。"[⑤] 一方面,社会主体需要通过行使权利来满足自己的需要和利益。权利从这个意义上来讲是一定利益的法治化。另一方面,当一定的利益被规定为权利时,又成为保障其利益实现的重要手段。当然,只有符合正当性和合法性的利益才会被上升为权利。农民的主体作用也正是

---

① 王晓娜,王洪波.马克思"人的主体性"思想及其现代意义探究[J].中共成都市委党校学报,2018(5):22-27.

② 中共中央马克思恩格斯列宁斯大林著作编译局.马克思恩格斯选集(第一卷)[M].北京:人民出版社,1995:41.

③ 中共中央马克思恩格斯列宁斯大林著作编译局.马克思恩格斯文集(第一卷)[M].北京:人民出版社,2009:159.

④ 中共中央马克思恩格斯列宁斯大林著作编译局.马克思恩格斯全集(第一卷)[M].北京:人民出版社,1995:187.

⑤ 公丕祥.权利现象的逻辑[M].济南:山东人民出版社,2002:275-276.

在不断地实现好、维护好和发展好农民的各项权利中得以确立，同时在不断实现农民权利的过程中，农民的主体作用也一步步得以强化。对于农民来说，如果能构建一个自由流动的制度环境，解决其最终出路与转移问题，满足他们在政治、经济、社会、文化和生态等各方面的需要和诉求，让农民在土地、财产收入、自身发展和市民化等方面真正拥有和城市居民平等的机会，并通过法律制度加以确认，使农民权利的实现获得制度保证，让农民拥有平等参与、均等发展的机会，农民才会积极配合和自发主动参与乡村建设。因此，针对当前农民最关心的土地等财产问题，应从解决农民最关心、最直接、最现实的利益问题入手，把工作着力点聚焦于充分发挥农民的主体作用，使其在权利的表达、诉求和维护中拥有更大的话语权和行动力，有效激活权利实现的内在动能。这不仅是回应农民需求的迫切之举，更是推动农民全面发展的基础。

三、以和谐思维为重要指针①

多元主体的积极参与和良性互动，是权利柔性实现的关键所在。马克思主义认为权利不是天赋的，并非与生俱来、从来就有的，而是依靠社会条件的改变，并通过人们在社会发展过程中不断斗争而获得和实现。现实生活中，农民诸多权利的实现往往需要依靠农民自身的努力和斗争，从而使其利益逐步得到改善和实现，但在某种程度上也影响了政府的决策，从现代社会稳定和制度变革的角度看，它也可能导致社会秩序的失范，阻碍经济社会的发展，表现出社会治理效率低、治理成本增加的态势，并不能从根本上解决权利问题。因此，必须以和谐思维引导权利的柔性实现，推动各方共谋合作与发展，既要主张“和而不同”，又要承认事物的差异，不强求事物的统一，又主张各方互惠双赢，不同价值取向和思想观念的人都享有参与社会治理活动、参与社会生活的同等权利。② 首先，承认权利差异。在现实的社会环境中，由于历史、地域、文化和经济发展水平的差异，不同的利益群体往往可能有着不同的权利需求和诉求。实现农民权利不意味着“一刀切”，而是要承认相关利益群体权利的差异，增加和农民之间的沟通交流，增强包容性、善意性和宽容

---

① 何志鹏．权利基本理论：反思与构建［M］．北京：北京大学出版社，2012：237.
② 张国清．和谐：一种提倡兼容的公共哲学［J］．哲学研究，2005（6）：30-34.

性。其次，积极化解矛盾。政府、企业和相关利益群体应该学会主动与农民沟通，构建多元协作的治理机制，促进矛盾向积极方面转化，避免农民非理性的表达和体制外的对抗。最后，采用柔性的方法。对于一些涉及农民权利的敏感和复杂问题，应该采用对话、协商和调解等柔性方式，了解农民的需求和期望，制定合理有效的政策。

确立以人为本的和谐思维方式，需要我们深入理解和掌握复杂的社会经济关系与变革，把握好全局和局部、当前和长远、宏观和微观、特殊和一般的关系。在全局层面上，应认识到农民权益不仅关乎农村的和谐，还关乎整个社会大局的稳定；而在局部层面，要针对不同地区、不同民族、不同文化背景的农民，采取有针对性的策略，确保他们享有同等机会。需要着力解决当前重点领域、亟须解决的紧迫问题，特别是在土地征收、拆迁等重点领域。从长远看，应构建一个公正、公平的制度体系。宏观上，要完善法律体系，确认和保障农民发展的权利体系；微观上，需要改进农村的基层治理，开拓农民参与村级议事协商的渠道和方式。既要处理好农民与政府、农民与企业之间的利益关系，还要充分考虑到绝大多数农民的共同利益，更不能忽视少数或特定群体的特殊需求，处理好农民内部的利益分歧，从而使农民诉求的解决最终走向合理合法的制度化轨道。

四、以城乡融合发展为终极目标

权利的实现有赖社会发展模式的有力保障。马克思指出，城市和乡村的分离，使农村居民的精神发展和城市居民的体力发展的基础都遭受到破坏。在当前形势下，坚持以城乡融合发展为终极目标，不仅是经济发展的必然要求，也是实现资源共享、要素流通，推进公共服务均等化的重要途径。它意味着社会发展重心的调整，即从以农补工向以工补农转型，着重促进资本、技术、人才和信息在城乡之间的无障碍流动，平衡公共资源配置，实施制度供给上的城乡无差别，以确保农民在教育、医疗、住房、就业等方面享有同等的权利和机会。一方面，优化了权利实现的经济基础。城乡融合发展从根本上提升了农民的经济地位，它不仅使农民能够通过多渠道获取稳定收入，包括传统的务农收入、进城务工收入、经商经营所得等，还可在养老医疗、种粮补贴、社会救助、扶贫帮扶等方面获取收益，避免他们在遭遇突发事件、疾病或自然灾害时因缺乏社会保障而陷入贫困。同时，城乡融合发展模式推动土地制度改革，强化保障农民土地财产权，确保农民在土地征收、流转等方面享有公平合理的补偿和市场收益，从而增强其经济自主权。另一方面，拓展权利实现的社会空间。城乡融合发展不仅仅是经济层面的调整，更体现在社会治理体系的变革。城乡融合发展模式完善城乡公共服务体系，推动教育、医疗、社会福利等服务向农村延伸，提高农村地区的公共服务质量，使农民获得更加均等化的社会资源。通过推进基层民主建设，可进一步增强农村居民在城乡社会治理中的话语权，使其能够积极参与政策制定、社区治理和资源分配，确保其发展诉求在决策过程中得到充分的表达和尊重。

城乡关系的调整必然带来整个社会的改变，它为农民提供了更广泛的发展机会，这也正是马克思主义在权利问题上坚持历史唯物观的立场表现。

五、以社会主义先进文化为引领

权利的实现需要社会文化观念的深刻转变和权利意识的普遍觉醒。现代农业发展已经迈入全新的现代化阶段，不仅要关注传统的农业生产技术和经营管理，更要强调农业主体现代性的塑造。这一主体，即现代新型农民，正在经历一场文化与道德观念的现代转变，他们不再是单纯依赖土地和传统经验的生产者，而是具备一定现代文化知识和拥有较高思想道德水平的新型农民。在当前的农村文化建设中，尽管取得了一系列显著进展，但仍面临着深层次的挑战与问题。由于农村的特定历史和文化背景，各地农村存在着重经济建设、轻政治建设，注重物质文明建设、忽略精神文明建设的现象，伴随多元多样文化的侵蚀和冲击，核心价值观在农民的思想中逐渐淡化和弱化，如诚信缺失、道德失范在农村社会中凸显，这深刻反映了社会规范和权利观念在农村传播实践过程中所面临的障碍，不仅在宏观层面影响农村的经济发展与社会和谐，还在微观上对农民的精神健康、日常交往造成了困扰，进一步揭示了农村文化建设的紧迫性。

首先，文化知识水平决定了农民能否正确了解权利、行使权利以及如何实现权利。“一切问题，由文化问题产生。一切问题，由文化问题解决。”① 缺乏文化，人难以形成坚定的信仰，也难以产生更深层次的精神追求。科技和文化水平影响到现代农业生产的效率和质量，但更重要的是，文化水平和

① 钱穆，文化学大义［M］. 北京：九州出版社，2012：1.

思想道德水平决定了农民对于权利的认知、行使和实现。正如马克思所说："哲学把无产阶级当做自己的物质武器，同样，无产阶级也把哲学当做自己的精神武器。"①当我们谈论农村的发展和振兴时，不能只关注物质文明的建设，忽视精神文明的培育。农民需要的不仅仅是物质的丰裕，更需要精神的富足和文化的滋养。其次，农村文化振兴，实际上指向了农民的精神文明建设。城乡融合发展是一个涉及经济、政治、文化、社会、生态有机统一的现代化建设。习近平总书记强调："加强农村思想道德建设和公共文化建设，以社会主义核心价值观为引领，深入挖掘优秀传统农耕文化蕴含的思想观念、人文精神、道德规范，培育挖掘乡土文化人才，弘扬主旋律和社会正气，培育文明乡风、良好家风、淳朴民风，改善农民精神风貌，提高乡村社会文明程度，焕发乡村文明新气象。"② 由此可以看出，社会主义先进文化不仅对于农民的道德素质和权利观念具有精神引领作用，而且是乡村振兴的"铸魂工程"。

从农业生产技术到农村经济管理，从环境保护到农村社会治理，社会主义先进文化为农民提供了丰富的知识资源和方法论，帮助他们更好地应对现代农业发展中的各种挑战。而社会主义核心价值观是文化的灵魂和核心，它强调的自由平等、公平正义等价值观念。对于农民来说，这不仅意味着他们应当得到公正的回报和对待，更意味着他们在社会生活中应当享有平等的权利。因此，要充分发挥以社会主义核心价值观为主导的中国特色社会主义文化的引领和指导作用，以文化建设赋能乡村振兴建设的全过程，引导农民积极投身乡村文化建设，重视培育和践行社会主义核心价值观，以改革创新的时代精神鼓励农民创业创新的激情，提高农民的科技文化知识水平、职业技能和社会参与能力，这不仅体现以人为本的理念，也是缩小城乡居民的文化差距、增强农民权利意识，进而帮助农民摆脱物质上和精神上的贫困，加快融入现代城市文明的最佳途径。

---

① 中共中央马克思恩格斯列宁斯大林著作编译局．马克思恩格斯文集（第一卷）[M]．北京：人民出版社，2009：17.

② 中共中央党史与文献研究院．习近平关于"三农"工作论述摘编 [M]．北京：中央文献出版社，2019：125-126.

六、以汇聚政府、社会和农民多元合力为着力点

权利的实现，需要在众多主体意志的合力下不断推进。农民权利的实现往往受到多重因素的制约，并非依靠农民个体力量就能单独克服，需要政府、社会和农民的共同努力，汇聚力量，形成合力。“每个意志都对合力有所贡献，因而是包括在这个合力里面的。”①

首先，通过立法和行政手段确立并保障权利实现。政府要履行保障农民权利的责任，通过广泛的组织动员，争取社会各界主动参与乡村建设，形成自上而下和自下而上的统筹城乡融合发展的合力和统一战线，为农民权利的实现创造有利的外部环境，保证农民能充分行使参与权、知情权和表达权，使其获得一定的博弈筹码以维护自身利益，为农民权利的实现奠定基础。其次，监督权力运行为权利实现提供支持。各种社会组织、企事业单位等在农民权利实现的过程中起到了桥梁和纽带的作用。例如，非政府组织和志愿者可以为农民提供法律援助，帮助农民更好地认知并行使自己的权利，使农民更有信心和能力捍卫自身权利。而企业，尤其是那些与农业产业链紧密相关的企业，可以为农民创造更多的就业机会，这不仅有助于提高农民的收入，更重要的是赋予他们实现就业权的机会，使他们在社会经济发展中占据更有利的位置。最后，个体积极行使权利、履行责任。权利的实现不仅需要外部的制度支持，更需要农民自身的努力和争取，应引导农民充分发挥自身能动性与创造力，为自身权益积极发声并付诸行动。农民群众的积极参与不仅对政府的权力产生制约和影响，还能促使政府改变政策、调整行为，而政府对于城乡融合的主导作用，其权力的合理行使又会对农民权利的实现具有促进、指导和保护作用。

农民权利的实现需要政府、社会和农民本身三方面的共同努力，它使众多的个体意志得以统一，形成了一个不可抵挡的力量。

---

① 中共中央马克思恩格斯列宁斯大林著作编译局．马克思恩格斯选集（第四卷）[M]．北京：人民出版社，1995：697.

第二节 权利实现的具体路径

权利的实现，实践层面需注重协同构建与系统推进。既要重视农民个体的差异性与个体自由自觉的能动性，也要关注农民群体权利目标实现中的矛盾与冲突，还要认清权利实现的复杂性，把握乡村全面振兴发展的新机遇和新目标，以缩小城乡发展差距和工农差距为目标，着重关注操作层面与法律治理层面的路径和机制，实现马克思说的："我们的目的是要建立社会主义制度，这种制度将给所有的人提供健康而有益的工作，给所有的人提供充裕的物质生活和闲暇时间，给所有的人提供真正的充分的自由"①。本节围绕制度保障、参与渠道、良性互动等层面展开探讨，力求构建以实践为导向的权利实现模式，夯实权利基础、拓展权利空间、提升权利效能，切实推动农民权利从法定到实有的转化，并最终服务于农民的全面发展。

一、完善规范化的农民权利制度体系

确保农民权利得到保障和实现，体现"权利的三个属性——正当性、合法性与现实性"②，需要加快完善更加规范、公平、合理的农民权利制度保障体系。当前，由于缺少明确和完善的法治保障，农民权利的确认、保障和实现出现了不同程度的失序和滞后，这在某种程度上阻碍了农民权利的实现。"立法者应该把自己看作一个自然科学家。他不是在创造法律，不是在发明法律，而仅仅是在表述法律，他用有意识的实在法把精神关系的内在规律表现出来。"③ 权利体系能否反映农民需要和利益的客观要求，在很大程度上取决于立法者的主观意志性和客观选择性，如果立法者真正认识到农民客观的利益要求及其发展趋势，正确地把握正义、邪恶、美丑、善恶的基本标准，把农民利益本身存在的内在必然性和权利要求在法律上体现出来，形成良好的

① 中共中央马克思恩格斯列宁斯大林著作编译局．马克思恩格斯全集（第二十一卷）[M]．北京：人民出版社，1965：570.

② 夏锦文．法哲学关键词 [M]．南京：江苏人民出版社，2013：21.

③ 中共中央马克思恩格斯列宁斯大林著作编译局．马克思恩格斯全集（第一卷）[M]．北京：人民出版社，1995：347.

权利平衡机制，对农民一视同仁并给予应有的尊重，实现合理的制度供给上的城乡无差别对待，充分保障农民共同享有社会发展的各项权利，使其应有权利现实化，那么权利体系就能体现农民的价值和尊严。因此，从国家的角度而言，对职业农民进行合理定位，利用户籍制度改革的契机，循序渐进、分层次引导在城镇就业的农业转移人口落户，将成熟的政策措施法治化，在法治的轨道上推进农民权利的实现，具体包括以下三点。

第一，给"农民以宪法关怀"。这不仅是对农民权利的肯定和尊重，更是现代国家的法治建设的要求和反映。只有宪法真正得以实施，宪法尊严得到真正维护的时候，我们才有可能建立维护和完善农民权利的法律制度。① 宪法作为国家的根本法，对国家所有的法律、政策和行为都有约束作用，它是维护国家法治、保障公民权利的根基。在现实中，要我们进一步弘扬宪法至高无上的精神，树立宪法观念，依靠宪法的力量，确保农民在宪法中的权利和地位得到明确，让农民获得真正公平和平等的机会，过上有尊严且体面的生活。一方面，合理定位职业农民，通过正当合法的程序废除各类针对农民身份等作出的不合理的法律规定和相关政策，为他们提供与其实际工作和生活相适应的权益保障和发展机会，采取多种必要措施促进城乡要素的平等交换和公共资源在城乡之间的均衡配置。另一方面，通过司法机关、行政机关等各方面的共同努力，逐步消除在实现农民权利过程中涉及的隐性消极影响，提升农民的城市化参与程度，循序渐进、分层次推进农业转移人口的落户政策，协助他们适应城市生活，提高他们的就业能力，并逐步解决户口、社会保障和农民及其子弟教育等问题，让农业转移人口有序市民化，确保每一项与农民权利相关的规定都能在实际工作中得到落实，达到农民市民化和城市现代化统一的目标，最终促进社会公平正义的实现。

第二，依托国家基本法律，将农民权利体系的设计纳入法治轨道。科学界定农民享有的生存权、自由权、财产权、受教育权、民主权、社会保障权和救济权等权利的内涵、内容和范围，避免权利之间的冲突和重叠。积极出台针对农民的倾斜保护规定和措施，制定、修改和完善有关农民权利方面的立法工作，将农民权利价值体系、权利保障体系、权利救济体系上升为法定

① 韩大元．中国宪法文本上"农民"条款的规范分析——以农民报考国家公务员权利为例［J］．北方法学，2007（1）：101-115.

权利，平衡各相关主体的利益关系，确保不同法律之间的协调一致。如针对当前农民面临的重要土地问题、收入问题和乡村治理问题，中央就农村土地制度的变革提出了一系列政策举措，但现有法律法规还有所滞后。从“立法实践来看，许多重大改革举措都是由实践首创开始，既而制定政策，经过试点与修正，最后以法律形式固定下来”①。为了切实保障农民的土地财产权，要针对实践中土地被强行流转、多次流转，流转程序不规范、流转价格偏低等现象，尽快出台具体的规范制度。同时，将保障土地财产权实现的各类做法上升为法律，并通过完善具体的实施细则，确保土地的合理流转和农民土地财产权的各项规定得到有效执行，真正落到实处。

第三，建立有效的法律救济机制，确保依法获得权利救济。公正的法律救济，直接关系到法律的公信力，法律救济机制是农民权利得到确认和维护的基石。有效的法律救济机制应当确保农民在其权利受到侵害时，能够依法迅速地获得救济，而不是被迫沉默或选择放弃，对此，可以有以下方式实现。一是要实行制度化、规范化的救济程序保障。农民对法律的知晓度和运用能力相对较低，而其一旦权益受到侵犯，高昂的诉讼成本又常常使他们望而却步。要千方百计保障农民由于身份等原因而导致的其权利受到不合理限制和侵害时，都可依照法律程序获得权利救济，这无疑能有效帮助农民维护自身合法权益。因此，制度上，应构建起简便、高效的乡村诉讼制度，降低诉讼成本，简化诉讼程序，并为农民提供专门的法律援助机制。政策上，国家和地方应出台一系列扶持措施，加大资金投入，完善各类如经济补助、律师费用减免等的法律服务措施，确保农民在维权过程中不受经济方面的影响，降低农民维权的时间和经济成本，扩大法律援助范围，确保他们在其权利受到侵害时能够得到专业的法律帮助。实践上，设立巡回法庭、派出检察室等服务点，充实基层行政执法人力，优化工作流程，简化法律手续，畅通农民获得利益诉求和权利救济的渠道，防止有法不依、有章不循、以言代法的现象发生，以法定的救济体系实现对每一个农民有效的权利保护。二是强化乡村法律普及教育。增强基层干部法治思维，提升基层干部运用法治手段的工作能力，培养农民尊法学法守法用法的意识，使其充分了解自身的权利和义务，

① 蔡晓卫. 城镇化进程中失地农民社会保障立法模式研究——以浙江省为例［J］. 浙江金融，2013（11）：61-64.

同时强化农村的立法工作，推进村民自治的法治化运行，实现农民、集体、国家与社会在法治框架下的和谐共生。

二、健全制度化的农民教育培训体系

马克思主义认为，权利主体综合能力的差异在一定程度上影响着权利的享有和实现。教育不仅是传授技能和知识的手段，更是塑造农民思维模式、增强农民权利意识和培养农民创新才能的关键。加大对农村教育领域的资金投入，培育“懂农业、有文化、技术高、会管理、善运营”的职业农民，这不仅是乡村振兴人才建设的根本需要，更直接决定了农业现代化进程推进的速度和乡村全面振兴的成败，也是提升农民尊严和地位的关键因素。完善的制度化农民教育培训体系，可以确保农民获得必要的教育和培训，帮助他们在政治地位、农业生产、市场交换和民主参与中获得更大的话语权，而通过国家立法的形式建立健全农民教育培训体系，可以更好地避免传统农村教育的“走过场”和“假大空”，真正达到让农民受到教育的实际效果，从而保证农民受教育权的落实。① 当前，我国尚未建立起系统的现代农民教育体系，如在现代农业职业教育上，存在传统农科专业模式相对单一、与现代农业发展的要求和现有的市场需求不匹配等问题，同时，现代农业技术与专业设置缺乏结合度，课程体系陈旧，学生不愿学农的情况比较普遍，学生学农不爱农不安农的现象突出等。因此，要建立健全系统性、规范性、持续性的涵盖从基础教育到现代农业的职业教育，再到职业技能培训等在内的全方位的农民教育培训体系制度，创建健康、良好的农村文化环境氛围，培养农民及子女对农民职业的认知和爱农观念，不断提高农民的科学技术文化水平、权利义务意识和责任意识，更好地满足农业农村现代化建设的需要。

第一，实施农村基础教育行动计划。习近平总书记指出，“基础教育在国民教育体系中处于基础性、先导性地位，必须把握好定位，全面贯彻落实党的教育方针，从多方面采取措施，努力把我国基础教育越办越好”。② 从这个角度出发，着力构建优质均衡的基本公共教育服务体系，为农村提供更加公

① 朱明国．变迁与重构：农民社会责任义务体系［J］．学术研究，2013（12）：54-58，159-160.

② 中共中央文献研究室．习近平关于社会主义社会建设论述摘编［M］．北京：中央文献出版社，2017：57.

平、更高质量的初等教育和中等教育，加快缩小区域、城乡之间的教育差距是确保农民享有受教育权的前提和基础。在法律和政策层面，建立健全初等教育和中等教育权利保障机制，包括农村教育设施和资源的配置、教育投入的增加、师资优化与激励措施、课程与教学改革、信息技术普及，以及优先发展农村教育的政策倾斜等，确保权利的可及性、公平性和有效性。实施学前教育、义务教育和普通高中的城乡优质均衡发展行动，充分发挥家庭、学校、社会三者协同育人作用，进一步加快推进城乡教育资源的公平合理配置，赋予农民与城市居民同等的教育机会，使农村基础教育与城市教育系统紧密接轨。

第二，完善现代农业职业教育体系。随着农业技术的飞速发展和农村社会经济结构的深刻变革，对农业技术技能型人才的需求呈现多样化和分层化的特点。在此背景下，农村教育必须打破传统教育模式的局限性，构建系统化、层次化的农业职业教育体系。首先，推动学历教育与职业培训的深度融合。学历教育强调系统性知识的传授，重在培养学生的综合素质；而职业培训则侧重于具体技能和实践操作的训练，二者双重结合可以确保农业人才既具备扎实的理论根基，又能熟练掌握现代农业技术和操作方法。其次，构建县、乡、村三级的农业职业教育体系。可实现教育资源下沉、优化资源均衡配置，确保基层农民接受高质量教育。最后，建立不同教育层次的农业教育生态体系。结合办学体制、课程建设、培养模式及评价体系等，进行中等职业教育、高等职业教育、本科与研究生学历教育等全方位的改革创新，满足“三农”发展对应用型多元化人才的需求。①

第三，推进职业技能培训计划实施。针对现代农业的发展需求，政府应该建立健全职业农民制度体系，将培养青年农民纳入国家实用人才培养计划，依托涉农高职院校、中职学校、各级农广校以及农村成人文化技术培训学校等机构，组织广大农民进行以提高科技文化素质、经营管理能力、生产技能为核心的专业化、职业化技术教育和培训，向农民进行科技、环保和食品安全知识宣传，灌输先进的价值理念和人文知识，推动农民“转身份”“转观念”，促进新型职业农民学历提升、技能提升。同时，针对当前在以专业大户、家庭农场、农民合作社、农业企业为主的新型农业经营主体中，他们身

---

① 钱文荣．乡村振兴需要更高质量农业职业教育［N］．光明日报，2022-08-23（2）．

份来源表现出一定的群体性，“多为投资农业的企业家、返乡创业的农民工、基层创业的大学生、农村种养能人及农村干部带头人”，① 虽然这些人中不乏有文化且有经营头脑的，但是年龄偏大，知识水平较低下，缺乏创新意识和经营管理能力的人也不在少数，各级政府必须充分认识到，将相关主体培育成新型职业农民的重大意义和紧迫性。从实际出发，注重各地资源配置的差异，以实现农民的职业化和现代化为目标，制定培育新型职业农民的相关政策措施和制度体系，分区域、分类型、分产业对农民进行灵活多样的培训，并通过各项优惠和优先扶持政策鼓励和吸引有丰富技能和管理经验的农民投身乡村建设事业中，把他们培育成为具有高尚的道德素质、有文化、懂技术、会经营和有高度社会责任感的新型职业农民，最大限度发挥农民的聪明才智，为乡村全面振兴贡献智慧和力量。

第四，重视农村法治教育和建设。个体享有权利是其履行社会义务和社会责任的前提和基础，“一个人只有在他以完全自由的意志去行动时，他才能对他的这些行动负完全的责任”②。马克思主义主张个人也要对社会尽义务和责任，这是社会得以存在并健康发展的重要前提，任何具有健全理智而清醒的社会成员，在其享有权利和利益的时候，也要相应地承担社会责任和义务，由此使自己的行为尽量符合社会的要求，否则也必然招致随之而来的惩罚，并被强制地承担一定的社会责任或法律责任。③ 当前农民权利意识的淡漠导致了其对于权利所能带来的利益无从认知和无法把握，如果农民缺乏自力更生和艰苦奋斗的主人翁意识、责任承担意识，不仅影响到农民群体本身的权利享有和实现，也关系到农民主观能动性的发挥。其一，权利意识是农民自主、自由地参与社会生活的基石。唯有充分认知自身所享有的合法权利，才能在权利受到侵害时积极应对，为自己争取应得的利益。同样，当农民意识到自身的主体地位时，才会激发其参与乡村治理和建设的自觉性与行动力。其二，“没有无义务的权利，也没有无权利的义务”，④ 权利的行使往往伴随着义务。

① 米松华，黄祖辉，朱奇彪．新型职业农民：现状特征、成长路径与政策需求——基于浙江、湖南、四川和安徽的调查［J］．农村经济，2014（8）：115-120.

② 中共中央马克思恩格斯列宁斯大林著作编译局．马克思恩格斯选集（第四卷）［M］．北京：人民出版社，1995：78.

③ 公丕祥．论权利的实现［J］．江苏社会科学，1991（2）：55-59，64.

④ 中共中央马克思恩格斯列宁斯大林著作编译局．马克思恩格斯文集（第三卷）［M］．北京：人民出版社，2009：227.

对于农民来说，义务意识是其行使权利的重要制约因素。只有充分认识自身所承担的义务，才能避免权利滥用，才不会伤及他人的权益；只有切实履行社会义务，才能充分享有行使权利的自由，两者相辅相成。其三，责任意识是权利与义务相统一的体现。这种意识体现为农民在乡村社会中自我约束、自我管理的能力。当农民充分行使其权利，并深刻认识和主动履行其义务时，其社会价值才能充分得以体现，“只有在共同体中，个人才能获得全面发展其才能的手段，也就是说，只有在共同体中才可能有个人自由”①。因此，应该加强对农民的道德和法治教育，培育其权利意识、义务意识和责任意识。利用电视、网络等媒体平台，通过喜闻乐见的培训形式，增强法律知识普及，深化农民对权利与义务的理解，并培育其对乡村全面振兴的责任感，激发其主动参与建设美丽乡村的积极性。同时，应引导农民增强契约精神和信用意识，提升运用法律手段维护自身权益的能力。进一步发挥村规民约的引导作用，帮助农民了解参与乡村振兴的具体要求，提高其对国家与社会责任义务的认知，发挥乡村熟人社会“面子效应”和“示范效应”，通过文明评比、公正奖罚，在农民群众中形成参与乡村振兴“比学赶帮超”的氛围，凝聚农民共识，推动乡村振兴措施落实落地。②

制度化的农民教育培训体系应当根据国家的战略需求和农民的教育情况进行动态调整，与时俱进，不断满足农民的持续发展需求。只有通过系统的文化教育，才能有效提升农民的文化素质和法治素养，增强其对权利现状的鉴别能力与价值判断能力，使其正确理解个人利益与国家利益之间的关系，为强化其权利意识和现代化观念奠定科学文化基础。

三、拓展多元化的农民利益表达渠道

“广大农民不是以组织化的形态，而是一个个单独地面对一套国家机器与社会各利益集团。”③ 当前，农民社会组织化程度相对较低，在乡村公共事务中，缺乏有效的决策话语权，其利益表达渠道亦存在一定程度的阻碍。“无产

---

① 中共中央马克思恩格斯列宁斯大林著作编译局．马克思恩格斯选集（第一卷）[M]．北京：人民出版社，1995：119.

② 孟德才，刘诗麟．乡村振兴责任制，怎样落实？[N]．农民日报，2023-01-05（8）.

③ 闫威，夏振坤．利益集团视角的中国“三农”问题 [J]．中国农村观察，2003（5）：46-56.

阶级的运动是绝大多数人的，为绝大多数人谋利益的独立的运动。”①

农民权利的实现不仅需要经济与文化条件，还需要政治手段的保障，而且政治制度应与权利实现的目标相一致，以确保农民在乡村治理体系中的主体地位。因此，进一步完善村民自治运行和基层协商民主程序，健全有效的农民利益表达与信息传递的沟通机制，拓宽规范化、制度化的利益表达渠道，是实现农民自治权的有效途径。

首先，积极开展农村基层协商民主。党的二十大报告强调：“协商民主是实践全过程人民民主的重要形式。”协商民主是解决农村社区生活中多元利益群体的多变多样利益诉求、达成利益共识的治理过程，它对于切实保障和实现农民知情权、参与权、表达权、监督权等“四权”具有重要意义。2015 年 2 月中共中央发布的《关于加强社会主义协商民主建设的意见》中指出：“协商民主是在中国共产党领导下，人民内部各方面围绕改革发展的重大问题和涉及群众切身利益的实际问题，在决策之前和决策实施之中开展广泛协商，努力形成共识的重要民主形式。”这说明协商的主体、渠道、形式和内容都有了进一步的扩大和发展，不仅涉及大政方针问题的协商，而且包括了涉及群众切身利益的具体问题的协商。自党的十八大以来，协商民主在农村基层治理中扮演的角色日益重要。尽管目前的协商民主建设取得了一定成效，然而，目前仍然面临参与主体有限、沟通渠道不畅、形式单一、内容不具体等问题。各地政府应推进一系列制度化建设，完善协商民主的参与主体、决策流程、协商议题及范围、协商形式与纠错反馈、信息传递机制等关键环节，增强协商规则的可操作性，赋予农民法定权利，使其能有效参与乡村治理、表达利益诉求、维护合法权益。同时，将协商结果的满意度与实际受益情况作为基层治理绩效的重要考核指标，以增强协商机制的公正性、系统性和实效性，确保协商民主实施过程的规范性与合法性。依托自治、法治、德治的有效治理，开展农村基层协商民主，既要建立政府主导与社会多元主体协商的双向互动，综合运用行政、法律、道德治理手段；又要运用新科技，构建和完善网络协商平台，采取线上线下相结合的协商形式，实现真正意义上的“互联

① 中共中央马克思恩格斯列宁斯大林著作编译局．马克思恩格斯选集（第一卷）［M］．北京：人民出版社，1995：283.

网+村民自治”。① 具体而言，应强化基层党组织的引导作用，鼓励基层群众性自治组织、社会组织，尤其是农民个人等多元主体主动参与协商，并通过拓展和完善村民议事会、监事会、民主恳谈会、民主听证会、民主评议会等基层协商民主载体，形成多元协商体系。在重大事项决策时，应充分重视各主体合理化的民主协商意见。例如，对于农村征地拆迁等重大事项，必须在宪法和法律的框架下，吸纳利益相关方，基于平等自愿原则，通过村民议事会、监事会等进行决策、协商，确保决策过程的透明度和公正性。同时，应向农民详细解释决策和项目的可行性、依据和理由，确保相关决策和项目能够顺利实施。通过这种方式，不仅有助于改变过去政府单方面决策的局面，增强党委、政府工作的群众基础，还可提升农民对重大政策和事项的理解力和认同感，激发他们发挥民间智慧、发扬首创精神，吸引更多农民自愿扎根乡村，为建设美丽乡村贡献智慧和力量。

通过农民自主参加与自身利益密切相关的公共事务，自主处理自身的事务，真正提高农民自我管理、自我服务和自我教育的能力，进而形成乡村治理体系的良性互动和协同发展。

其次，将农民合作社、农业企业等各类新型农业经营主体发展成为农民与政府间交流与沟通的平台。当前，广大小农户在享受政府提供的公共服务方面，存在一定程度上被边缘化的现象，② 因此，由党和政府把小农户组织和联合起来，通过示范效应为其提供社会帮助，动员他们加入家庭农场和农民合作社等新型经营主体，获得与社会集团平等对话和谈判的机会和渠道，增强他们应对各社会利益集团的水平和能力，进而改变其自身在发展过程中的地位。一方面，通过规范、监督、引导和扶持各类专业合作社等新型农业经营主体，由各类专业合作组织为小农户提供政策咨询、培训、技术支持、供求信息和生产销售的服务，增强他们抵御市场和自然风险的能力，提高其组织化、规模化、产业化水平，“实现小农户和现代农业发展有机衔接”。另一方面，由各类专业合作组织来平衡和协调农民分散各异的利益要求，将其形成较为统一有序的意见，并借助各类平台将意见反馈给政府，从而监督和影

① 卢福营．回归与拓展：新时代的村民自治发展［J］．天津社会科学，2018（5）：78-84.
② 吴重庆，张慧鹏．小农与乡村振兴——现代农业产业分工体系中小农户的结构性困境与出路［J］．南京农业大学学报（社会科学版），2019，19（1）：13-24，163.

响政府决策，助力农民权利的实现。

最后，加强和改进对农民信访行为的引导。信访是农民为了维权而采取的重要手段和利益表达渠道。党的十八届三中全会《决定》明确了信访工作制度改革的要求和重点，提出了“改革信访工作制度，实行网上受理信访制度，健全及时就地解决群众合理诉求机制。把涉法涉诉信访纳入法治轨道解决，建立涉法涉诉信访依法终结制度。”党的十八届四中全会通过的《中共中央关于全面推进依法治国若干重大问题的决定》明确了信访工作制度改革的方向，指出“把信访纳入法治化轨道。”党的二十大报告再次提出，加强和改进人民信访工作，畅通和规范群众诉求表达、利益协调、权益保障通道。涉法涉诉信访问题，事关农民群众的根本利益，体现法治的尊严和权威。当前，农民通过信访渠道反映问题的意愿仍很强烈，大多集中在拆迁和土地征用等领域，特别是一些规模较大的征地拆迁项目，一旦征地补偿标准或安置方式不能符合农民群众的要求，就容易引发集体信访问题，如果相关部门不及时就地处理，将带来一系列的社会稳定问题。因此，一方面，相关部门要完善、拓宽现有的信访制度和渠道，坚持以法定的程序处理涉法涉诉信访问题，规范受理范围和处理程序，畅通和拓宽诉求表达渠道。针对一些可能引起争议的问题，可以通过村委会等组织进行调解，在源头上解决矛盾，避免问题升级。进一步优化民生热线、绿色邮政、视频接访、信访代理等传统信访渠道，还要拓宽和建设新型的信访渠道，构筑网上信访新平台，真正方便农民信访。[1] 另一方面，要强化法治思维，提高依法开展信访工作的意识，主动与农民沟通，深入了解他们的实际需求和困惑，正确引导农民认识信访行为，并鼓励农民在法治轨道中、法律框架内和法定渠道上行使权利，确保农民得到公正对待。此外，还应指导农民合理应用司法救济、行政救济的渠道，依法解决相关问题，保障依照法律规定和程序提出的合理诉求能够获得公正的处理。

四、形成良性化的国家权力与农民权利互动机制

“乡村社会的发展离不开政府的作用，而新农村建设的过程也正是一个政府学会怎样运用新的理念和方式治理农村的过程，政府应本着‘有所为有所

① 舒晓琴．把信访纳入法治化轨道［N］．人民日报，2015-02-02（7）．

不为’的原则，力避过度的行政干预手段的介入，将其职能的落脚点专注于公共服务。”① 在当前，一些地方土地流转速度过快，擅自改变流转用途、征地补偿程序不完善、补偿标准偏低、抢占乱占耕地等是农村土地领域中的突出问题，其中不乏是因为外来干预过多，与农民权利的诉求之间未达成平衡造成的。乡村振兴归根结底是广大农民自己的事业，农民才是振兴乡村的主体，政府应该发挥统领全局、保驾护航的作用，避免任何损害农民群众根本利益的特权行为，杜绝非法行政干预，同时政府应虚心接受权利的全面监督，厘清国家权力与农民权利之间的界限。因此，实现国家权力与农民权利的良性互动，是实现农民权利的有效途径。

首先，要强调权力对权利的服务和保障作用。“权力服务权利，不仅是要防止对权利的侵害，而且更重要的是为权利的行使和实现创造条件，并随着经济、政治和文化的发展，不断承认更多的权利。”② 在当代社会治理中，权力与权利之间的互动关系，应恪守公正公平的原则。国家权力作为社会公正与和谐的保障，应有效发挥其引导和规制的功能，切实保障农民权利获得充分尊重与维护，并为农民权利的发展和充分实现创造有利的制度条件。当前，对农民来说，独立的财产权是农民全面发展的物质基础，而其拥有的最大、最基本的财产就是土地，只有农民真正能从土地中获取收益的时候，农民的财产权利才能彻底实现。随着城乡融合的深入推进，农民土地财产权利保障面临诸多困境，主要表现为集体土地征收补偿水平低、征收程序不规范、农民利益诉求的表达渠道不畅以及征地纠纷利益调解机制不健全等突出问题。2015 年 1 月，中共中央办公厅和国务院办公厅联合印发的《关于农村土地征收、集体经营性建设用地入市、宅基地制度改革试点工作的意见》中就明确提出了“要探索缩小土地征收范围；规范制定征收目录，健全矛盾纠纷调处机制，全面公开土地征收信息；完善对被征地农民合理、规范、多元保障机制等。”③。那么“建立城乡统一的建设用地市场，如果真的要大幅度提高农

① 王文烂，陈建平．新农村建设中政府治理范式转型论析［J］．福建论坛（人文社会科学版），2008（4）：123-126.

② 张文显，于宁．当代中国法哲学研究范式的转换——从阶级斗争范式到权利本位范式［J］．中国法学，2001（1）：63-79.

③ 农村土地制度三项改革试点意见出台 2017 年底完成［EB/ OL］．新浪财经，2015-1-11.

民在土地增值收益中的分配比例，也就意味着大幅度降低地方政府在土地增值收益中的分配比例”①。同时，在大力推进土地经营权流转，发展农业适度规模经营的大趋势下，如何更好实施“三权分置”，加快放活土地经营权，优化土地资源配置，这预示着进行农村土地制度改革将涉及法律法规的修改和完善，同时要求对农村诸多制度进行优化与创新。因此，赋予农民更多财产权利，要求在政府与农民间的利益平衡中进一步协调国家权力与农民权利的关系。政府应该以法律为指引，充分发挥对农民土地权利的服务和保障作用，绝不能置农民实际需求和利益于不顾，代替农民做主，强行下指标、搞“一刀切”。坚持公平合理补偿的原则，创造条件让农民自主主导土地流转，确保农民能公平分享土地增值收益，避免被征地农民因征地补偿安置标准过低而造成生活水平下降，影响其长远生计的问题。确保政策与农民权利之间的一致性，要使“农民成为土地流转和适度规模经营的自觉参与者和真正受益者”。当然，“土地只能是国家的财产。把土地交给联合起来的农业劳动者，就等于使整个社会只听从一个生产者阶级摆布”②。无论是改革土地增值收益合理分配的机制，还是实行“三权分置”，都必须坚持宪法对土地公有制的规定，土地公有制是我国土地法律制度的基础，从它实施之日起就显示了强大的生命力，它不仅保证了农民拥有最基本的农业生产资料，而且坚持国家土地公有制的地位和运作的核心在于协调权力与权利之间的关系，通过制度设计寻找政府和农民合作共赢的均衡点，达成国家利益与农民权益的协调统一与共赢发展。

其次，要促进政府职能的全面转变。从历史上看，国家权力在农村领域的作用更多地表现为汲取和管理，但在市场经济条件下，随着社会经济结构和产权制度的转型，国家权力的角色需要进行相应调整与重新定位，以构建自由和富有竞争力的环境，为农民发展创造更具活力的运行空间。建立政府和农民合作共赢的均衡点在于应该将权力定位在农村公共服务和公共产品的提供上，投入诸如农村公共卫生医疗服务、公共文化服务、社会保障服务、公共信息服务、科技推广服务等公共产品上，体现由“传统的‘政府本位’

① 张晓山．关于赋予农民更多财产权利的几点思考［J］．农村经济，2014（1）：3-8.

② 中共中央马克思恩格斯列宁斯大林著作编译局．马克思恩格斯文集（第三卷）［M］．北京：人民出版社，2009：232-233.

向新时代的‘农民本位’转换，实现政府主导和农民主体的归位”①。政府有责任通过制定相关强农惠农富农利农政策和措施，从技能教育、就业服务、农村经营方式等方面对农民实行倾斜性的制度创新，加快农村现代服务业的培育，大力发展休闲观光农业、乡村旅游，增加农民家庭经营性收入和转移性收入。推进农村劳动力转移就业和就地创业就业，消除一切就业歧视，健全农民工劳动权益保护机制，促进农村地区的网络建设，提供互联网培训，加强农民工的技能教育、素质教育和职业教育，提高农民非农就业的竞争能力。国家应加大在农村地区的医疗投入，建设更多的基层医疗机构，鼓励优秀医务人员服务农村，提供医疗培训，提高农村基本医疗服务水平，完善医疗卫生保障制度，确保贫困群体享受基本医疗卫生服务，从而确保农民在医疗方面得到与城市居民相同的待遇。建构农村基本养老服务网络，加大医养结合养老服务和产品的投入力度，推进农村养老服务体系建设，不断提高养老服务水平，实现城乡居民平等享受基本公共服务。

最后，完善对国家权力的制约和监督机制。权力应该受到限制，否则容易导致专制或滥用，制约权力意在平衡权力与权利，确保其正当、公正地行使，以便更好地服务公民。农村自治制度的刚性要求，激发了农民权益维护的抗争性诉求。地方、基层政府应虚心接受权利的全面监督，坚持人民的利益高于一切，厘清国家权力与农民权利之间的界限，实现政府职能的全面转变。

现有的行政监督和社会监督机制在农村土地征收过程中发挥了一定的作用，例如，土地督察制度设定了清晰的土地监督检查职责与权利，有效地规范了地方政府在土地管理和使用中的行为，确保了土地管理秩序的合法性和规范性，同时，该制度为公民、法人及其他组织提供了一个广泛参与土地监督的平台，确保了土地使用的公正、公平，为人民群众和社会组织参与土地监督开辟了渠道。但在行政执法领域，执法不公，执法不严，执法不作为、乱作为，选择性执法等现象仍然凸显。如果缺乏相应合理且有效的制约和监督制度，权力决策者很有可能在缺乏外部和内部制衡的约束下做出违背公共利益的决定。因此，必须借助有效的立法和严格的执法，构建明确的权责划

① 张大维．优势治理：政府主导、农民主体与乡村振兴路径［J］．山东社会科学，2018（11）：66-72.

分与问责监督约束机制，尤其需要重视农民与集体土地间的利益关系，以此鼓励农民对土地进行长期投资，探索“以现代法律制度将农民多元化、异质化的利益诉求整合为明确、集中、有力的政策要求，完善农民的利益表达机制和政治参与渠道”①。首先，从立法层面出发，明确土地征收与决策过程的明确性、透明度与公开性。构建以农民利益最大化为目标导向的农村利益协调机制和利益主体有序参与平台，保证农民参与土地流转的协商、谈判等实质性环节，对决策形成制度性约束。其次，强化执法机关的监督职责，建立常态化的评估与改进机制，定期对执法效果进行评估并根据结果持续加以改进。最后，设立专门的土地法庭或仲裁机构，处理与土地相关的争端和纠纷。同时，建立严格的责任追究机制，并大力推行公开透明的土地交易和拍卖系统，发挥预防和震慑作用。

① 刘同君．新农村法律文化创新的解释框架［M］．北京：中国政法大学出版社，2012：22.

结 语

消灭贫穷，争取权利的解放和实现是人类孜孜以求的社会理想。中国农民伟大而勤劳，“三农”尤其是农民持续地为工业化提供了资金、土地、劳动力和原料，为城镇化提供了市场、劳动力、粮食和土地，极大地推动了经济社会的良性循环发展。农民为了中国的改革开放、为了中国的工业化和现代化，做出了巨大的贡献。① 衡量现代化建设成效的核心标准，应始终聚焦人的全面发展。构建以人为本的包容性发展模式，切实保障全体社会成员平等享受现代化所带来的丰厚制度红利正是现代化的本质要义。现代化进程中的农民，肩负着农业现代化转型与乡村产业振兴的重要任务，而农民的全面发展更是推进城乡融合纵深发展，提升社会整体福祉的最终依归。农民发展问题，其关键要素在于权利的充分保障与有效实现，我们必须着力构建系统完备且运行高效的农民发展的权利体系，提升权利保障机制效能，最终达成全体人民共享现代化发展成果的崇高目标。

解决农民发展的权利实现问题需要理论和实践上的新突破、新创新和新发展。马克思主义权利观是人类权利思想最经典的学说，它所追求的权利是人类基于其固有属性应当享有的权利，也是真正体现人类平等的权利。恩格斯曾经说过：“一切人，或至少是一个国家的一切公民，或一个社会的一切成员，都应当有平等的政治地位和社会地位。”② 他们认为人的全面自由的发展就是人类权利的彻底实现。研究农民发展问题，不仅要科学准确地阐述马克思主义权利观，更重要的是将马克思主义理论与中国农村农民的实践相结合，

① 蔡晓卫．“三农”承载力研究——以浙江嘉兴为例［J］．嘉兴学院学报，2014，26（1）：73-80.

② 中共中央马克思恩格斯列宁斯大林著作编译局．马克思恩格斯选集（第三卷）［M］．北京：人民出版社，1995：444.

揭示纷繁复杂的权利现象的实质，在马克思主义权利观视域下为解决农民发展的权利实现问题找到一条新的思考路径，充分保障农民公平地享有各项权利，推进农民权利实现的新飞跃。马克思指出："理论在一个国家实现的程度，总是决定于理论满足这个国家的需要的程度。"① 马克思主义认为权利包含了生存权、自由权、平等权、民主权、劳动权和财产权等内容，它高度重视农民在国家中的重要作用，特别阐述了农民的平等权利、民主权利、土地财产权等政治、经济权利，提出消除城乡差别和工农差别是共产党的历史使命，这些思想观念对当今中国农民发展的权利问题具有很好的指导和启示作用。借助马克思主义权利观的理论框架，以实现农民利益和价值为目标，确立科学的农民发展的权利体系，积极加快落实农民身份转换，保障和实现农民权利，应当是实现"三农"中国梦的应有之义。

我国农业农村发展进入了新阶段，城镇化跨进了深入发展的关键时期，必然要求我们树立"以人民为中心"的包容性思维，即意味着我们可以不必纠结于速度，而应更加注重努力改变乡村面貌、促进农村经济高质量发展，体现了我们可以真正从"以人为本"的立场高度出发，充分尊重和保障每一位公民发展的权利，让更多的发展成果惠及全体人民。党的二十大报告提出，"坚持农业农村优先发展，坚持城乡融合发展，畅通城乡要素流动"。当前，农村和谐稳定，但我国发展面临的不确定因素增多，面对风险挑战，必须健全体制机制，形成以工促农、以城带乡、工农互惠、城乡一体的新型工农城乡关系，让广大农民平等参与现代化进程、共同分享现代化成果。因此，强调农民群体的职业特性，注重保障农民平等分享现代化成果是制定各项利民惠民政策制度的基础，强化政府责任则是一切惠民政策制度设计的根本保证。在当下，我们欣喜地看到，城乡居民选举实现了"同票同权"，保证了农民享有选举权；户籍制度改革不断有序推进，使农民出入于城乡之间，圆了几亿农民工及其他常住人口的创业梦和安居梦；土地改革的推进赋予农民更完整的土地权利，让农民有了更多选择权；农民职业教育制度的持续推行，推动了一批批新型职业农民的不断涌现；统一城乡居民养老保险制度的建立，逐步实现了养老待遇的均等化和公平化……在"城乡融合发展""以人为本的新

① 中共中央马克思恩格斯列宁斯大林著作编译局．马克思恩格斯全集（第三卷）[M]．北京：人民出版社，2002：209.

型城镇化”“共同富裕”和“高质量发展”等语境下，政府围绕农民权利实现作出了许多的制度保障，农民发展问题已经获得较大进展，但同时我们也要清醒地认识到，农民发展的权利内容需要不断完善、丰富和发展，农民权利的实现具有复杂性、长期性和艰巨性，“消灭城乡之间的对立，是共同体的首要条件之一，这个条件又取决于许多物质前提，而且任何人一看就知道，这个条件单靠意志是不能实现的”①。我们要正视权利的实现总是呈现出差序性、主次性和梯度性，“这种非均衡性是受经济发展水平制约的，具有一定的历史必然性和现实合理性”②，由此根据农民权利的主次、缓急对农民权利进行分类别保护和分阶段实现是非常必要的。我们坚信，当越来越多农民清醒地意识到自身权利的重要性，并积极付诸行动；当农民群体的诉求通过有序的组织化渠道得以表达，并逐步参与农村公共事务治理；当新型城镇化进程步伐加快，为农业转移人口提供充足的就业与生活保障时，困扰农民发展的权利问题将得到根本性突破。展望未来，权利渐进实现的生动实践，将不断调动亿万农民的积极性、主动性与创造性，显著提升其获得感、幸福感、安全感，农民也将逐步转变为社会的热门职业，越来越多的有识之士将投身乡村全面振兴的伟大事业，凝聚推动乡村全面振兴的强大力量，共同谱写新时代农业农村现代化，建设农业强国的壮丽篇章。

---

① 中共中央马克思恩格斯列宁斯大林著作编译局．马克思恩格斯选集（第一卷）[M]．北京：人民出版社，1995：104.

② 楚成亚．农民公民权发展的多重“差序格局”及其治理 [J]．探索与争鸣，2014（4）：54-57.

参考文献

一、中文文献

（一）著作

[1] 阿克顿．自由与权力——阿克顿勋爵论说文集［M］．侯健，范亚峰，译．北京：商务印书馆，2001.

[2] 鲍宗豪，金潮翔，李进．权利论［M］．上海：上海三联书店，1993.

[3] 伯尔曼．法律与宗教［M］．梁治平，译．北京：中国政法大学出版社，2003.

[4] 程燎原，王人博．权利及其救济［M］．济南：山东人民出版社，1998.

[5] 达尔．论民主［M］．北京：商务印书馆，1999.

[6] 德沃金．认真对待权利［M］．信春鹰，吴玉章，译．北京：中国大百科全书出版社，1998.

[7] 邓小平．邓小平文选（第二卷）［M］．北京：人民出版社，1994.

[8] 邓小平．邓小平文选（第三卷）［M］．北京：人民出版社，1993.

[9] 邓小平．邓小平文选（第一卷）［M］．北京：人民出版社，1994.

[10] 范进学．权利政治论——一种宪政民主理论的阐释［M］．济南：山东人民出版社，2003.

[11] 公丕祥．权利现象的逻辑［M］．济南：山东人民出版社，2002.

[12] 郭道晖．法的时代呼唤［M］．北京：中国法制出版社，1998.

[13] 韩大元，林来梵，郑贤君．宪法学专题研究［M］．北京：中国人民大学出版社，2004.

[14] 韩德培．人权的理论与实践［M］．武汉：武汉大学出版社，1995.

[15] 何志鹏．权利基本理论：反思与构建［M］．北京：北京大学出版社，2012.

[16] 黑格尔．法哲学原理［M］．范扬，张企泰，译．北京：商务印书馆，1961.

[17] 亨廷顿．变化社会中的政治秩序［M］．王冠华，刘为，等译．北京：生活·读书·新知三联书店，1989.

[18] 胡锦涛．坚定不移沿着中国特色社会主义道路前进 为全面建成小康社会而奋斗——在中国共产党第十八次全国代表大会上的报告［M］．北京：人民出版社，2012.

[19] 胡锦涛．在全国教育工作会议上的讲话［M］．北京：人民出版社，2010.

[20] 胡美灵．当代中国农民权利的嬗变［M］．北京：知识产权出版社，2008.

[21] 江泽民．江泽民文选（第二卷）［M］．北京：人民出版社，2006.

[22] 江泽民．江泽民文选（第一卷）［M］．北京：人民出版社，2006.

[23] 江泽民．论科学技术［M］．北京：中央文献出版社，2001.

[24] 康德．法的形而上学原理——权利的科学［M］．沈叔平，译．北京：商务印书馆，1991.

[25] 科恩．论民主［M］．聂崇信，译．北京：商务印书馆，1998.

[26] 劳凯声．教育法论［M］．南京：江苏教育出版社，1993.

[27] 李林宝．新时代领导干部要守住“五关”［M］．北京：人民出版社，2022.

[28] 李培林，等．当代中国阶级阶层变动（1978—2018）［M］．北京：社会科学文献出版社，2018.

[29] 梁慧星．梁慧星谈民法［M］．北京：人民法院出版社，2017.

[30] 梁慧星．为权利而斗争［M］．北京：中国法制出版社，2000.

[31] 林来梵．从宪法规范到规范宪法：规范宪法学的一种前言［M］．北京：法律出版社，2001.

[32] 林喆．公民基本人权法律制度研究［M］．北京：北京大学出版社，2006.

[33] 刘同君．新农村法律文化创新的解释框架［M］．北京：中国政法大学出版社，2012.

[34] 刘云升，任广浩．农民权利及其法律保障问题研究［M］．北京：中国社会科学出版社，2004.

[35] 陆学艺．内发的村庄［M］．北京：社会科学文献出版社，2001.

[36] 罗尔斯．正义论［M］．何怀宏，何包钢，廖申白，译．北京：中国科学出版社，1988.

[37] 毛泽东．毛泽东选集（第八卷）［M］．北京：人民出版社，1991.

[38] 梅哲．构建社会主义和谐社会中的社会保障问题研究［M］．北京：中国社会科学出版社，2007.

[39] 孟德拉斯．农民的终结［M］．李培林，译．北京：社会科学文献出版社，2010.

[40] 孟德斯鸠．论法的精神（上册）［M］．张雁深，译．北京：商务印书馆，1961.

[41] 潘恩．潘恩选集［M］．马清槐，译．北京：商务印书馆，1981.

[42] 庞德．通过法律的社会控制［M］．王婧，译．哈尔滨：黑龙江大学出版社，2010.

[43] 恰亚诺夫．恰亚诺夫选集［M］．海牙：海牙出版社，1967.

[44] 钱穆．文化学大义［M］．北京：九州出版社，1981.

[45] 钱守云．中国共产党保障农民利益思想研究［M］．北京：中国社会科学出版社，2012.

[46] 秦晖，王雁．田园诗与狂想曲：关中模式与前近代社会的再认识［M］．北京：语文出版社，2010.

[47] 石磊．“三农”问题的终结——韩国经验与中国“三农”问题探讨［M］．南昌：江西人民出版社，2005.

[48] 斯特龙伯格．西方现代思想史［M］．刘北城，赵国新，译．北京：中央编译出版社，2005.

[49] 万斌．万斌文集（第四卷 政治哲学）［M］．杭州：杭州出版社，2003.

[50] 王利明．人格权法新论［M］．长春：吉林人民出版社，1994.

[51] 王全兴．劳动法［M］．北京：法律出版社，2008.

［52］温辉．受教育权入宪研究［M］．北京：北京大学出版社，2003.

［53］温铁军．三农问题与世纪反思［M］．北京：生活·读书·新知三联书店，2005.

［54］文正邦．法哲学研究［M］．北京：中国人民大学出版社，2011.

［55］习近平．干在实处 走在前列——推进浙江新发展的思考与实践［M］．北京：中共中央出版社，2006.

［56］习近平．高举中国特色社会主义伟大旗帜 为全面建设社会主义现代化国家而团结奋斗——在中国共产党第二十次全国代表大会上的报告［M］．北京：人民出版社，2022.

［57］习近平．论“三农”工作［M］．北京：中央文献出版社，2022.

［58］习近平．习近平谈治国理政（第二卷）［M］．北京：外文出版社，2017.

［59］习近平．习近平谈治国理政（第三卷）［M］．北京：外文出版社，2020.

［60］习近平．在庆祝中国共产党成立100周年大会上的讲话［M］．北京：人民出版社，2021.

［61］夏锦文．法哲学关键词［M］．南京：江苏人民出版社，2013.

［62］夏勇．人权概念起源——权利的历史哲学［M］．北京：中国政法大学出版社，2001.

［63］夏勇．走向权利的时代：中国公民权利发展研究［M］．北京：中国政法大学出版社，2000.

［64］谢鹏程．公民的基本权利［M］．北京：中国社会科学出版社，1999.

［65］新华月报．十六大以来党和国家重要文献选编（上·一）［M］．北京：人民出版社，2005.

［66］许崇德．宪法学（中国部分）［M］．北京：高等教育出版社，2000.

［67］许崇德．中华法学大辞典：宪法学卷［M］．北京：中国检察出版社，1995.

［68］亚里士多德．政治学［M］．吴寿彭，译．北京：商务印书馆，1965.

[69] 杨宗科．法律的成立：社会与国家——现代立法基本理论探索［M］．西安：陕西人民出版社，1998.

[70] 叶敬忠，刘娟，等．农民视角的乡村振兴［M］．北京：社会科学文献出版社出版，2023.

[71] 张德瑞．中国农民平等权法律保护问题研究［M］．南昌：江西人民出版社，2009.

[72] 张光博．坚持马克思主义法律观［M］．长春：吉林人民出版社，2005.

[73] 张千帆，党国英，高新军．城市化进程中的农民土地权利保障［M］．北京：中国民主法制出版社，2013.

[74] 张千帆．宪法学导论［M］．北京：法律出版社，2004.

[75] 张文显．法理学（第五版）［M］．北京：高等教育出版社，2018：130-131.

[76] 张文显．法学基本范畴研究［M］．北京：中国政法大学出版社，1993.

[77] 张晓雯．马克思主义“三农”理论中国化及其实践研究［M］．成都：西南财经大学出版社，2011.

[78] 张英洪．给农民以宪法关怀［M］．北京：中央编译出版社，2010.

[79] 张英洪．权利兴农——走好乡村振兴关键一步［M］．北京：东方出版社，2022.

[80] 赵世义．资源配置与权利保障［M］．西安：陕西人民出版社，1998.

[81] 郑功成．社会保障学［M］．北京：中国劳动社会保障出版社，2007.

[82] 郑杭生．社会学概论新修［M］．北京：中国人民大学出版社，1998.

[83] 中共中央党史和文献研究院．习近平关于“三农”工作论述摘编［M］．北京：中央文献出版社，2019.

[84] 中共中央关于推进农村改革发展若干重大问题的决定［M］．北京：人民出版社，2008.

[85] 中共中央马克思恩格斯列宁斯大林著作编译局．马克思恩格斯全集

（第二卷）［M］. 北京：人民出版社，1957.

［86］中共中央马克思恩格斯列宁斯大林著作编译局. 马克思恩格斯全集（第二十一卷）［M］. 北京：人民出版社，2003.

［87］中共中央马克思恩格斯列宁斯大林著作编译局. 马克思恩格斯全集（第三卷）［M］. 北京：人民出版社，1960.

［88］中共中央马克思恩格斯列宁斯大林著作编译局. 马克思恩格斯全集（第三卷）［M］. 北京：人民出版社，2002.

［89］中共中央马克思恩格斯列宁斯大林著作编译局. 马克思恩格斯全集（第三十九卷）［M］. 北京：人民出版社，1972.

［90］中共中央马克思恩格斯列宁斯大林著作编译局. 马克思恩格斯全集（第三十一卷）［M］. 北京：人民出版社，1998.

［91］中共中央马克思恩格斯列宁斯大林著作编译局. 马克思恩格斯全集（第四卷）［M］. 北京：人民出版社，1995.

［92］中共中央马克思恩格斯列宁斯大林著作编译局. 马克思恩格斯全集（第一卷）［M］. 北京：人民出版社，1956.

［93］中共中央马克思恩格斯列宁斯大林著作编译局. 马克思恩格斯全集（第一卷）［M］. 北京：人民出版社，1995.

［94］中共中央马克思恩格斯列宁斯大林著作编译局. 马克思恩格斯文集（第八卷）［M］. 北京：人民出版社，2009.

［95］中共中央马克思恩格斯列宁斯大林著作编译局. 马克思恩格斯文集（第二卷）［M］. 北京：人民出版社，2009.

［96］中共中央马克思恩格斯列宁斯大林著作编译局. 马克思恩格斯文集（第七卷）［M］. 北京：人民出版社，2009.

［97］中共中央马克思恩格斯列宁斯大林著作编译局. 马克思恩格斯文集（第三卷）［M］. 北京：人民出版社，2009.

［98］中共中央马克思恩格斯列宁斯大林著作编译局. 马克思恩格斯文集（第四卷）［M］. 北京：人民出版社，2009.

［99］中共中央马克思恩格斯列宁斯大林著作编译局. 马克思恩格斯文集（第五卷）［M］. 北京：人民出版社，2009.

［100］中共中央马克思恩格斯列宁斯大林著作编译局. 马克思恩格斯文集（第一卷）［M］. 北京：人民出版社，2009.

[101] 中共中央马克思恩格斯列宁斯大林著作编译局．马克思恩格斯选集（第二卷）[M]．北京：人民出版社，1995.

[102] 中共中央马克思恩格斯列宁斯大林著作编译局．马克思恩格斯选集（第三卷）[M]．北京：人民出版社，1995.

[103] 中共中央马克思恩格斯列宁斯大林著作编译局．马克思恩格斯选集（第四卷）[M]．北京：人民出版社，1995.

[104] 中共中央马克思恩格斯列宁斯大林著作编译局．马克思恩格斯选集（第一卷）[M]．北京：人民出版社，1995.

[105] 中共中央文献研究室．建国以来重要文献选编（第八册）[M]．北京：中央文献出版社，1994.

[106] 中共中央文献研究室．建国以来重要文献选编（第七册）[M]．北京：中央文献出版社，1993.

[107] 中共中央文献研究室．建国以来重要文献选编（第十八册）[M]．北京：中央文献出版社，1998.

[108] 中共中央文献研究室．建国以来重要文献选编（第一册）[M]．北京：中央文献出版社，1992.

[109] 中共中央文献研究室．毛泽东文集（第六卷）[M]．北京：人民出版社，1999.

[110] 中共中央文献研究室．毛泽东文集（第七卷）[M]．北京：人民出版社，1999.

[111] 中共中央文献研究室．毛泽东文集（第四卷）[M]．北京：人民出版社，1999.

[112] 中共中央文献研究室．三中全会以来重要文献选读（上）[M]．北京：人民出版社，1987.

[113] 中共中央文献研究室．十六大以来重要文献选编（上）[M]．北京：中央文献出版社，2005.

[114] 中共中央文献研究室．十六大以来重要文献选编（下）[M]．北京：中央文献出版社，2008.

[115] 中共中央文献研究室．十七大以来重要文献选编（上）[M]．北京：中央文献出版社，2009.

[116] 中共中央文献研究室．十三大以来重要文献选编（下）[M]．北

京：人民出版社，1993.

［117］中共中央文献研究室．十四大以来重要文献选编（上）［M］．北京：人民出版社，1996.

［118］中共中央文献研究室．十五大以来重要文献选编（下）［M］．北京：人民出版社，2003.

［119］中共中央文献研究室．资本论（第一卷）［M］．北京：人民出版社，1972.

［120］周恩来．周恩来选集（下卷）［M］．北京：人民出版社，1984.

［121］左卫民，刘晴辉，刘海蓉，等．诉讼权研究［M］．北京：法律出版社，2003.

（二）期刊

［1］蔡晓卫．“三农”承载力研究——以浙江嘉兴为例［J］．嘉兴学院学报，2014，26（1）.

［2］蔡晓卫．城镇化进程中失地农民社会保障立法模式研究——以浙江省为例［J］．浙江金融，2013（11）.

［3］蔡晓卫．论高校大学生法治思维的养成［J］．中国高教研究，2014（3）.

［4］蔡晓卫．新型城镇化下农民权利体系的重构［J］．江西社会科学，2014，34（11）.

［5］陈锡文．关于解决“三农”问题的几点考虑——学习《中共中央关于全面深化改革若干重大问题的决定》［J］．中共党史研究，2014（1）.

［6］陈小君．深化农村土地制度联动改革的法治目标［J］．法学家，2023（3）.

［7］陈志尚．马克思的人权观在中国［J］．北京大学学报（哲学社会科学版），2012（6）.

［8］程国强，马晓琛，肖雪灵，等．推进巩固拓展脱贫攻坚成果同乡村振兴有效衔接的战略思考与政策选择［J］．华中农业大学学报（社会科学版），2022（6）.

［9］程立显．“权利时代”的权利话语探析［J］．首都师范大学学报（社会科学版），2007（6）.

［10］楚成亚．农民公民权发展的多重“差序格局”及其治理［J］．探索

与争鸣，2014（4）.

[11] 党国英．土地制度对农民的剥夺［J］．中国改革，2005（7）.

[12] 党国英．中国农村的根本问题［J］．华中师范大学学报（人文社会科学版），2004（6）.

[13] 邓大才．村民自治有效实现的条件研究——从村民自治的社会基础视角来考察［J］．政治学研究，2014（6）.

[14] 邓大才．乡村建设行动中的农民参与：从阶梯到框架［J］．探索，2021（4）.

[15] 段治文，蔡晓卫，石然．中国现代化的世纪转折及其规律和影响［J］．浙江社会科学，2013（5）.

[16] 范进学．论权利的制度保障［J］．法学杂志，1996（6）.

[17] 范进学．权利概念论［J］．中国法学，2003（2）.

[18] 封丽霞．马克思主义法律理论中国化的当代意义［J］．法学研究，2018，40（1）.

[19] 高圣平．《民法典》与农村土地权利体系：从归属到利用［J］．北京大学学报（哲学社会科学版），2020（6）.

[20] 高新军．我国城市化进程中的农民权利及其保障［J］．当代世界与社会主义，2012（6）.

[21] 公丕祥．法的价值与社会主体的权利观念——兼议社会主义民主制度的法律化［J］．中国法学，1988（1）.

[22] 公丕祥．论权利的确认［J］．法律科学．西北政法学院学报，1989（3）.

[23] 公丕祥．论权利的实现［J］．江苏社会科学，1991（2）.

[24] 公丕祥．马克思的人权概念［J］．江苏社会科学，1992（6）.

[25] 公丕祥．马克思论法的现象与利益［J］．南京师大学报（社会科学版），1990（4）.

[26] 公丕祥．权利现象的价值分析——马克思权利思想述论［J］．南京社会科学，1991（2）.

[27] 龚向和．社会权的概念［J］．河北法学，2007（9）.

[28] 郭书田．在工业化城镇化中保护好农民的利益——学习2010年中央一号文件之二［J］．南方农村，2010（3）.

[29] 韩长赋. 解决好当今中国农民问题的基本思路 [J]. 山西农经, 2014 (1).

[30] 韩大元. 中国宪法文本上“农民”条款的规范分析——以农民报考国家公务员权利为例 [J]. 北方法学, 2007 (1).

[31] 韩冬雪. 论马克思主义的权利观 [J]. 吉林大学社会科学学报, 2001 (1).

[32] 韩娜, 杨宏. 我国新型职业农民培育问题研究综述 [J]. 辽宁经济, 2012 (11).

[33] 韩喜平, 朱禹璇. 现代化理论的溯源与创新 [J]. 西北工业大学学报 (社会科学版), 2023 (3).

[34] 郝铁川. 权利实现的差序格局 [J]. 中国社会科学, 2002 (5).

[35] 何秀荣. 小康社会农民收入问题与增收途径 [J]. 河北学刊, 2005 (5).

[36] 贺海仁. 村民自治: 中国民主政治实践的重要组成部分 [J]. 人民论坛, 2013 (9).

[37] 侯江华. 城镇化进程中被征地农民的权益损害与征地纠纷——基于全国31省被征地农户的调查 [J]. 西北农林科技大学学报 (社会科学版), 2015 (3).

[38] 胡乐明. 我国农民权益保护状况及改进路径 [J]. 河北经贸大学学报, 2012 (9).

[39] 胡玉鸿. 论社会权的性质 [J]. 浙江社会科学, 2021 (4).

[40] 贾海涛. 模式之惑: 中国现代化观念与进程反思 [J]. 南京理工大学学报 (社会科学版), 2011, 24 (5).

[41] 姜明安. 再论法治、法治思维与法律手段 [J]. 湖南社会科学, 2012 (4).

[42] 靳希斌. 试论马克思的教育思想 [J]. 教育评论, 1985 (3).

[43] 孔祥智, 刘同山. 赋予农民更多财产权利: 必要性、内涵与推进策略 [J]. 教学与研究, 2014 (1).

[44] 李长健, 涂晓菊. 我国农民权益保护制度研究 [J]. 广西社会科学, 2006 (8).

[45] 李长健. 论农民权益的经济法保护--以利益与利益机制为视角

[J]. 中国法学，2005 (3).

[46] 李成. 平等权的司法保护——基于116件反歧视诉讼裁判文书的评析与总结 [J]. 华东政法大学学报，2013 (4).

[47] 李双元，蒋新苗，蒋茂凝. 中国法律理念的现代化 [J]. 法学研究，1996 (3).

[48] 李伟，刘磊，李长健. 新农村建设中我国农民权益保护的现状与发展研究 [J]. 华中农业大学学报（社会科学版），2013 (6).

[49] 林晓鸣. 建国后农民阶级队伍演变及其发展趋势分析 [J]. 社会主义研究，1990 (1).

[50] 刘美萍. 农民公民意识的碎片化及化解路径 [J]. 理论导刊，2012 (11).

[51] 刘嗣元. 谈市场经济条件下公民劳动权的实现 [J]. 法商研究（中南政法学院学报），1995 (5).

[52] 刘同君. 论农民权利倾斜性保护的价值目标 [J]. 法学，2022 (2).

[53] 刘同君. 新型城镇化进程中农村社会治理的法治转型——以农民权利为视角 [J]. 法学，2013 (9).

[54] 卢福营. 回归与拓展：新时代的村民自治发展 [J]. 天津社会科学，2018 (5).

[55] 陆学艺，张厚义. 农民的分化、问题及其对策 [J]. 农业经济问题，1990 (1).

[56] 罗任权. 论江泽民同志的"三农"思想 [J]. 经济体制改革，2001 (5).

[57] 梅哲. 马克思恩格斯的社会保障思想研究 [J]. 马克思主义研究，2005 (6).

[58] 孟鑫. 新时代我国走向共同富裕的现实挑战和可行路径 [J]. 东南学术，2020 (3).

[59] 米松华，黄祖辉，朱奇彪. 新型职业农民：现状特征、成长路径与政策需求——基于浙江、湖南、四川和安徽的调查 [J]. 农村经济，2014 (8).

[60] 莫凡，谭培文. 马克思主义财产权思想及其当代价值——以经典著

作为依据 [J]. 南京社会科学, 2013 (10).

[61] 牛玉兵, 杨力. 农民权利体系的逻辑构造与制度创新——以城镇化空间转型为视角 [J]. 学习与探索, 2014 (2).

[62] 平子. 土地流转别成为少数人的盛宴 [J]. 农村·农业·农民 (A版), 2014 (12).

[63] 沈同仙. 劳动权探析 [J]. 法学, 1997 (8).

[64] 双传学, 徐腾. 九十年来中国共产党维护农民利益的思考 [J]. 江苏社会科学, 2011 (3).

[65] 孙连成. 马克思恩格斯关于农民问题理论的形成和发展 [J]. 马克思主义研究, 1983 (2).

[66] 孙学荣, 刘淑欣. 合作医疗制度发展及展望 [J]. 中国农村卫生事业管理, 1997 (1).

[67] 田家官. 马克思主义平等观的现实意义 [J]. 马克思主义研究, 2011 (2).

[68] 王佳慧. 当代中国农民权利保护的特殊性及其内容建构 [J]. 北方法学, 2009, 3 (4).

[69] 王文烂, 陈建平. 新农村建设中政府治理范式转型论析 [J]. 福建论坛 (人文社会科学版), 2008 (4).

[70] 王晓娜, 王洪波. 马克思"人的主体性"思想及其现代意义探究 [J]. 中共成都市委党校学报, 2018 (5).

[71] 王云飞, 李莉. 传统文化与现代社会中的农民能力建设 [J]. 江西农业大学学报 (社会科学版), 2011 (3).

[72] 魏文松. 乡村振兴战略下农民受教育权保障研究 [J]. 广西社会科学, 2021 (3).

[73] 吴睿. 法定权利实现的理论模型之建构 [J]. 前沿, 2013 (14).

[74] 吴重庆, 张慧鹏. 小农与乡村振兴——现代农业产业分工体系中小农户的结构性困境与出路 [J]. 南京农业大学学报 (社会科学版), 2019, 19 (1).

[75] 武力. 城乡一体化: 中国农村和农民的复兴梦 [J]. 红旗文稿, 2014 (1).

[76] 筱童. 乡村振兴战略下"农民主体"内涵重构 [J]. 山东社会科学

2019 (8).

[77] 辛秋水. 文化扶贫的发展过程和历史价值 [J]. 福建论坛 (人文社会科学版), 2010 (3).

[78] 徐杰舜. 城乡融合：新农村建设的理论基石 [J]. 中国农业大学学报 (社会科学版), 2008 (1).

[79] 徐勇, 赵德健. 找回自治：对村民自治有效实现形式的探索 [J]. 华中师范大学学报 (人文社会科学版), 2014 (4).

[80] 徐勇. 农民与现代化：平等参与和共同分享——国际比较与中国进程 [J]. 河北学刊, 2013, 33 (3).

[81] 闫威, 夏振坤. 利益集团视角的中国"三农"问题 [J]. 中国农村观察, 2003 (5).

[82] 杨立新. 自由权之侵害及其民法救济 [J]. 法学研究, 1994 (4).

[83] 杨郁, 刘彤. 农村权力结构嬗变与农民权利实现的互动关联 [J]. 东北师大学报 (哲学社会科学版), 2014 (3).

[84] 叶齐炼. 完善我国教育法律体系的思考 [J]. 中国高教研究, 2019 (2).

[85] 尹奎杰. 权利发展与法律发展的关系论略 [J]. 河北法学, 2010, 28 (10).

[86] 雍自元, 黄鲁滨. 论公民意识的内涵和特质 [J]. 法学杂志, 2010 (5).

[87] 张大维. 优势治理：政府主导、农民主体与乡村振兴路径 [J]. 山东社会科学, 2018 (11).

[88] 张国清. 和谐：一种提倡兼容的公共哲学 [J]. 哲学研究, 2005 (6).

[89] 张文显, 于宁. 当代中国法哲学研究范式的转换——从阶级斗争范式到权利本位范式 [J]. 中国法学, 2001 (1).

[90] 张晓山. 关于赋予农民更多财产权利的几点思考 [J]. 农村经济, 2014 (1).

[91] 张晓山. 中国农村土地制度变革的回顾和展望 [J]. 学习与探索, 2006 (5).

[92] 张演锋. 习近平"以人民为中心"法治理念与法治国家的双重面向

[J]. 华东政法大学学报, 2021, 24 (6).

[93] 张英洪, 周作翰. 当代中国农民的结社权 [J]. 云梦学刊, 2006 (6).

[94] 张珍芳. 从"范跑跑"事件看权利实现的道德阻却及其消减 [J]. 法学, 2009 (6).

[95] 赵大华. 社会救助权保障下的社会救助立法之完善——兼评《社会救助暂行办法》[J]. 法学, 2016 (3).

[96] 赵万一. 中国农民权利的制度重构及其实现途径 [J]. 中国法学, 2012 (3).

[97] 郑杭生. 农民市民化——当代中国社会学的重要研究主题 [J]. 甘肃社会科学, 2005 (4).

[98] 周庆智. 中国城市的权利二元结构——城市化地区居民权利结构分析 [J]. 学海, 2018 (1).

[99] 周作翰, 张英洪. 保障农民权益: 农村改革发展的重大原则 [J]. 湖南文理学院学报 (社会科学版), 2009, 34 (1).

[100] 周作翰, 张英洪. 从农民到公民: 农民身份的变迁路径 [J]. 湖南文理学院学报 (社会科学版), 2007 (6).

[101] 朱光磊, 裴新伟. 中国农民规模问题的不同判断、认知误区与治理优化 [J]. 北京师范大学学报 (社会科学版), 2021 (6).

[102] 朱明国. 变迁与重构: 农民社会责任义务体系 [J]. 学术研究, 2013 (12).

[103] 朱颜, 李昕, 薛忠义. 试论马克思权利观及其当代价值 [J]. 东疆学刊, 2013 (4).

(三) 论文

[1] 王佳慧. 当代中国农民权利保护的法理 [D]. 长春: 吉林大学, 2007.

[2] 王金堂. 土地承包经营权制度的困局与解破 [D]. 重庆: 西南政法大学, 2012.

[3] 吴睿. 论农民的法定权利及其实现 [D]. 苏州: 苏州大学, 2013.

(四) 报纸

[1] 高云才. 保持农村土地承包关系稳定并长久不变——访中央农办副

主任、农业农村部副部长韩俊 [N]. 人民日报，2020-11-09 (12).

[2] 黄泽清. 以产业振兴为基础推进农业农村现代化 [N]. 光明日报，2023-05-23 (11).

[3] 李浩. 打造乡村振兴的“主力军” [N]. 农民日报，2023-01-13 (6).

[4] 孟德才，刘诗麟. 乡村振兴责任制，怎样落实？[N]. 农民日报，2023-01-05 (8).

[5] 钱文荣. 乡村振兴需要更高质量农业职业教育 [N]. 光明日报，2022-08-23 (2).

[6] 文军. 农民深度转型与主体作用发挥 [N]. 光明日报，2018-10-23 (11).

[7] 郁静娴. 今年中央一号文件聚焦守底线、促振兴、强保障全面推进乡村振兴有了“操作手册”（权威部门话开局）[N]. 人民日报，2023-2-15.

[8] 中国农网评论员. 宅基地改革要守住哪些底线 [N]. 农民日报，2023-08-24 (1).

(五) 其他

[1] 教育部：95 万余名学子通过“专项计划”进入重点高校 [EB/OL]. 中国新闻网，2022-09-15.

[2] 全国民主法治示范村（社区）法律明白人培训班进行时丨“浙”里的“法治种子”播撒全国 [EB/OL]. 澎湃新闻，2023-05-30.

[3] 张成杰. 农业农村部：深化农村土地制度改革，创造条件增加农民财产性收入 [EB/OL]. 澎湃新闻，2023-02-14.

[4] 张英洪. 乡村治理应维护发展好农民权利 [EB/OL]. 半月谈网，2019-08-29.

[5] 中共中央. 国务院关于坚持农业农村优先发展做好“三农”工作的若干意见 [EB/OL]. 中国政府网，2019-02-19.

二、外文文献

(一) 著作类

[1] BARR N. The Econimics of the Welfare State [M]. New York：Oxford University Press，1998.

[2] FELDSTEIN M. Privatizing Social Security [M]. Chicago: University of Chicago Press, 1998.

[3] FISHKIN J S. Democracy and Deliberation [M]. New Haven, Conn: Yale University Press, 1993.

[4] GEWIRTH A. Human Rights: Essay on Justification and Applications [M]. Chicago: University of Chicago Press, 1982.

[5] JAMES E. Anderson. Public Policymaking [M]. Boston: Houghton Mifflin Company, 2002.

[6] JOEL F. Rights, Justice and the Bounds of Liberty: Essays in Social Philosophy [M]. Phinceton: Phinceton Unieversity Press, 1980.

[7] LGLITZIN L B. Violent Conflict in American Society [M]. San Francisco: Chandler Publishing Company, 1972.

[8] MERTON R K. Social Theory and Social Structure [M]. New York: Free Press, 1968.

[9] SHT T. Political Participation in Beijing [M]. Cambridge: Harvard University Press, 1997.

[10] THOMAS N. Equality and Partiality [M]. New York: Oxford University Press, 1991.

（二）期刊类

[1] BARASH R L. The Right to Development as a Human Right: Results of the Global Consultation [J]. Human rights Quarterly, 1991, 13 (3).

[2] BRUCEACOBS J. Australian Journal of Chinese Affairs [J]. Elections in China, 1991, 25 (17).

[3] LIANG Z, CHEN Y P. The Educational Consequences of Migration for Children in China [J]. Social Science Research, 2007 (36).

[4] LU Z, SONG S, Shunfeng. Rural—Urban Migration and Wage Determination: The Case of Tianjin, China [J]. China Economic Review, 2006 (17).

[5] WU X, TREINMAN DJ. The Household Registration System and Social Stratification in China: 1995-1996 [J]. Demography, 2006, 41 (5).

[6] ZHAN Z. The Environmental Right as a Human Right : Scientific Development and the Protection of Rights [J]. Human Rights, 2011 (4).

后　记

理论创新和实践创新永无止境。习近平总书记指出，“坚持马克思主义，坚持社会主义，一定要有发展的观点。”① 坚持公平正义，保障农民共享农村改革和发展成果，推动农民群体实现全面发展，是当下政府责无旁贷的职责。农民发展问题是一个具有理论和实践价值且不断发展的选题，众多学者做了诸多研究铺垫，而学者的研究往往具有推波助澜的作用，有助于政府更主动地承担起推进农民发展的责任，有效引导农民理性审视自身的权利处境，进而凝聚共识，促进相关制度的完善和落实，实现农民权利发展的良性互动，最终保障农民的全面发展。

本书以本人的博士论文为基础，经过大幅结构调整和全面修订，体现了学术进展与个人见解。感谢导师段治文教授，对拙作提出了珍贵的修改建议，感谢出版社的宝贵意见，最终使本书顺利出版。

本书也是浙江大学“马克思主义理论和中国特色社会主义研究与建设工程”专项项目的成果，获得中央高校基本科研业务费资助。在本书的撰写过程中，参考和采纳了国内外同行专家、学者已有的观点和研究成果，基本上已注明出处，少数因篇幅的原因未能注明，在此一并致以诚挚的感谢。另外，硕士生傅雅珺等为本书的校对付出了辛勤的劳动。

习近平总书记强调：“要原原本本学习和研读经典著作，努力把马克思主义哲学作为自己的看家本领。”② 鉴于本人专业方向和学识水平等条件所限，

---

① 中共中央文献研究室．十八大以来重要文献选编（上）［M］．北京：中央文献出版社，2014：114.

② 中共中央文献研究室．习近平关于全面建成小康社会论述摘编［M］．北京：中央文献出版社，2016：192.

对现代化进程中农民发展的研究尚存在诸多不足，无论是对马克思主义权利观的科学表述和价值挖掘，还是在实践路径的有效探索等层面，都需要进一步从理论和实践创新的角度，持续推进研究。